PROTAGORAS

Œuvres de Platon
dans la même collection

GORGIAS *(nouvelle traduction de Monique Canto).*
LETTRES *(nouvelle traduction de Luc Brisson).*
EUTHYDÈME *(nouvelle traduction de Monique Canto).*
ION *(nouvelle traduction de Monique Canto).*
PHÈDRE *(nouvelle traduction de Luc Brisson).*
MÉNON *(nouvelle traduction de Monique Canto).*
PHÉDON *(nouvelle traduction de Monique Canto).*
SOPHISTE *(nouvelle traduction de Nestor L. Cordero).*
THÉÉTÈTE *(nouvelle traduction de Michel Narcy).*
PARMÉNIDE *(nouvelle traduction de Luc Brisson).*
TIMÉE — CRITIAS *(nouvelle traduction de Luc Brisson).*
LACHÈS — EUTHYPHRON *(nouvelle traduction de Louis-André Dorion).*
APOLOGIE DE SOCRATE — CRITON *(nouvelle traduction de Luc Brisson).*
LE BANQUET — PHÈDRE.
LA RÉPUBLIQUE.
SECOND ALCIBIADE — HIPPIAS MINEUR — PREMIER ALCIBIADE — EUTHYPHRON — LACHÈS — CHARMIDE — LYSIS — HIPPIAS MAJEUR — ION.
PROTAGORAS — EUTHYDÈME — GORGIAS — MÉNEXÈNE — MÉNON — CRATYLE.
THÉÉTÈTE — PARMÉNIDE.
SOPHISTE — POLITIQUE — PHILÈBE — TIMÉE — CRITIAS.

PLATON PAR LUI-MÊME *(textes choisis et traduits par Louis Guillermit).*

PLATON

PROTAGORAS

Traduction inédite, introduction et notes
par
Frédérique Ildefonse

GF Flammarion

REMERCIEMENTS

Je remercie tout d'abord Daniel Loayza pour l'aide patiente et les conseils inlassables qu'il m'a prodigués tout au long de mon travail. Je remercie chaleureusement, pour leurs judicieux conseils, Luc Brisson, Jacques Brunschwig, Catherine Dalimier, Philippe Hoffmann, Myriam Revault d'Allonnes, Jean Schneider et Francis Wolff. Mes remerciements s'adressent enfin à Barbara Cassin pour les remarques qu'elle m'a faites.

Mon travail doit beaucoup aux deux récentes éditions du Protagoras, *l'édition française de Paul Demont et Monique Trédé et l'édition anglaise de C.C.W. Taylor, auxquelles je rends ici hommage.*

ISBN : 2-08-070761-2

INTRODUCTION

La date dramatique

La date dramatique du dialogue est située traditionnellement quelques mois avant le début de la première guerre du Péloponnèse, autour de 431 avant J.-C[1]. Mais cette datation nous confronte à un certain nombre d'anachronismes — ce qui n'est pas inhabituel chez Platon : si la scène se passe dans la maison de Callias, qui a alors déjà hérité, elle devrait se situer après la mort de son père Hipponicos, en 423-422. Ce que confirmeraient d'une part Eupolis (dans les *Flatteurs*, représentée selon Athénée en 422/421, Protagoras est de passage à Athènes[2]), d'autre part l'allusion, en 327d, aux *Sauvages* de Phérécrate,

1. Cf. J.S. Morrison (1941).

2. Cf. Athénée, *Banquet des sophistes*, V, 218b/DK A 11 ; XI, 505 sq. Protagoras aurait séjourné une première fois à Athènes en 460. Pour G.B. Kerferd (1981A, p. 43), Athénée commet une erreur lorsqu'il induit de ce passage que Protagoras ne serait venu que deux fois à Athènes — il est invraisemblable pour lui qu'un intellectuel de la stature de Protagoras n'ait passé que deux séjours à Athènes. Il souligne, avec W.K.C. Guthrie (1956), le comparatif « *próteron* » en 310e, qu'il comprend « la dernière fois », « la fois précédente » — on n'a effectivement pas « *prôton* » : « la première fois ». Toutefois, le comparatif « *próteron* » signifie également la première fois, lorsqu'il n'y a que deux fois.

montée aux précédentes Lénéennes en 421-420. Mais dans ce cas, ni Paralos ni Xanthippe, pourtant présents dans le dialogue, n'auraient pu discuter avec Protagoras lors de son second séjour à Athènes, puisque Périclès mourut en 429, et ses deux fils encore plus tôt.

Le passage en 317c ainsi que le témoignage du *Ménon*[1] constituent les meilleurs éléments pour fixer les dates de Protagoras[2], qui devait être plus âgé que Socrate de vingt ou trente ans, ce qui situerait sa naissance aux alentours de 500 ou 490 avant J.-C. ; il serait donc mort soixante-dix ans plus tard, autour de 430-420. Dans la mesure où il est censé être encore en vie au moment de la création des *Flatteurs* d'Eupolis, en 422/421[3], ses dates devraient être 490-420. Protagoras aurait donc cinquante-sept ans au moment du dialogue, Socrate trente-sept ans et Alcibiade dix-sept ans[4].

La date de composition

On classe d'ordinaire le *Protagoras* dans la série des dialogues dits socratiques regroupant le *Lachès*, qui porte sur le courage, l'*Euthyphron* qui traite de la piété et le *Charmide* de la sagesse. Comme ces dialogues, il aborde la question de la vertu ; à leur différence, il ne considère pas telle ou telle vertu, mais porte l'interrogation sur la vertu en général, dont les cinq parties, conformément à la morale populaire de l'époque, sont la sagesse, la justice, la piété, le savoir, le courage. Dans le *Lachès*, Socrate choisit de s'attacher au courage, comme une des parties de la vertu, au moment où l'enquête sur la « vertu tout entière »

1. *Ménon* 91c.
2. Cf. C.C.W. Taylor, p. 70.
3. DK 80 A 1 et 11.
4. Cf. *Protagoras* 309b.

apparaît comme une « besogne excessive »[1]. L'enquête sur la vertu est manifestement plus ambitieuse dans le *Protagoras* que dans les autres dialogues socratiques dont elle semble synthétiser l'interrogation, puisque, débutant sur la question de l'enseignement de la vertu, elle pose la question de son unité, de son rapport à ses différentes parties et de son rapport au savoir. Après s'être attaché à démontrer que « toutes choses — justice, sagesse, courage — sont science [...][2] », Socrate soulignera que l'enquête ne pouvait aboutir, puisque la définition de la vertu s'avérait nécessaire à qui voulait répondre à la question posée : la vertu peut-elle s'enseigner ? De fait, c'est la question : « qu'est-ce que la vertu ? » que le *Ménon* viendra reprendre[3], en parachevant l'enquête sur les rapports entre la vertu et le savoir. Le *Protagoras*, qui paraît proche de l'*Euthydème* relativement à l'attitude de Socrate et au mode d'argumentation, pose enfin des problèmes de datation respective par rapport au *Lachès*[4] et par rapport au *Gorgias*, qui ne pourront être abordés qu'au fil de l'analyse.

1. *Lachès* 190c. Je cite toujours, sauf indication contraire, les dialogues de Platon qui sont traduits dans la nouvelle traduction GF-Flammarion ; je cite la *République* dans la traduction P. Pachet pour Folio-Gallimard, les *Lois* dans la traduction Des Places pour les Belles Lettres. Pour les autres dialogues, j'indique dans le corps de la note si j'ai choisi la traduction des Belles Lettres ou celle de Robin pour la Pléiade.

2. *Protagoras* 361b.

3. C.H. Kahn (1988, p. 76) souligne ainsi que le *Protagoras* appartient au groupe de dialogues qui comprend également le *Lachès*, le *Charmide*, l'*Euthyphron*, le *Ménon*, ainsi que le *Lysis* et l'*Euthydème*, et que le *Lachès*, le *Charmide*, l'*Euthyphron*, le *Protagoras* et le *Ménon* ne peuvent être interprétés d'une manière satisfaisante qu'à condition d'être considérés comme un groupe thématique unifié, concernés par les questions de la vertu et de ses parties, de l'enseignement de la vertu ainsi que de la priorité de sa définition. Contre l'opinion communément admise, C.H. Kahn défend pour sa part l'idée que le *Gorgias*, extérieur à ces trois thématiques, est antérieur au *Protagoras*.

4. Sont favorables à l'antériorité du *Lachès*, M. Pohlenz, *Aus*

Mais le *Protagoras* ne saurait se réduire à un dialogue sur la vertu, fût-il ambitieux. Le *Protagoras* est un joyau dramatique, hérissé de difficultés d'une grande complexité, qui, à l'enquête dialectique, associe à la fois un tableau social et culturel artistiquement brossé et une parodie piquante. L'action et l'argumentation sont si intriquées, les thèmes abordés sont si divers et si riches, qu'il est difficile de lui assigner un objet unique.

Les personnages

Le *Protagoras* n'est pas seulement la rencontre entre Protagoras et Socrate : comme l'indique le sous-titre, c'est un véritable *meeting* de sophistes qui se tient dans la maison de Callias, et Platon s'est attaché à présenter chacun de la manière la plus typique[1]. On associe d'ordinaire à l'appellation de « sophistes » la connotation péjorative que lui a attachée la philosophie platonicienne. Mais avant de devenir les adversaires privilégiés de Platon, qui condamne leur « apparence de savoir », les sophistes, du grec *sophós*, qui signifie « savant », étaient des penseurs itinérants qui, moyennant rétribution, s'enga-

---

Platos Werdezeit, 1913, p. 94, note 1, p. 122, W. Jaeger, *Paideia*, II, 1934, p. 385, A.J. Festugière, 1973, Appendice C, *La Vertu* metà phronēseōs, p. 183-185, H.J. Krämer, *Aretē bei Platon und Aristoteles*, 1967, p. 49, J. de Romilly, « Réflexions sur le courage chez Thucydide et Platon », 1980, p. 322 et C.H. Kahn, « Plato's methodology in the *Laches* », in *Revue internationale de philosophie* 40, 1986, p. 7-21. Sont au contraire favorables à l'antériorité du *Protagoras* : I. von Arnim, *Platos Jugenddialoge und die Entstehungszeit des* Phaidros, 1914, p. 24-34, P. Friedländer, *Platon*, II, 1930, p. 44 et p. 686, O. Gigon, « Studien zu Platons *Protagoras* », 1948, p. 145, G. Vlastos, « The *Protagoras* and the *Laches* », in *Socratic Studies*, Cambridge University Press, 1994, p. 109-126, L.-A. Dorion in *Lachès*, GF-Flammarion, 1997.

1. Cf. J. Brunschwig (1984, p. 269).

geaient à enseigner leur savoir — première figure de l'enseignant moderne, du pédagogue et de l'intellectuel.

Callias

Né entre 455 et 450 à Athènes, il était issu d'une famille qui s'occupait de la célébration des mystères d'Éleusis. Son père Hipponicos[1] épousa vers 450 l'ancienne femme de Périclès, qui lui donna deux fils, Xanthippe et Paralos, présents dans le *Protagoras*. Callias était un personnage retors, qui trempa dans de sombres affaires d'inceste et de pouvoir. Beau-frère d'Alcibiade, il épousa en secondes noces la fille d'un certain Ischomachos et de Chrysilla, puis, un an plus tard, il épouse cette fois la mère, Chrysilla, qu'il répudie très peu de temps après, alors qu'elle attendait un enfant de lui : il commença par renier l'enfant, qu'il reconnut plus tard, au moment où d'ailleurs il reprit Chrysilla. Callias, qui avait hérité une immense fortune en mines, demeures, etc., est le richissime bienfaiteur des sophistes : il aurait payé à lui seul un plus large tribut aux sophistes que tous les autres hommes pris ensemble[2]. Il entretenait en outre des liens étroits, directs ou indirects, avec Socrate et ses proches.

Prodicos

Prodicos est un sophiste originaire de Céos, une île des Cyclades, dont Socrate se dit souvent l'élève ou l'ami[3]. Il naquit aux alentours de 470-460 et était

1. Cf. 311a. Sur Callias (et les autres personnages), on se reportera aux deux volumes déjà parus du DPHA, II ; cf. également A. Capizzi, in B. Cassin (1986, p. 171-177), J. Bousquet (1992) et L. Brisson, *Apologie*, GF-Flammarion, 1997, note 51.

2. *Apologie* 20a.

3. Cf. *infra*, 341a, et *Charmide* 163d, *Lachès* 197d, *Cratyle* 384b, *Ménon* 96d, *Hippias majeur* 282c, *Banquet* 177b. Voir également *Hippias majeur* 282c, *Banquet* 177b, *Apologie* 20e-21d, *Théétète* 151b, *Phèdre* 267b. Sur Prodicos, on se reportera à l'étude de J.-P. Dumont (1986).

encore vivant à la mort de Socrate en 399 avant J.-C. Envoyé par ses concitoyens en ambassade à Athènes, il s'y installa et y fit fortune en monnayant son savoir encyclopédique (rhétorique, médecine, astronomie...). Il enseigna également dans d'autres cités. Son célèbre « apologue »[1], qui nous présente Héraclès confronté au choix entre la vertu et le vice, était extrait d'un grand ouvrage intitulé les *Saisons* (ou les *Heures* [*Hōrai*]), dont une des parties portait le titre *Sur la nature de l'homme*. Le sophiste semble s'y être attaché à développer une histoire et une théologie naturelles. Mais Prodicos était spécialisé dans la « division des noms » (*diaíresis tōn onomátōn*), c'est-à-dire l'étude des différentes significations des mots et la distinction rigoureuse des synonymes[2], dont son intervention dans le *Protagoras*[3] nous donne l'exemple.

Hippias

Hippias (443 ?-343 ?) est originaire d'Élis, cité grecque proche d'Olympie. Enseignant itinérant, « philosophe-ambassadeur[4] », ce sophiste, qui était également écrivain de prose et de poésie, était surtout célèbre pour sa polymathie, qui pourrait être l'application de son irénisme dans le domaine de la culture. Il aurait cherché à dépasser les clivages de la culture grecque de son temps : entre travail manuel et travail intellectuel[5], entre science (astronomie, mathéma-

1. Xénophon, *Mémorables*, II, 1, 21-34.
2. Cf. *Euthydème* (277e), où il est présenté comme le champion de la « justesse des noms » (*onomátōn orthótēs*).
3. Cf. *infra*, 337a, 339b, 340a, 341b-c, ainsi que 358d. Voir également *Ménon* 75e, *Euthydème* 277e, *Lachès* 197b, *Charmide* 163b.
4. Cf. J. Brunschwig (1984).
5. Cf. l'anecdote en *Hippias mineur* 368b.

tique et physique)[1] et humanisme éthique et politique. Également spécialiste de généalogie, de mythologie et d'histoire, il était l'inventeur d'une mnémotechnique. Nous trouvons chez Hippias[2], à la différence de Calliclès, une idéologie égalitaire distincte de la démocratie : la nature est principe d'égalité, et ce sont les lois qui introduisent l'inégalité parmi les hommes.

Alcibiade

Alcibiade (451/450-404), fils de Clinias, issu d'une famille illustre, pupille de Périclès, fut le plus brillant disciple de Socrate, et son aimé[3]. Il devint dès 420 le *leader* des démocrates extrémistes ; il fut désigné, avec Nicias, pour diriger l'expédition de Sicile qui tourna au désastre. Accusé de complicité dans la mutilation des Hermès en 415, il se réfugia à Sparte, où il prit part à la guerre contre Athènes. De retour à Athènes en 407, il participa à la tyrannie des Trente et connut d'importants succès militaires ; pour s'être attiré à nouveau la méfiance du peuple, il dut repartir en exil et fut assassiné avec la complicité du gouvernement athénien[4].

Critias

Personnage controversé, Critias (460-403) était le cousin et tuteur de Charmide, également présent dans le *Protagoras*, qui était l'oncle maternel de Platon ; avec son cousin Critias, il participa à la révolu-

1. Cf. *Protagoras* 315c, et l'allusion que fait Protagoras, en 318d-e, au caractère rébarbatif de son enseignement.
2. *Ibid.*, 337d-e, à la différence de la position de Calliclès, in *Gorgias* 482e-486d. Voir H. Joly (1964, p. 313-315).
3. Cf. la note 2 de ma traduction.
4. On se reportera, bien sûr, aux deux dialogues de Platon qui portent son nom, et à Xénophon, *Mémorables*, I, 2, 12-28.

tion oligarchique de 404 et fut tué au combat. D'origine aristocratique, descendant de Solon, Critias est le petit-fils du Critias qui donne son nom au dialogue de Platon[1]. Il suit l'enseignement des sophistes, puis, avec Alcibiade, celui de Socrate, qu'il abandonne brutalement pour se lancer dans la politique et auquel il voue par la suite une farouche hostilité — au point de chercher à lui interdire légalement d'enseigner l'art de l'argumentation[2]. Associé d'Alcibiade, opposant de la démocratie athénienne, il participe à la mutilation des Hermès en 415. Il est possible qu'il ait fait partie de l'oligarchie des Quatre-Cents en 411 ; il contribua au retour d'Alcibiade à Athènes et fut un des Trente tyrans, la dictature oppressive qui dirige Athènes de 404 à 403. Il meurt au combat en 403, dans la guerre entre les démocrates et les oligarques. Sophiste, rhéteur, il est également poète, dramaturge, écrivain. Il est l'auteur présumé du célèbre fragment extrait du *Sisyphe*[3] : l'invention de la crainte du divin y est présentée comme identique à l'invention du divin lui-même et comme le soutien nécessaire à l'efficacité des lois.

Les autres personnages

De nombreux personnages du *Protagoras* se retrouvent dans le *Banquet*. Éryximaque[4], médecin, fils d'Acoumène, lui-même médecin, et Phèdre de Myrrhinonte, qui donne son nom au dialogue de Platon et est présenté dans le *Banquet* comme un amateur de discours, portant un intérêt tout particulier à l'amour, furent tous deux impliqués dans le sacrilège de 415 ; Pausanias de Kéramée est aussi présent dans

1. Cf. *Charmide* 154a-b, 155a.
2. Cf. Xénophon, *Mémorables*, I, 2, 12 sq.
3. Sextus Empiricus, *Contre les mathématiciens*, IX, 54.
4. Cf. *Banquet* 176a-c, 176e-178a, 198a ; cf. *Phèdre* 227a, 268a, 269a, et Xénophon, *Mémorables*, III, 13, 2.

le *Banquet*. Xénophon[1] fait allusion à sa relation à Agathon[2], ici très jeune, qui devait devenir un tragédien célèbre et dont la maison sert de cadre au *Banquet* ; Andron, fils d'Androtion, est mentionné dans le *Gorgias*[3] comme l'un des quatre membres d'un groupe de jeunes gens associés dans l'étude de la *sophía*, composé encore de Calliclès, Tisandre d'Aphidna et Nausycide de Colarge.

Protagoras

Protagoras, fils de Ménandrios, originaire d'Abdère, est l'initiateur du mouvement sophistique. Ses dates sont incertaines : si l'on suit la chronologie d'Apollodore, il serait né en 492. Il serait mort en 422 après avoir exercé sa profession pendant quarante ans. Selon certains, il aurait été le maître de Démocrite, selon d'autres, son disciple. Certaines versions rapportent que, né d'un père très riche, il aurait été élevé enfant par des mages perses ou qu'issu d'une famille modeste, il aurait commencé par exercer un métier manuel et aurait inventé la *túlē*, sur laquelle on portait les fardeaux.

Il fut le premier à revendiquer le titre de sophiste[4] et le premier également à donner des cours rémunérés. C'est un grand penseur dont les différents ouvrages se rattachaient vraisemblablement[5] à deux œuvres principales : les *Antilogies*, et *La Vérité* ou *Discours renversants* (*katabállontes*), que l'on désigne sous le titre de *Grand Traité* (*Mégas lógos*). Le principe des *Antilogies* nous est exposé par Diogène Laërce[6] : Protagoras « fut le premier à dire que sur toute chose il y

1. Xénophon, *Banquet*, VIII, 32.
2. Cf. *infra*, 315e.
3. En 487c.
4. Cf. *infra*, 316c-317c.
5. Selon M. Untersteiner, *Les Sophistes*, 1993, p. 29-36.
6. Diogène Laërce, *Vies et opinions des philosophes*, IX, 51.

a deux arguments, qui s'opposent entre eux ; et il présentait ces arguments opposés, chose qu'il fut le premier à faire[1] ». Il est possible qu'un passage du *Sophiste*[2], dans lequel le sophiste est défini comme contradicteur, nous donne le plan des *Antilogies* de Protagoras, en découpant le domaine de l'invisible, où se pose le problème du divin, puis le domaine du visible, où se pose celui de la cosmologie, de l'ontologie, de la politique et des arts. Elles auraient compris un traité *Sur les dieux*, dont la première phrase attesterait l'agnosticisme du sophiste : « Des dieux, je ne puis savoir ni qu'ils existent ni qu'ils n'existent pas ; car beaucoup d'obstacles empêchent de le savoir, l'obscurité [de la question] et la brièveté de la vie de l'homme. » Sa théorie de la connaissance consiste en un relativisme, qu'exprime la célèbre formule qui ouvrait son traité *La Vérité* ou *Discours renversants* : « L'homme est la mesure de toutes choses, de celles qui sont, qu'elles sont, de celles qui ne sont pas, qu'elles ne sont pas[3]. » Protagoras était également célèbre pour ses préoccupations linguistiques[4].

1. Cf. également Clément d'Alexandrie (*Stromates*, VI, 65) : « Les Grecs prétendent, à la suite de Protagoras, que, par rapport à tout discours, il en existe un qui lui est opposé. » Selon Diogène Laërce (IX, 53), Protagoras passe pour être l'inventeur de l'entretien de type socratique.

2. En 232b ; cf. M. Untersteiner, *Les Sophistes*, 1993, p. 52-61, et G. Romeyer Dherbey, *Les Sophistes*, 1985, p. 14-15.

3. Cette formule est évoquée dans le *Cratyle* (386a) et étudiée dans le *Théétète* (152a sq.).

4. Nous disposons de quatre témoignages essentiels qui attestent les innovations « grammaticales » du sophiste et sa pratique de l'exégèse littéraire ; Protagoras aurait distingué les trois genres des noms, masculin, féminin et neutre (Aristote, *Rhétorique*, III, 1407b6) ; il aurait distingué le premier entre différents modes de l'énoncé (Quintilien, *Institution oratoire*, 3, 4, 10, et Diogène Laërce, IX, 53 sq.) ; Protagoras aurait réfléchi à l'adéquation des genres aux référents : ainsi celui qui qualifie la colère de « destructrice » (*oulomén̄en*, féminin) commet un solécisme d'après Protagoras (Aristote, *Réfutations sophistiques*, 14, 173b17 sq.) ; il critiquait Homère pour avoir adressé un ordre à la déesse, au début de

Le *Protagoras* constitue, avec le *Théétète*, notre témoignage fondamental sur la théorie éthique et politique de Protagoras, qui apparaît comme l'élaboration théorique de la démocratie directe athénienne, ainsi que sur son anthropologie[1].

De l'art à l'art politique (310b-319b)

Le *Protagoras* présente trois conceptions rivales de l'éducation (*paideía*) et de la vertu (*aretḗ*) : la conception traditionnelle des sophistes, éducateurs de la Grèce ; la

---

l'*Iliade* : le poète aurait dû, selon lui, recourir à la prière (Aristote, *Poétique*, 19, 56b8). D. Fehling (in C.J. Classen, 1976, p. 341-347) prend appui sur l'exégèse de Simonide dans le *Protagoras* pour proposer une hypothèse importante sur l'*orthoépeia* du sophiste (cf. *Phèdre* 267c). Il est tout à fait possible de considérer que ces quatre témoignages renvoient à l'explication d'un texte unique : les deux premiers vers de l'*Iliade*. Les élaborations « grammaticales » de Protagoras ne seraient pas les éléments épars d'une réflexion séparée sur la langue, mais procéderaient d'une activité philologique, avant la lettre, de commentaire suivi des textes littéraires.

1. F. Wolff (1982, p. 151-171) a proposé une hypothèse judicieuse qui permet d'unifier la gnoséologie, la pratique antilogique et la théorie politique de Protagoras. La théorie de l'homme-mesure peut se comprendre comme un principe démocratique : pour toute institution démocratique, en effet, « le monde commun est à la mesure de l'homme, et rien n'est tel *a priori*, sans que les hommes qui s'y affrontent ne l'aient jugé tel ». De plus, l'idée que « tout homme, à tout moment, [soit] mesure, en ce sens qu'il faut et qu'il suffit que telle chose lui apparaisse telle pour qu'il puisse la juger telle en vérité » reproduit le principe de l'isègorie, c'est-à-dire le droit égal pour chacun d'exprimer son opinion sur toute chose. De même, la théorie du double discours ou de l'antilogie peut se lire comme un principe démocratique : être démocrate, c'est en effet tenir pour vraie une opinion, et admettre à la fois pour vrai le principe selon lequel l'opinion contradictoire peut être également tenue pour vraie. La vérité de Protagoras, sa théorie de l'homme-mesure et sa pratique de l'antilogie peuvent être comprises comme une tentative pour appliquer les principes et les règles du débat politique dans le domaine de la connaissance.

conception antérieure des poètes ; enfin le projet d'une conception socratique, fondée sur la réversibilité entre savoir et vertu[1].

Au début du dialogue, Socrate met en cause l'enseignement sophistique, en amenant Hippocrate à interroger le désir qu'il éprouve d'apprendre de Protagoras le savoir qu'il possède. Si l'on se rend chez un technicien et si on le rémunère pour apprendre afin de devenir technicien du même art, Hippocrate doit reconnaître qu'il cherche à prendre des cours auprès du sophiste, pour devenir lui-même sophiste. Le répit que Socrate lui accorde — peut-être l'enseignement du sophiste doit-il être considéré comme comparable à l'enseignement du maître d'écriture, du maître de cithare et du maître de gymnastique[2], que l'on ne suit pas pour devenir professionnel de leur art, mais qui vise plus généralement à l'*éducation* du simple particulier et de l'homme libre — est de courte durée. C'est le soin de son âme qu'Hippocrate s'apprête en effet à confier à un sophiste, sans savoir au juste ce qu'est un sophiste, sans savoir « sur quel sujet le sophiste rend habile à parler » : la prétention sophistique à être habile à parler sur tout sujet s'oppose à la nécessaire détermination de l'objet de la compétence technique[3].

De même, la première manière dont Protagoras cette fois présente son enseignement est imprécise : si l'élève progresse chaque jour, dès le premier jour où il suit l'enseignement du sophiste, reste à envisager dans quel domaine il progressera. Protagoras déclare alors que son « enseignement porte sur la manière de bien délibérer dans les affaires privées, savoir comment administrer au mieux sa propre maison, ainsi

1. Cf. L. Brisson (1993).
2. *Protagoras* 312b.
3. Cf. *Gorgias* 450b : « Chaque forme d'art se rapporte à des discours, qui eux-mêmes portent sur l'objet dont s'occupe l'art en question. »

que, dans les affaires de la cité, savoir comment devenir le plus à même de les traiter, en actes comme en paroles[1] ». Le *Protagoras* présente les deux motivations distinctes qui amènent à fréquenter les sophistes : certains, comme Hippocrate, veulent devenir sophistes ; d'autres suivent leurs cours pour réussir dans la cité. C'est Socrate qui identifie la compétence de Protagoras à « l'art politique », et cet engagement comme celui de faire des hommes de bons citoyens. Socrate adresse alors deux objections à Protagoras qui déterminent toute la première partie du dialogue.

Les deux objections de Socrate (319b-320c)

La première objection que Socrate adresse à Protagoras touche à la manière de bien délibérer dans les affaires de la cité. Socrate pose comme prémisse : « que les Athéniens, comme d'ailleurs les autres Grecs, sont avisés » — c'est-à-dire qu'ils savent ce qu'ils font. Or quand il s'agit de délibérer en assemblée sur tel ou tel projet technique, dans les domaines qu'ils « estiment relever d'une technique », ils font appel au spécialiste dans la technique considérée et rejettent le conseil du non-spécialiste, quelles que soient ses autres qualités ; qu'il s'agisse en revanche de prendre une décision en ce qui concerne l'administration de la cité, n'importe qui prend la parole, qu'il soit « charpentier, forgeron, cordonnier, grossiste, armateur, riche et pauvre, noble et roturier », sans que personne ne vienne remettre en cause son droit à la parole, sous prétexte qu'il n'y connaîtrait rien, et qu'il n'aurait reçu en la matière l'enseignement d'aucun maître — ce qui implique que les Athéniens considèrent qu'il n'y a pas là matière à

1. *Protagoras* 319a.

enseignement[1]. Cette première objection constitue un témoignage capital sur la pratique athénienne de la démocratie directe, qui implique une certaine conception de l'isonomie — tous les citoyens sont égaux par rapport à la loi, et tous participent d'une manière égale à l'exercice du pouvoir — et de l'isègorie — chaque citoyen jouit d'un droit égal à exprimer son opinion sur toutes choses.

La deuxième objection que Socrate adresse à Protagoras concerne la manière de bien délibérer dans les affaires privées. Si Périclès lui-même n'est parvenu ni à enseigner à ses propres enfants la vertu qui lui est propre ni à la faire transmettre par un précepteur à ses pupilles, c'est que cette vertu ne peut s'enseigner. Ces deux objections sont judicieusement choisies, puisqu'elles s'adressent à Protagoras, ami personnel de Périclès[2], qui lui a confié la charge d'élaborer la constitution de Thourioi, colonie panhellénique d'Italie du Sud, que le grand homme d'État avait fondée en 444, et partisan, comme lui, du régime démocratique : elles le confrontent au choix difficile de reconnaître que la vertu ne peut s'enseigner et que sa profession est une fraude, ou de déclarer que la théorie de la démocratie athénienne est fausse, et que Périclès ignore la vraie nature de la vertu politique[3].

La première objection de Socrate contient un présupposé : l'art politique devrait se comprendre sur le modèle des autres arts. Or il se pourrait que l'art politique ne soit pas réservé à quelques rares spécialistes : chaque citoyen serait alors compétent en matière politique. C'est cette voie que Protagoras va explorer dans la réponse qu'il apporte à Socrate : après avoir demandé à ses auditeurs de choisir entre une histoire (*mûthos*) et un discours argumenté, il lève l'alterna-

1. *Ibid.*
2. Voir également Plutarque, *Vie de Périclès*, 36.
3. Cf. G.B. Kerferd (1953, p. 42).

tive qu'il avait lui-même fixée, puisqu'il fait suivre le mythe qu'il raconte d'un discours argumenté (*lógos*), en bonne et due forme[1].

Le mythe de Protagoras (320d-322d)

Les trois distributions

Le mythe de Protagoras expose trois distributions successives. Zeus charge les deux Titans, Prométhée (c'est-à-dire le prévoyant, celui « qui réfléchit avant ») et son frère Épiméthée (c'est-à-dire celui « qui réfléchit après ») de répartir les différentes capacités (*dunámeis*) entre les différents vivants (*zôia*). Épiméthée, qui a obtenu de Prométhée de faire le travail, s'attache tout d'abord à préserver chaque espèce de la destruction réciproque en maintenant un équilibre dans la répartition qu'il opère : il donne aux uns la force sans la vitesse, aux autres la vitesse sans la force et ainsi de suite... Il répartit ensuite l'équipement naturel (pelages ou cuirs, sabots ou corne) qui les protège des rigueurs du climat, puis les modes d'alimentation et les taux de natalité, toujours en vue du maintien de chaque espèce. Mais l'homme, oublié du partage d'Épiméthée, reste « nu, sans chaussures, sans couverture, sans armes[2] » — dépourvu d'armes pour se préserver des assauts des autres vivants, sans protection corporelle contre les intempéries, et sans aucun moyen de subsistance. Prométhée, qui constate la bévue de son frère, vole alors chez les dieux le savoir technique d'Héphaïstos et d'Athéna, ainsi que le feu, qui permet de l'acquérir et d'en user, et les donne à l'espèce humaine en détresse. L'homme se retrouve alors en possession « du savoir

1. Cf. O. Gigon (1948, p. 104).
2. *Protagoras* 321c.

qui concerne la vie, mais il n'avait pas le savoir politique[1] », et cet art d'artisans (*dēmiourgikḕ tékhnē*) s'avère insuffisant pour protéger les hommes dans la guerre contre les bêtes sauvages : puisqu'il ne participe pas de l'équilibre établi par Épiméthée, l'homme, « faible », ne possède en effet aucune des capacités qui lui permettraient de survivre dans la guerre qui fait rage entre les espèces. Les hommes vivent donc dispersés, et les tentatives qui les font se rassembler en cités pour assurer leur sauvegarde s'avèrent infructueuses, puisque, ne possédant pas encore l'art politique, ils sont injustes les uns envers les autres. Zeus intervient alors et demande à Hermès d'apporter aux hommes la Vergogne (*aidṓs*) et la Justice (*díkē*)[2]. À Hermès qui lui demande s'il doit les répartir de la même manière que l'art des artisans — un seul spécialiste pour une pluralité de non-spécialistes —, Zeus répond de les répartir entre tous les hommes. Et Zeus instaure la loi qui enjoint de mettre à mort l'homme qui s'avérera incapable de participer à la Vergogne et à la Justice.

Le don de la Vergogne et de la Justice ne constitue pas immédiatement une capacité qui sert les hommes dans la guerre contre les animaux, pas plus que l'art ne constituait pour eux le moyen immédiat de leur survie. Par le don de Prométhée, l'habileté technique accompagnée du feu, l'homme n'était pas en effet en possession de protections contre les intempéries de Zeus et d'un moyen de subsistance, mais des *moyens* qui lui permettent de *se les donner*. Distinct des capacités dont les animaux ont été dotés, l'art apparaît comme une capacité de capacités, qui permet à l'homme de développer successivement la religion, le langage, puis « les habitations, les vêtements, les chaussures, les couvertures et les aliments qui

1. *Ibid.*, 321d.
2. Cf. Annexe II.

viennent de la terre ». De la même manière, par le don de Zeus, la Vergogne et la Justice, l'homme ne se trouve pas en possession d'une arme qui lui serve immédiatement dans sa lutte contre les animaux, mais *du moyen* de se la donner : la solidarité civile et politique qu'elles assurent permet de fonder et de maintenir l'ordre des cités. Les deux dons ne sont pas les dons d'une capacité déterminée, comme c'est le cas pour les animaux, mais d'une *capacité libre, ouverte*.

Alors que le texte précise que les hommes ne sont pas *encore* en possession de l'art politique, lorsqu'ils échouent dans leurs tentatives de rassemblement, il n'est dit à aucun moment dans le mythe que Zeus donne l'art politique à l'humanité : Zeus répartit entre tous les hommes la Vergogne et la Justice comme les conditions affectives et sociales de la vie en communauté. De même que le feu apparaissait comme la condition qui permettait aux hommes d'acquérir et d'user de l'habileté technique, la Vergogne apparaît comme la condition pour l'homme de vivre en respectant la justice, le moyen affectif interne de s'y conformer, la possibilité de l'intérioriser.

Une anthropologie technicienne

L'homme apparaît originellement dépourvu de nature, de cette nature qu'Épiméthée aurait dû lui accorder ; il est doté, par l'intervention de Prométhée, d'un « supplément[1] », qui recouvre une vacance originaire de nature (due à l'erreur initiale d'Épiméthée). Par l'évocation de cette vacance originaire, de cette omission de nature, le discours de Protagoras se distingue de tout discours naturaliste ou providentiel sur l'homme. Nul don initial positif pour l'homme ; et le don de Prométhée est un drôle de don, à deux

1. Comme le dit justement B. Cassin (1995, p. 217, 219).

égards : un don qui procède d'un vol, par lequel la subtilité et la *mêtis* sophistiques se trouvent exaltées, et un don qui vient réparer une vacance initiale. De fait, le « supplément » en question ne s'ajoute pas à quelque chose d'originaire, de constitué, de préexistant, mais il comble une vacance[1].

Si le mythe de Protagoras apparaît comme la fondation de la démocratie et de la pratique sociale de l'Athènes des ve et ive siècles avant J.-C., il ouvre une tradition anthropologique importante qui, déniant toute naturalité à l'homme[2], le présente dans un état initial de détresse et associe son devenir à la « culture » ; tradition qui se poursuit dans la perspective humaniste d'un homme conçu comme « œuvre de type indéfini[3] », ainsi que dans l'affirmation nietzschéenne qui caractérise l'homme comme « *l'animal dont le caractère propre n'est pas encore fixé*, l'exception rarissime[4] » ou dans la théorie rousseauiste de la perfectibilité — les termes du *Discours sur l'origine et les fondements de l'inégalité parmi les hommes* sont éloquents à ce titre : l'homme sauvage est « livré par la nature au seul instinct, ou plutôt dédommagé de celui qui lui manque peut-être par des facultés capables d'y suppléer d'abord et de l'élever ensuite fort au-dessus de celle-là[5] ».

Culture sans précédent pour l'homme, culture sans nature préalable. À cet égard, le mythe de Prota-

1. Cf. l'analyse de J. Derrida (1967, p. 208).
2. Cf. le célèbre texte de Pline l'Ancien, *Histoire naturelle*, VII, 1.
3. Pic de la Mirandole, *Oratio de hominis dignitate*, op. fol. 314 sq. Nous devons à Marsile Ficin la première traduction latine du *Protagoras*. On peut se reporter à E. Cassirer (1983, p. 111-127) ; pour la réélaboration du mythe de Prométhée, cf. p. 120-126.
4. F. Nietzsche, *Par-delà bien et mal*, Folio-Essais, 1975, § 62, p. 90.
5. J.-J. Rousseau, *Discours sur l'origine et les fondements de l'inégalité parmi les hommes*, GF-Flammarion, 1955, p. 48.

goras s'oppose au mythe du *Politique*, où Platon radicalise l'âge d'or hésiodique. Sous l'égide du dieu, il nous décrit une nature d'avant la loi : des génies divins font paître les animaux, répartis en genres et en espèces, qui cohabitent sans discorde ; le dieu en personne est le pasteur des hommes, qui n'ont besoin d'aucune constitution. La nature produit à profusion, et les hommes récoltent ses fruits, sans culture ni travail[1]. Or le sens de cette radicalisation est « à la fois politique et théologique : le mythe cosmique de l'abondance enveloppe le mythe politique de la paix, qui enveloppe lui-même le mythe théologique du pastorat divin ; celui-ci permet enfin, par le mythe de souveraineté qu'il représente, de justifier une profonde harmonie entre une nature sans "technique" et une histoire sans "politique"[2] ». Lorsque le monde, dans le mythe du *Politique*, échappe à la direction du dieu, le parallélisme s'impose entre l'exposé du mythe de Prométhée tel qu'il figure dans le *Protagoras* et sa version du *Politique*. L'homme se trouve dans le même « dénuement technique initial » : « nu, sans chaussures, sans couverture, sans armes » dans le *Protagoras*[3] ; tout d'abord « sans vêtement, sans lit », à l'âge de Cronos, les hommes, devenus ensuite la proie des bêtes désormais sauvages, restent « sans industrie et sans art [...]. Pour toutes ces raisons leur détresse était grande[4]. » Une même dotation technique pallie ce dénuement : dans le *Protagoras*, Prométhée dérobe dans l'atelier d'Athéna et d'Héphaïstos l'habileté technique avec le feu ; dans le *Politique*, la détresse est à « l'origine de ces dons qui, suivant d'antiques traditions, nous furent accordés par les

1. Cf. Hésiode, *Les Travaux et les jours*, v. 109-126, et Platon, *Politique* 272a-b.
2. H. Joly (1964, p. 286).
3. *Protagoras* 321c.
4. *Politique* 274c.

dieux en même temps que les leçons et les instructions indispensables : le feu, par Prométhée ; les arts par Héphaïstos et la déesse qui partage ses travaux ; les semences enfin et les plantes, par d'autres divinités [1] ». Dans les deux textes, enfin, les problèmes « économiques » reçoivent des « solutions techniques et politiques ». Les conceptions platonicienne et sophistique se recoupent, puisque les débuts de l'humanité coïncident avec les origines des arts [2] : « L'anthropologie est en effet moins biologique que technique et politique. Animalité et humanité sont antithétiquement opposées et l'infériorité biologique de départ se trouve compensée par après et changée en supériorité technique [3]. » Toutefois rien ne vient, dans le *Politique*, correspondre au *don* divin de la Vergogne et de la Justice : c'est par eux-mêmes que les hommes privés de la sollicitude divine doivent « régler la conduite et le soin d'eux-mêmes, tout comme l'univers dans son ensemble [4] ».

Car le don par vol que Prométhée fait à l'homme est un don par défaut ou un don incomplet — l'affaire n'est pas nette. Prométhée vole le feu et le donne à l'homme, lui permettant de développer « le savoir qui concerne la vie », mais l'homme ne possède pas le savoir politique. L'affaire apparaît tout à fait surdéterminée : Prométhée n'a pas le temps de pénétrer dans l'acropole qui est la demeure de Zeus — faute de temps — et, de plus, les gardiens de Zeus sont redoutables — eût-il eu le temps que la réussite de l'affaire n'était pas garantie. En revanche, il parvient à « s'introduire sans être vu dans l'atelier commun d'Héphaïstos et d'Athéna », où il vole le feu. Zeus, par la médiation d'Hermès, vient relayer

1. *Ibid.*, 274c-d.
2. Pour ces analyses, cf. H. Joly (1964, p. 288-290).
3. *Ibid.*, p. 288-289.
4. *Politique* 274d.

l'intervention de sauvetage du Titan, qui s'avérait insuffisante pour la constitution des cités, et le don qu'il fait à l'homme de l'art politique par la distribution de la Vergogne et de la Justice, affects civiques et politiques, conditions affectives de la solidarité sociale et politique[1], n'est pas le don de quelque chose qu'il n'a pas, mais de quelque chose qu'il possède : à cet égard, le don de Prométhée est un don d'amour, alors que le don de Zeus est un don souverain. La distinction entre la distribution de l'art des artisans (*dēmiourgikē tékhnē*) — un spécialiste pour une multiplicité de non-spécialistes, de simples particuliers — et celle de l'art politique — Vergogne et Justice sont également réparties entre tous les individus — n'est pas sans rappeler l'opposition hésiodique entre « la justice royale » qui « garantit pour le groupe une prospérité collective » et « la richesse que le travail assure à chacun » qui est au contraire une « faveur divine individuelle »[2]. La supériorité de l'art politique sur l'art des artisans marque un nouveau pas : si le statut humain que définissaient les poètes archaïques était un statut technique et social, dont la dimension politique n'était qu'un aspect, Protagoras, qui se signale par là même comme un moderne, prétend « donner une place à part à cette invention suprême qui fait la vie civilisée : la *polis* triomphante[3] ».

La réponse de Protagoras à Socrate dans le discours argumenté (322d-328d)

Réponse à la première objection (322d-324d)

À l'issue du mythe, Protagoras répond à la première objection de Socrate : il est tout à fait normal qu'en politique chacun prenne la parole,

1. Cf. Annexe II.
2. J.-P. Vernant (1965, p. 269).
3. P. Vidal-Naquet (1990, p. 180).

puisqu'« il convient à chacun de prendre part à cette excellence — sinon, il n'y aurait pas de cités[1] ». Le sophiste apporte alors une preuve supplémentaire : si quelqu'un prétend posséder un art quelconque, alors que ce n'est pas le cas, il s'attire des réprimandes ; en revanche, en ce qui concerne la justice, ou l'excellence politique en général, si quelqu'un est injuste et le déclare publiquement, on le traitera de fou — « tous les hommes doivent affirmer qu'ils sont justes, qu'ils le soient réellement ou non » ; il est si vrai que tout homme doive prendre part à la justice qu'il est nécessaire que chacun en donne au moins l'apparence — voilà qui fonde la nécessité de l'usage des apparences en politique[2].

Puisque Protagoras précise plus loin le moment où il s'attache à la seconde objection de Socrate, le statut du passage intermédiaire demeure à préciser. Le sophiste déclare vouloir y démontrer qu'aux yeux des Athéniens, « cette excellence politique n'est pas naturelle, ni ne survient au petit bonheur, mais [...] s'enseigne et n'advient à un homme que par l'exercice[3] ». Dans le mythe, Protagoras avait manifesté que l'ordre de la cité était fondé dans la distribution entre tous les hommes de la Vergogne et de la Justice. Il semble ici éprouver le besoin d'expliciter, hors du mythe, le sens de cette dotation : si l'excellence politique n'est ni le fruit de la nature ni celle du hasard, c'est que la répartition de la Vergogne et de la Justice doit être rapportée, toujours hors du mythe, à de l'application, de l'exercice ainsi qu'à un enseignement. Si le don que Prométhée faisait à l'homme du feu et de l'habileté technique ne signifiait pas que l'art soit une nature pour l'homme, *a fortiori* le don que Zeus fait à tous les hommes de la Vergogne et de

1. *Protagoras* 323a.
2. Cf. B. Cassin (1995, p. 222-223 et 262-263).
3. *Protagoras* 323c.

la Justice ne permet pas d'identifier l'excellence politique comme une nature. Sa préméditation manifeste que leur émergence n'est pas laissée au hasard : puisque les Athéniens s'irritent du défaut des qualités contraires à l'excellence politique, de l'injustice, de l'impiété et autres, puisqu'ils punissent, et que punition n'est pas vengeance, c'est qu'ils « pensent que la vertu peut s'acquérir et s'enseigner ». Vergogne et Justice sont les moyens que Zeus offre aux hommes de se donner à eux-mêmes l'excellence politique, et le don que Zeus en fait à tous les hommes n'exclut pas qu'il y ait exercice, application et enseignement de l'excellence politique — voilà qui constitue la première amorce d'une justification de la profession de sophiste.

Réponse à la seconde objection (324d-328d)

Protagoras s'attache ensuite à la seconde objection de Socrate[1] : s'il existe quelque chose, déclare le sophiste, à laquelle tous les citoyens doivent prendre part, pour qu'une cité puisse exister, et s'il ne s'agit pas de tel ou tel art particulier, mais de « la justice, la sagesse, la piété, en un mot, cette chose unique que j'appelle la vertu de l'homme[2] », il est effectivement nécessaire que les hommes de valeur l'enseignent à leurs fils, dont ils ont le souci. Le rapport de l'enseignement à l'art sous-tendait la seconde objection de Socrate : si c'est un art, il se transmet, or il ne se transmet pas, donc ce n'est pas un art. Or la différence que le mythe a fondée entre l'art des artisans (rareté du spécialiste, pluralité des profanes) et l'art politique (répartition entre tous de la Vergogne et de la Justice) enveloppe une modification du modèle traditionnel de l'enseignement (rareté du maître, pluralité des disciples) : dans le cas de l'excellence poli-

1. *Ibid.*, 324d.
2. *Ibid.*, 325a.

tique, il y a pléthore de maîtres, il n'y a plus *un seul maître assignable*. Dans le modèle traditionnel, un maître unique, assignable, rare détenteur d'un enseignement particulier, le professe à des disciples, à un moment donné, déclaré comme le moment de l'enseignement, sur le modèle du cours ou de la leçon. Dans le cas de l'excellence politique, la situation est très différente : les hommes de valeur enseignent bel et bien la vertu à leurs fils, et ils ne sont pas les seuls ; mais cet enseignement ne se fait pas sur le mode de la leçon, il se fait d'une manière diffuse et répétée à tous les niveaux possibles de la vie d'un homme : de l'enfant à l'écolier, de l'écolier au citoyen. L'enseignement de la vertu est *coenseigné* à tous les niveaux de l'éducation. La nourrice, le père, la mère, qui apprennent à parler à l'enfant, lui enseignent *en même temps* la vertu. À l'école, la teneur des enseignements du maître d'écriture, du maître de cithare et du maître de gymnastique, en font indissociablement des enseignements de la vertu. Les lois viennent ensuite relayer la scolarité. S'il est aussi impossible de dire qui nous a appris la vertu que d'identifier qui nous a appris le grec, c'est que l'apprentissage du langage parlé et de l'écriture, loin d'être l'apprentissage abstrait de la composition de la langue parlée et écrite, est en même temps un apprentissage éthique et civil. L'enfant apprend la langue dans les mots d'ordre éthiques de ses premiers éducateurs, l'écriture dans les prescriptions éthiques des poètes : le *lógos* est indissociablement un *lógos* éthique, la vertu se transmet comme la langue maternelle[1].

Reste alors pour Protagoras à justifier son existence de sophiste, qui procède selon le modèle d'enseignement qu'il vient de subvertir : un homme qui prétend à une compétence et qui la transmet en donnant des

1. Cf. B. Cassin (1995, p. 224), et M. Narcy (1990, p. 44-45).

leçons. La répartition entre tous de la Vergogne et de la Justice impliquait que le médiocre ne soit pas caractérisé par un néant de justice, un néant de vertu — à la différence du sauvage, sans éducation, sans tribunal, sans lois, sans contrainte d'aucune sorte qui le force à s'appliquer à la vertu, le médiocre est celui qui participe médiocrement à la vertu et à la justice[1], par la combinaison idiosyncrasique d'un impondérable, son naturel, et de l'exercice auquel il s'est plié, des cours qu'il a reçus. La répartition entre tous de la Vergogne et de la Justice implique aussi bien que Protagoras ne soit le seul ni à participer à la vertu ni à posséder la compétence de l'enseigner ; et partant, c'est un enseignement généralisé de la vertu qu'il vient de décrire, centré toutefois sur l'intervention de certaines personnes déterminées. C'est ainsi par une simple différence de degré dans la compétence que Protagoras assoit son statut de sophiste dans le tableau qu'il vient de brosser de la vie sociale : « Qu'il existe un homme qui nous soit supérieur un tant soit peu pour nous faire progresser sur le chemin de la vertu, nous devons être satisfaits[2]. » Dans le modèle traditionnel de l'enseignement, chacun se trouvait dans la stricte alternative d'être maître ou de ne pas l'être ; pour Protagoras, chacun l'est plus ou moins[3].

1. *Protagoras* 327d. G.B. Kerferd (1953, p. 43) souligne que rien n'indique que la Vergogne et la Justice soient *également* reparties entre tous. Il est toutefois possible de supposer qu'elles le sont et que la disparité, bien réelle, dans l'excellence politique, procède ensuite du talent personnel de chacun, de la part d'exercice qu'il a fourni et de la qualité de l'enseignement qu'il a reçu.

2. *Protagoras* 328b.

3. Pour G.B. Kerferd (1953, p. 44), le *lógos* de Protagoras n'est pas la continuation du mythe : il en constitue plutôt l'alternative. Le *lógos* et le mythe expliquent tous deux de manière différente que la vertu peut s'enseigner et que tous les hommes y participent. L'enseignement généralisé de l'excellence politique dans le *lógos* serait le correspondant du don de la Vergogne et de la Justice dans le mythe.

Art des artisans et art politique

Dans le mythe, Protagoras précisait que l'art des artisans ne constituait pas une aide suffisante pour les hommes dans leur guerre contre les animaux : « En effet, ils ne possédaient pas *encore* l'art politique dont l'art de la guerre est une partie[1]. » Une telle expression sous-entend bien que les hommes posséderont donc un jour cet art politique. Toutefois, c'est la Vergogne et la Justice, et non l'art politique, qu'Hermès répartit entre tous les hommes, et, dans la suite du texte, Protagoras ne mentionne pas une fois l'art politique : il parle exclusivement de l'excellence politique (*aretē politikē*). Peut-on identifier alors l'art politique à la Vergogne et à la Justice ? Dotés de Vergogne et Justice, les hommes se trouvent-ils tous experts en politique, tous spécialistes, dérogeant au modèle de l'art artisanal, pour lequel il existe un spécialiste pour un grand nombre de non-spécialistes[2] ? Lorsqu'il s'agit de politique, Protagoras ne reculerait pas devant un art réparti entre tous, « car il ne pourrait y avoir de cités, si seul un petit nombre d'hommes y prenaient part, comme c'est le cas pour les autres arts[3] » ? Accueillir en politique le conseil de n'importe qui n'impliquerait alors ni l'absence de spécialistes de vertu (tous seraient spécialistes en politique) ni l'impossibilité d'enseigner la vertu. Encore faut-il justifier le passage qui s'insère entre le mythe et la réponse de Protagoras à la seconde objection de Socrate, où Protagoras démontre que l'excel-

1. *Protagoras* 322b. On notera également en 327b : « les tours de main des autres métiers ».

2. Pour L. Brisson (1993, p. 78), « chacun ayant part à l'*aidôs* et à la *dikē* qui constituent le fondement de la vertu politique, tous, *sans être spécialistes en la matière*, peuvent exprimer leur avis sur la marche de la cité ».

3. Cf. *Protagoras* 322d.

lence politique fait l'objet d'une application, d'un exercice et d'un enseignement. Il me paraît préférable de comprendre que donner la Vergogne et la Justice n'est pas exactement donner l'art politique aux hommes — Protagoras a reconnu que c'était l'objet de son *enseignement*[1] —, mais les conditions nécessaires pour qu'ils la développent.

Mais si tous enseignent l'excellence politique, non seulement les maîtres d'écriture, de cithare et de gymnastique, mais également le père, la mère et la nourrice, n'est-ce pas que tous possèdent l'art politique, et qu'à cet égard tous sont plus ou moins spécialistes en politique, cet écart seul justifiant l'enseignement du sophiste ? L'exemple que prend Protagoras de l'art de la flûte, dans lequel « tous, indistinctement, s'y connaîtraient un tant soit peu [...], par rapport à des profanes et à des gens qui n'y entendent rien[2] », va bel et bien dans ce sens. À cet égard, offrir aux hommes la Vergogne et la Justice ne serait pas seulement leur donner les moyens de développer l'art politique, mais leur en donner l'amorce — non pas les germes, mais le premier développement, qu'il leur appartiendrait de poursuivre, par l'application, l'exercice et l'enseignement : ce qui rendrait possible que tous ne participent pas au même titre à l'excellence politique. Ou l'insistance portée par Protagoras sur l'excellence politique et son relatif silence sur l'art politique impliquent-ils qu'il puisse y avoir enseignement sans art ? La difficulté est grande, et le rapport entre l'excellence politique, dont Protagoras parle autant, et l'art politique, dont il ne parle qu'une fois, est difficile à élucider[3].

1. *Ibid.*, 319a.
2. *Ibid.*, 327c.
3. Sur cette question difficile, cf A.W.H. Adkins (1973, p. 3-12).

L'ENQUÊTE SUR LA VERTU (À PARTIR DE 329c)

Figures de la vertu

Dans la seconde objection, Socrate introduisait le concept d'*aretḗ* qui, dans la langue grecque, est le seul substantif qui vienne correspondre à l'adjectif *agathós*, qui signifie « bon »[1]. L'*aretḗ* grecque ne se dit pas seulement de l'homme, mais aussi des dieux, des animaux, du corps, des organes, voire des objets artificiels[2]. Elle désigne la qualité, l'excellence propre à une nature ou à un dynamisme vital : l'*aretḗ* humaine est ce qui fait qu'un homme est un homme — un bon représentant de l'espèce humaine. Chez Homère, elle renvoyait principalement à la valeur guerrière et au talent politique d'un individu. Dans les deux siècles qui précèdent l'époque de Platon, elle connaît une spécification éthique dont témoigne l'engagement d'enseignement que prend Protagoras, qui l'amène à désigner « l'épanouissement des capacités de l'individu et l'accomplissement de son rôle de citoyen ». La ou les vertus de l'homme sont les qualités de l'homme accompli, le *kalòs kagathós* (littéralement « bel-et-bon »), qui lui permettent « au mieux d'exercer ses fonctions de citoyen, et d'être donc le meilleur politique[3] ». Dans cette nouvelle acception, « les vertus qui définissent le bien-agir de l'homme [...] représentent plus des modes de rapports (aux hommes, aux dieux) que des exigences morales abstraites[4] » —

1. Comme B. Cassin (1995, p. 300, note 4), j'ai traduit *aretḗ* par excellence, lorsqu'il est accompagné d'un adjectif — par exemple « *aretḗ politikḗ* » par « excellence politique » — et par « vertu », lorsqu'il est seul.

2. Cf. Homère, et chez Platon, *Gorgias* 479b, *République* I 335b (l'*aretḗ* des chiens, des chevaux et de l'œil), 353b (l'*aretḗ* des yeux et des oreilles), X 601d, *Critias* 110e, *Lois* V 745d.

3. F. Wolff (1985, p. 69).

4. M. Canto-Sperber (1993, p. 61).

ce dont témoignent la Vergogne et la Justice comprises comme les conditions affectives, éthiques et sociopolitiques de la vie en communauté.

Socrate manifestait qu'il était d'avis que l'excellence politique ne peut pas s'enseigner, et s'érigeait, à ce titre, contre la récente prétention sophistique à enseigner la vertu. C'est qu'il y a un scandale à prétendre enseigner la vertu — tout autant qu'à se faire payer pour transmettre son savoir. Protagoras le sophiste démocrate se distingue autant de la position aristocratique, où l'éducation est impossible, puisque l'*aretē* est innée, que de la position démocratique, où l'enseignement est inutile, puisque l'*aretē* se développe naturellement[1].

L'unité de la vertu, ses parties (329c-334c)

Socrate ne reprend sur aucun point le long exposé de Protagoras, dont il ne retient que la thèse fondamentale : « Tu affirmes que la vertu peut s'enseigner[2]. » Il choisit d'amorcer l'enquête sur les quelques traits que le sophiste a laissé flotter dans son argumentation : Protagoras n'a pas vraiment explicité le concept de vertu ; il s'est borné à mentionner successivement différentes vertus[3]. C'est le point faible de l'armure de Protagoras, dans lequel

1. Cf. l'excellente analyse de F. Wolff (1982, p. 16). La position démocratique est par exemple celle d'Anytos dans le *Ménon* (90b-93b).

2. *Protagoras* 329b.

3. Respectivement en 322d (Justice et Vergogne), en 323a (justice et sagesse), 323b (justice ou, en général, excellence politique), 324a (injustice, impiété, et, « en un mot, tout ce qui est contraire à l'excellence politique »), 325a (justice, sagesse, piété, « bref cette chose unique que j'appelle la vertu de l'homme »), 325d (« ceci est juste, cela est injuste, ceci est beau, cela laid, ceci pieux, cela impie »), 326c (où Protagoras introduit la lâcheté), 327b (« l'enseignement de ce qui est juste et conforme aux usages »).

Socrate va s'engouffrer ; il s'agira de thématiser les rapports entre les différentes vertus que Protagoras a mentionnées : « Tu as dit que Zeus a envoyé aux hommes la Justice et la Vergogne ; dans ton discours en revanche, tu as parlé à plusieurs reprises de la justice, de la sagesse, de la piété, et de toutes les qualités de ce genre comme si elles étaient une chose unique, en un mot : la vertu ; j'aimerais que tu me donnes une explication précise sur ce sujet : est-ce que la vertu est une chose unique, et est-ce que la justice, la sagesse et la piété sont ses parties, ou bien est-ce que toutes les qualités que je viens de citer ne sont que les noms d'une même réalité unique[1] ? » Protagoras choisit le premier membre de l'alternative — et rien ne nous engage à penser que Socrate adhère au second. Le dialogue ne présentera aucune doctrine définie sur l'unité des vertus[2] : Socrate se borne à suggérer des sens différents sous lesquels elle peut être comprise, sans formuler aucune thèse qui vienne déterminer le sens de l'unité et la relation entre les différentes vertus. Le *Protagoras* apparaît moins comme l'occasion d'un exposé systématique définitif sur les vertus que comme le témoignage d'une réflexion en cours.

Au fil de la démarche, Socrate établit progressivement la liste des différentes vertus[3] : il s'agit de la science — Socrate emploiera alternativement, comme des équivalents, les termes de « savoir » (*sophía*) et de « science » (*epistḗmē*) —, de la justice (*dikaiosunḗ*), du courage (*andreía*), de la sagesse (*sō̄phrosúnē*)[4] et de la piété (*hosiótēs*). On reconnaît la liste canonique des quatre vertus platoniciennes[5],

1. *Protagoras* 329c-d.

2. Pour C.H. Kahn (1976, p. 23).

3. Elle sera close en 330b.

4. Pour la justification de ce choix de traduction de *sōphrosúnē*, qui, dans les dialogues plus tardifs comme le *Gorgias* ou la *République*, est d'ordinaire traduit par « tempérance » ou « modération », cf. la note 125 de ma traduction.

5. Le travail sur les vertus apparaît non seulement dans les dia-

auxquelles Socrate ajoute la piété, qui fait l'objet de l'*Euthyphron*. En dépit de certaines interruptions, motivées par le cours vivant de l'entretien dialectique, l'enquête sur l'unité et la partition de la vertu va se déployer, jusqu'à la fin du dialogue en quatre arguments, qui engageront deux à deux chacune des vertus considérées : la justice et la piété (330c-332a), le savoir (*sophía*) et la sagesse (*sōphrosúnē*) (332a-333c), la sagesse et la justice (333c-333d), le courage et le savoir (349d-349e).

Selon Gregory Vlastos[1], Socrate soutiendrait comme Protagoras l'unité de la vertu, à laquelle il donnerait la forme de trois thèses distinctes, qui ne sont pas logiquement disjointes, mais composent les moments successifs de l'élucidation d'une même doctrine : il s'agit de l'affirmation de l'unité de la vertu, de la similarité des vertus et de la biconditionnalité des vertus (si quelqu'un possède l'une des vertus, il les possède nécessairement toutes). Ces trois thèses peuvent apparaître comme des thèses de

---

logues socratiques (l'*Euthyphron*, le *Charmide*, le *Lachès*), mais encore dans le *Gorgias*, le *Ménon*, le livre IV de la *République*, le *Phédon* et le livre XII des *Lois* ; cf. particulièrement *Gorgias* (507a c) : Socrate affirme que l'on doit vivre avec pour objectif la poursuite de la *sōphrosúnē* (507d), après avoir dérivé la justice et la piété de cette *sōphrosúnē* (tempérance, modération), puis en énonçant implicitement l'unité de la vertu (cf. C.H. Kahn [1988, p. 96]). Mais il n'est jamais question du savoir ; il est seulement fait men tion d'une *tékhnē* qui tendrait vers le bien et serait identifiée à la justice (464b8-465c3), ou à l'art politique (521d7), ou encore qui serait capable d'opérer la distinction entre bons plaisirs et mauvais plaisirs (500a), en sachant ce qui est bien et ce qui est mal, mais rien n'apparaît qui ressemble par exemple au lien affirmé entre *phrónēsis* et *aretḗ* en *Phédon* 69a-b.

1. Cf. G. Vlastos « The unity of the virtues in the *Protagoras* », in *Platonic Studies*, Princeton, Princeton University Press, 2e édition, 1971, p. 221-269, ici p. 224. Voir également G. Vlastos, « Socrate et les parties de la vertu », trad. L. Brisson in *Les Paradoxes de la connaissance-Essais sur le* Ménon *de Platon*, 1981, p. 205-212.

moins en moins fortes[1] que Socrate doit successivement élaborer en fonction de l'accord que Protagoras lui refuse.

À l'issue du questionnement sur le *type de partition* de la vertu — Protagoras a retenu le modèle des parties du visage[2] —, Socrate l'interroge sur le *mode de participation aux vertus* : « Est-ce que [...] certains hommes ont part à telle partie de la vertu, certains autres à telle autre, ou est-il nécessaire qu'on les possède toutes dès qu'on en a une[3] ? » La réponse de Protagoras est négative : il est possible d'être courageux sans être juste, d'être juste sans être savant. Si les parties de la vertu sont différentes, c'est le type de cette différence qu'il importe de préciser. Dans un premier temps, reprenant le modèle des parties du visage, Socrate l'analyse par la notion de capacité (*dúnamis*), et si l'analogie alternative avec les parties de l'or reste mystérieuse, peut-être avait-elle pour fonction de garantir l'adhésion de Protagoras à l'autre type de partition — voici une première occasion de trouver suspecte la manière de procéder de Socrate. Comme les parties du visage, les parties de la vertu sont distinctes les unes des autres, par elles-mêmes et par leurs capacités : ainsi l'œil est distinct de l'oreille, et n'a pas la même capacité (*dúnamis*). Les parties du visage ne sont donc pas appréhendées comme des zones (le front, les joues, les yeux, la bouche, le menton, le nez), mais comme des fonctions sensitives (la bouche pour le goût, le nez pour

1. Je suis ici une suggestion de J. Brunschwig.

2. P. Pellegrin (*Protagoras*, Nathan, 1993, note 45) note que ces analogies posent toutes deux problème : les parties d'une masse ne se distinguent que spatialement — ce qui n'a aucun sens pour la vertu ; les parties du visage ne sont pas des visages, alors que les parties de la vertu sont des vertus.

3. *Protagoras* 329e. La dernière possibilité évoquée (dès qu'un homme possède une des vertus, il les possède toutes) paraît être l'origine de l'*antakolouthia* stoïcienne des vertus.

l'odorat, les yeux pour la vue et les oreilles pour l'ouïe[1]). L'enquête sur la vertu et les vertus apparaît donc fondée sur une comparaison de la vertu avec les organes des sens envisagés dans leur fonctionnement dynamique — et, en conséquence, des actions vertueuses avec les sensations. Un tel développement sanctionne le fait que l'*aretē* était avant tout un pouvoir, une aptitude à faire quelque chose.

Sens et dunamis *dans le* Lachès *et le* Charmide

Le rapport entre vertu et sens est présent dans le *Lachès*[2], sans que le terme de capacité (*dúnamis*) soit prononcé : si nous savons que la vue rend meilleurs les yeux dans lesquels elle se produit, et si nous sommes à même de la produire dans les yeux, c'est clairement, dit Socrate, que nous connaissons la nature de la vue, et que nous serions en mesure de donner des conseils sur la manière la meilleure et la plus rapide de l'acquérir. De même, il est nécessaire de connaître la nature de la vertu, pour être en mesure de conseiller qui que ce soit sur la manière de l'acquérir au mieux.

Lorsqu'il est question, dans le *Charmide*[3], de définir la sagesse (*sōphrosúnē*) comme la science, qui est à la fois science d'elle-même, des autres sciences et de la non-science, Socrate constate que ni la vue ni l'ouïe ne peuvent être vue et ouïe d'elles-mêmes, des autres vues ou ouïes ainsi que des absences de vue ou absences d'ouïe ; de même pour toutes les sensations, les désirs, la volonté, la crainte, l'amour et l'opinion. Cette science aurait un objet et posséderait « une certaine capacité (*dúnamis*) qui ferait d'elle la science de quelque objet » : ainsi ce qui est plus grand possède

1. C'est la liste que donne Socrate, *Ibid.*, 329d.
2. *Lachès* 189e-190d.
3. *Charmide* 167c sq.

une capacité particulière, qui lui permet d'être plus grand qu'autre chose. Mais les grandeurs et les qualités ne peuvent « posséder relativement à elles-mêmes la capacité qui est la leur ». En revanche, toute chose « qui serait censée posséder relativement à elle-même la capacité qui est la sienne » devrait posséder « en outre cette réalité à l'égard de laquelle c'est sa capacité essentielle d'avoir ladite relation[1] » ; Socrate donne alors l'exemple de l'audition et de la vue : l'audition est audition du son, et si elle est audition d'elle-même, elle ne saurait l'être sans être elle-même audition d'un son ; de même, la vision, qui est nécessairement la vision d'une couleur, ne saurait être vision d'elle-même, sans être elle-même vision d'une couleur. Le rapprochement entre sagesse, audition et vision, est ici explicite, et le rapport entre science et capacité effectif, qui prépare de surcroît le rapport que Socrate entendra établir, dans la suite du *Protagoras*, entre la vertu et le savoir.

L'importance du concept de capacité pour l'analyse de la vertu, dans une analogie qui la relie à la dynamique des sens, sera confirmée par la définition de la capacité que donne la *République*[2] : « Nous affirmerons que les capacités (*dunámeis*) sont un genre d'êtres, grâce auxquels nous en particulier nous pouvons ce que nous pouvons, et en général toute autre chose peut précisément ce qu'elle peut ; ainsi je dis que la vue et l'ouïe font partie des capacités, si toutefois tu comprends de quoi je parle en parlant de “capacités”. [...] Dans une capacité, pour moi je ne vois ni couleur, ni forme, ni aucune des qualités de ce genre, comme il y en a dans beaucoup d'autres choses. Je considère les qualités pour, en moi-même, distinguer certaines choses, et dire que les unes sont

1. *« hó ti per àn tèn heautoû dúnamin pròs heautò échei, ou kaì ekeínēn héxei tḕn ousían, pròs hḕn hē dúnamis autoû ē̃n. »*

2. *République* IV 477c sq.

différentes des autres. Dans une capacité, au contraire, je considère seulement ceci : sur quoi elle porte, et ce qu'elle effectue, et c'est pour cette raison que je nomme chacune d'elles "capacité" ; celles qui portent sur la même chose et qui produisent le même effet, je dis que ce n'en est qu'une, tandis que celles qui portent sur des choses différentes et qui produisent un effet différent, je les nomme différentes. » Ce dont on peut induire, en se permettant d'anticiper le texte de la *République*, que si des capacités portent sur des choses semblables et produisent des effets semblables, alors ces capacités sont semblables. De même que les parties du visage, entendues comme fonctions sensitives, sont distinctes, par leurs capacités comme par le reste, « aucune autre partie de la vertu ne ressemble donc à la science, ou à la justice, au courage, à la sagesse ou à la piété[1] ». Socrate propose alors d'examiner la qualité de chacune d'entre elles.

Une telle conception psychique[2] de la vertu, fondée sur le modèle de l'activité sensitive et sur la notion de capacité, commune aux deux registres, psychique et sensitif, a l'avantage de confirmer le lien qui existe entre le *Protagoras* et les autres dialogues socratiques et permet de maintenir l'analyse du texte dans la continuité de son contexte. Protagoras avait rejeté la thèse, dite de la « biconditionnalité », selon laquelle posséder une vertu devait nécessairement amener à les posséder toutes ; en amenant Protagoras qui affirmait que les vertus étaient distinctes entre elles à nier qu'elles se ressemblent, Socrate passe à

1. *Protagoras* 330b.

2. Cf. *Ménon* 88a : « Qu'en est-il des réalités qui relèvent de l'âme ? Y a-t-il une chose que tu appelles tempérance, une autre justice, courage, facilité à apprendre, mémoire, générosité, et toutes les autres réalités de ce genre ? » ; 88c : « Si donc la vertu est une des choses qui sont en l'âme [...] », et 87b. Je rejoins ici l'analyse de T. Penner (1973, p. 35-68).

l'attaque, en montrant les limites de la comparaison entre les vertus et les différents sens et, aussi bien, de la comparaison entre les vertus et les parties du visage.

Les quatre arguments (330b-332a ; 332a-333d ; 333d-334d ; 348d-360e)

Dans les quatre arguments qui suivent, Socrate, qui examine les différentes vertus deux à deux, apparaît avoir pour finalité de réduire chacune des vertus du couple l'une à l'autre : il cherche à montrer, contre Protagoras, que la justice est si semblable à la piété qu'elles peuvent être légitimement assimilées ; il démontre que le savoir et la sagesse sont identiques, puisqu'ils admettent le même contraire, la déraison, et que seuls deux termes identiques peuvent admettre le même contraire ; bien que le troisième argument, qui porte sur la sagesse et la justice, soit avorté, il est permis de supposer que Socrate cherchait à fonder leur identité. Dans le dernier argument, Socrate parvient, contre Protagoras qui soutenait leur séparation, à montrer que le courage est savoir, puisqu'il définit le courage comme « le savoir en matière de choses redoutables et non redoutables[1] ». Socrate paraît moins chercher à démontrer l'identité des cinq vertus qu'à démontrer qu'elles sont toutes science[2].

Le Lachès *et le* Protagoras

La définition du courage à laquelle parvient le *Lachès* est la même que celle que nous lisons dans le *Protagoras* : le courage est « le savoir en matière de

1. *Ibid.*, 360d.
2. Cf. Platon, *Protagoras* 361a-b : « *hōs pánta chrēmata estin epistēmē* ».

choses redoutables et de choses non redoutables[1] ». Mais dans le *Lachès*, Socrate et Nicias la rejettent : alors que, pour se faciliter la tâche, ils avaient limité leur enquête à la définition d'une partie de la vertu, le courage, c'est à une définition de la vertu tout entière qu'ils arrivent en effet. Le *Lachès* qui rejette la définition du courage que le *Protagoras* ne remet pas en cause serait donc postérieur au *Protagoras*[2]. Statuer sur cette question implique de prendre position dans le débat sur la très difficile question de l'unité de la vertu[3]. Des absurdités découlent de la thèse d'une identité stricte entre les vertus : comment soutenir, en effet, que c'est par la piété que les actions justes sont justes, par la justice que les actions courageuses sont courageuses[4] ? Pourtant, contre Protagoras, qui soutient au départ que les cinq vertus sont distinctes, Socrate semble chercher à montrer que chacune des quatre vertus (la piété, la justice, la sagesse, le courage) est savoir. À cet égard, c'est bel et bien d'une identité de la justice, de la piété, de la sagesse et du courage, avec le savoir qu'il est question, et d'une identité entre la vertu, unique et totale, et ce savoir. Le texte grec du passage du *Lachès* où il est question de la partition de la vertu[5] me paraît très difficile et

1. *Protagoras* 360d, et *Lachès* 195d.

2. Pour le détail de l'enquête et l'exposé de l'interprétation de G. Vlastos (1994), voir l'annexe de la récente édition du *Lachès* par L.-A. Dorion chez GF-Flammarion.

3. Je reprendrai pour ma part la position de T. Penner (1973, p. 35-68). Parmi les partisans de la thèse de l'identité des vertus, figurent également C.C.W. Taylor (1991, p. 103 sq.), T. Irwin (1977, p. 86-90), et M. Ferejohn (1982, p. 1-21). Pour une discussion de cette question et une conclusion opposée, cf. l'annexe de L.-A. Dorion au *Lachès*, GF-Flammarion, p. 171-178.

4. Cf. G. Vlastos (1971, p. 228).

5. *Lachès* 198a : « *oukoun kaì sù toûto apokrínō hōs mórion, óntōn dḕ kaì állōn merō̃n, há xúmpanta aretḕ kéklētai ? […] âr'oũn háper egō kaì sù taûta legeis ? Egṑ dè kalō̃ pròs andreíai sōphrosúnēn kaì dikaiosúnēn kaì áll'átta toiaûta* ».

ambigu, et il a d'ailleurs motivé des traductions très diverses[1]. De plus, au moment où Socrate, dans le *Lachès*[2], s'apprête à souligner que la définition du courage est en fait une définition de la vertu tout entière, il mentionne au passage la sagesse, la justice et la piété dont l'homme courageux ne saurait manquer, au vu de la définition du courage produite — ce qui va dans le sens de la thèse de la biconditionnalité : celui qui possède une vertu les possède toutes.

Socrate *paraît* effectivement rejeter la définition du courage qui figure à la fin du *Lachès*. Mais il est possible d'envisager qu'il la conserve en fait, et qu'il attendait de Nicias qu'il fît de même, ce qui l'eût amené à rejeter l'affirmation selon laquelle le courage est une partie de la vertu au sens strict. De fait, Socrate aurait attendu de Nicias qu'il dépassât la partition de la vertu qu'il envisage habituellement, qu'il l'identifiât comme une commode division de surface et reconnût l'identité entre le courage et la vertu. Le *Protagoras*, loin d'être antérieur au *Lachès*, lui serait postérieur, et viendrait reprendre cette difficile question de la partition de la vertu. Soutenir que la justice, la piété, la sagesse et le courage sont le savoir,

1. 1. A. Croiset : « Ainsi, dans tes réponses, tu ne perdais pas de vue qu'il était seulement une partie d'un tout qui s'appelle la vertu ? [...] Es-tu d'accord avec moi sur ce que je vais dire ? Pour moi, en dehors du courage, ce terme désigne aussi la sagesse, la justice, et le reste [...]. » ; 2. L. Robin : « De ton côté, tu as donc, dans tes réponses, parlé du courage comme d'une portion, étant admis qu'il existe d'autres parties, dont l'ensemble a reçu le nom de vertu ? [...] Mais allègues-tu, toi aussi, ces parties de la vertu que j'allègue moi-même ? Or, en plus du courage, il y en a que j'appelle sage modération, justice et telles autres parties analogues [...]. » ; 3. L.-A. Dorion : « Et as-tu donné ta réponse en pensant que le courage est une partie, et qu'il y a aussi d'autres parties, qui toutes ensemble sont appelées "vertu" ? [...] Parles-tu également des mêmes parties que moi ? En plus du courage, j'appelle parties de la vertu la tempérance, la justice et toutes les autres qualités de ce genre. »

2. *Ibid.*, 199d-e.

qui serait la vertu elle-même, permettrait à Socrate non seulement d'honorer son exigence d'une vertu unique, mais aussi de dépasser l'alternative initiale devant laquelle il plaçait Protagoras[1] : en effet, si la vertu est le savoir, et que la justice, la piété, la sagesse et le courage sont le savoir, alors il est possible de soutenir à la fois que la vertu est une et que les différentes vertus sont ses parties, et que justice, piété, sagesse, courage et savoir ne sont que les noms d'une seule et même réalité. Trois éléments renforcent une telle hypothèse. 1. La manière tout d'abord dont A. Croiset traduit le passage mentionné du *Lachès* : « Pour moi, en dehors du courage, ce terme [de vertu] désigne aussi la sagesse, la justice, et le reste [...]. » 2. Le détail de la critique qu'adresse Socrate au morcellement de la vertu dans le *Ménon* : si la vertu consiste dans le fait de se procurer de l'or et de l'argent, encore faut-il préciser « avec justice et piété » ; pour qu'il y ait vertu, encore faut-il qu'au moyen de se les procurer on ajoute la justice, la tempérance, la piété ou toute autre partie de la vertu. Dans la mesure où chacune des qualités, justice, tempérance, et tout ce genre de choses, est une partie de la vertu, Ménon démembre et morcelle la vertu, puisqu'il en vient à soutenir que la vertu consiste dans le fait d'« accomplir son action avec une partie de la vertu[2] », et définir ce qu'est la vertu en général ne saurait se faire en utilisant dans cette définition des parties de la vertu la conception platonicienne d'une unité-pluralité de la vertu[3]. 3. La manière dont Platon dans les *Lois*[4] manifeste que la vertu est une aussi bien que quatre : la question de l'unité et de la partition de la vertu ne doit pas recouvrir sa néces-

1. *Protagoras* 329c-d.
2. *Ménon* 79b.
3. *Ibid.*, 73e-74b, 77a, et surtout 78e-79d.
4. *Lois* XII 963c-964a, et la note 171 de ma traduction.

saire unicité, dont la thèse de la biconditionnalité ne suffit pas à rendre compte. Satisfaire à cette double exigence d'une unicité de la vertu et d'une unité des différentes vertus consiste à envisager que la vertu unique, qui est science, est une capacité qui, en tant qu'elle s'exerce dans différentes sphères, permet de distinguer entre les différentes vertus (la justice, la piété, la sagesse, le courage)[1].

Si, au vu des quatre arguments qu'il poursuit dans la seconde partie du *Protagoras*, Socrate apparaît soutenir la thèse d'un intellectualisme moral que la tradition reconnaît comme un de ses traits caractéristiques, le détail de l'enquête est si complexe, par moment si retors, qu'un repérage minutieux s'impose, qui circonscrive les difficultés, voire les points litigieux. Au fil des quatre arguments mentionnés, le lecteur se trouve en effet incessamment confronté à de très difficiles jugements sur le cours de l'argumentation et sur l'attitude de Socrate.

1. C'est l'hypothèse de M. Hartmann (1984, p. 110-117). Malgré l'inadéquation des deux modèles, manifeste si on les rapporte aux modèles du *Ménon* (74b sq.), l'exemple des parties du visage est fécond puisqu'il mène au concept de capacité (*dúnamis*), puis, malgré son inadéquation, dans la mesure où il nous guide vers la conception d'une unité des vertus en termes de capacité. À la fin du dialogue, Socrate déclarera avoir essayé de démontrer que « toutes choses sont science — justice, sagesse, courage »(361a), et dans la *République* (V 477d), la science sera présentée comme une capacité qui a son siège dans l'âme. La science est une capacité qui n'est pas morcelée, et il est possible d'envisager que les différentes vertus soient identiques entre elles, dans la mesure où elles sont parties d'une seule et unique capacité indifférenciée : la multiplicité des vertus (justice, sagesse, courage, piété) découlerait

L'exégèse de Simonide (339a-347a)

Simonide

Simonide (556 ?-467 ?), originaire, comme Prodicos, de Céos[1], est l'un des plus célèbres poètes lyriques grecs. En 520, il serait à Athènes, à la cour d'Hipparque ; après son assassinat, il aurait séjourné chez les Scopades, qui sont des princes thessaliens. Au moment des guerres médiques, il serait à nouveau à Athènes, où il se lierait avec Thémistocle. Il serait mort à l'âge de quatre-vingt-dix ans à Syracuse, où il se serait rendu en 476 sur les sollicitations de Hiéron. Célèbre pour ses épigrammes, il pratiqua tous les genres du lyrisme choral, plus particulièrement le dithyrambe, et fut à l'origine de la création de genres lyriques profanes, comme l'éloge (*egkṓmion*) et le thrène. Par le type d'homme qu'il promeut, et par la manière dont il conçoit son art comme un métier, Simonide marque un tournant dans la culture grecque[2]. Il fut le premier poète à recevoir un salaire pour composer des poèmes ; mais ce trait n'est pas le seul qui permette de le considérer comme le précurseur de la sophistique : se présentant lui-même comme un maître d'illusion, fondant, pour la première fois, l'opposition entre vérité (*alētheia*) et apparence (*tò dokeîn, dóxa*), il détrône la première au profit de la seconde, en revendiquant, d'une manière positive, l'artificialité de son art. Il est l'auteur de la fameuse définition, célèbre dans toute l'Antiquité : « La peinture est une poésie silencieuse et la poésie une peinture qui parle. »

---

des sphères distinctes dans lesquelles s'exerce la capacité « science ».

1. *Protagoras* 340a.
2. Cf. M. Detienne (1967, p. 105-119).

L'éducation sophistique et l'éducation des poètes

Protagoras, qui assume alors la position de questionnant, détourne l'enquête dialectique sur la vertu vers une exégèse de vers de Simonide portant sur la vertu ; il renvoie à Simonide comme à une autorité en matière non seulement de poésie, mais d'éthique — ce qui est parfaitement cohérent avec son exposé sur l'éducation[1] : les poètes étaient en effet traditionnellement considérés comme des professeurs de vertu, et leurs vers étaient censés contenir de nombreux conseils et recommandations[2]. L'œuvre de Simonide atteste que la nature véritable de l'*aretē* en général était devenue le problème crucial pour les hommes du début du ve siècle[3], au moment même où le poète souligne sa rareté et la difficulté de son accès.

Pourtant, Protagoras apparaît ambivalent à l'égard de Simonide : il l'évoque comme une autorité en matière d'éducation et de vertu — « la partie la plus importante de l'*éducation* d'un homme consiste à être compétent en poésie[4] » ; néanmoins, par la contradiction qu'il exhibe dans ses vers, il défait, à son propre profit, son privilège d'éducateur des Grecs. Quant à Socrate, pratiquant la macrologie qu'il reprochait à Protagoras, il pastiche, le temps d'une performance, la méthode d'interprétation des textes poétiques propre aux sophistes — subvertissant la fonction de répondant qu'il a pourtant acceptée ainsi que l'exégèse elle-même à ses propres fins, jusqu'à parvenir à fonder, au cours de son interprétation ambiguë des vers de Simonide, le fameux « nul n'est méchant volontairement ». La parodie socratique n'empêche pas de reconnaître quelques traits caractéristiques de

1. Cf. *Protagoras* 325e-326a.
2. Cf. Isocrate, *À Nicoclès*, II.
3. Cf. W. Jaeger (1934, I, p. 256-258).
4. *Protagoras* 338e-339a.

cette démarche herméneutique que l'on retrouvera, confirmés, au moment de l'émergence de la philologie puis de la grammaire classiques : détermination de l'intention de l'auteur[1], souci des termes, incarné par Prodicos, considération du dialecte, attention à la construction de la phrase et à la ponctuation.

La discussion sur le plaisir (351b-358d)

Les difficultés

L'interprétation de la discussion sur le plaisir, qui occupe une grande partie du dernier et très délicat argument, consacré au courage, sépare les commentateurs. L'attitude de Socrate vis-à-vis du plaisir s'avère très difficile à déterminer. Deux points sont certains : la réflexion sur le plaisir a une fonction formelle dans l'argumentation de Socrate, puisqu'elle sert de prémisse à la réduction du courage au savoir[2] ;

1. *Ibid.*, 347a.

2. Je reprends sur ce point la position de J.P. Sullivan (1961, p. 18). La bibliographie pour ou contre Socrate hédoniste est extrêmement abondante. Parmi les tenants de l'hédonisme, on trouve : G. Grote, *Plato and the other Companions of Sokrates*, 1888 ; J. Adam et A.M. Adam, *Protagoras*, 1893; R. Hackforth, « Hedonism in Plato's *Protagoras* », *Classical Quarterly*, vol. 22, 1928, p. 39-42 ; G. Vlastos, Introduction au *Protagoras*, 1956 ; E.R. Dodds, *Plato*, Gorgias, 1959 ; C.C.W. Taylor, *Protagoras*, 1976 ; T.H. Irwin, *Plato's moral Theory : the early and middle Dialogues*, 1977 ; J.C.B. Gosling et C.C.W. Taylor, *The Greeks on Pleasure*, 1982 ; F. Wolff, *Socrate*, 10e rééd. 1995 ; G. Vlastos, *Socrate : ironie et philosophie morale*, 1991 (dans la section intitulée « L'hédonisme faute de mieux ») ; parmi les tenants de l'anti-hédonisme, on trouve : Marsile Ficin ; T.D. Goodell, *American Journal of Philosophy* 42, 1921 ; G.M.A. Grube, « The structural unity of the *Protagoras* », *Classical Quarterly*, vol. 27, 1933, p. 203-207 ; A.E. Taylor, *Plato, the man and his work*, 1952 ; W.K.C. Guthrie, *Plato*, Protagoras and Meno, 1956 ; J.P. Sullivan, « The hedonism in Plato's *Protagoras* », in *Phronesis*, vol. VI, n° 1, 1961, p. 10-28 ; C.H. Kahn, « On the relative dates of the *Gorgias* and the *Protagoras* », *Oxford Studies in Ancient Philosophy*, 1988, p. 69-102 ; D.J. Zeyl, « Socrates and hedonism : *Protagoras* 351b-358d », *Phronesis*, 25, 1980, p. 250-269.

rien n'est dit dans le *Protagoras* sur la nature du plaisir, qui n'est pas elle-même en question, à la différence de ce qui se passe dans le *Gorgias*, dans le *Phédon* et dans le *Philèbe*[1].

On distingue alors deux problèmes majeurs : comment comprendre que la position de Socrate dans le *Gorgias*[2] soit littéralement l'inverse de la position qu'il présente dans le *Protagoras* ? Y a-t-il ou non quelque chose, dans le texte du *Protagoras*, qui nous amène naturellement à penser qu'il endosse effectivement la thèse hédoniste ou qui atteste que Socrate lui-même se dissocie de l'hédonisme qu'il présente ? Ou bien le rapport que Socrate entretient à la thèse hédoniste est-il laissé indéterminé à dessein ? Ces deux problèmes motivent trois types d'interprétation[3]. 1. La discussion représente la conception du Socrate historique sur le plaisir, voire celle de Platon lui-même au moment de l'écriture du dialogue. Socrate apparaît, en effet, dans les *Mémorables* comme un « hédoniste modéré », qui déclare préférer la vie simple parce qu'elle est plus agréable que la vie de luxure et soutient que le plaisir découle de la conscience de bien faire ce que l'on fait, quoi que l'on fasse[4]. Il affirme que « la meilleure vie est la vie la plus agréable », sans qu'il soit jamais dit que le bien est quelque chose d'indépendant du plaisir. Identifier le bien à l'utile, reconnaître la bonne apparence, la force et la santé, comme les constituants du bonheur, pourvu qu'ils n'entraînent pas de désavantages à long terme[5], nous rapproche de l'argumentation du *Protagoras*. Socrate hédoniste dans le *Protagoras* ouvrirait la voie aux traditions cyrénaïque et épicurienne[6].

1. Pour cette même remarque, cf. J.C.B. Gosling et C.C.W. Taylor (1982, chapitre III).
2. *Gorgias* 491d-500a, et particulièrement 495a-497a.
3. Je reprends ici la recension de J.P. Sullivan (1961, p. 10).
4. Cf. Xénophon, *Mémorables*, I, 6, 4, 8-9 ; IV, 8, 6.
5. *Ibid.*, respectivement IV, 6, 8, et IV, 2, 8.
6. Cf. J.C.B. Gosling et C.C.W. Taylor (1982, p. 37-40).

2. L'argument sur le plaisir serait un argument *ad hominem* que Socrate utiliserait pour les besoins de la thèse qu'il veut démontrer — le courage est (le) savoir. Il chercherait à montrer que l'hédonisme implicite dans les croyances morales ordinaires sous-tend également l'éthique des sophistes, et qu'il se réduit à un hédonisme strict — tous les plaisirs sont bons et seuls les plaisirs sont bons. Socrate relèverait par ailleurs un défi, puisqu'il attesterait qu'il peut démontrer l'unité de la vertu et son identité avec le savoir, y compris sur la base d'une telle prémisse qui pourrait apparemment les compromettre. 3. Il n'y aurait aucun hédonisme réel dans le dialogue[1].

L'indétermination de la thèse hédoniste

L'âpreté du débat me paraît l'indice que l'objectif poursuivi par Socrate n'est pas plus la démonstration de l'hédonisme que celle de l'antihédonisme et que Platon a maintenu l'indétermination de la position de Socrate, pour des motivations qui lui sont propres ou des motivations qui sont propres à Socrate lui-même.

Le *Lachès* apporte toutefois un indice favorable à la thèse de l'hédonisme de Socrate. Socrate y demande en quoi consiste la capacité qui s'exerce à la fois à l'égard du plaisir, de la douleur, des désirs et des craintes, et qui a reçu le nom de courage[2]. On peut être courageux face aux peines et aux craintes, ainsi que « dans la lutte contre les désirs et les plaisirs[3] ». Bien sûr, dans le *Protagoras*, Socrate n'évoque aucune lutte contre les plaisirs, mais le *Lachès* atteste qu'indépendamment de tout contexte sophistique,

---

Cette interprétation est la plus courante, cf. G. Vlastos (1956) (ce n'est pas sa position ultime), et F. Wolff (1985, p. 84, note 1) qui renvoie à l'*Hippias majeur* 299d.

1. Cf. par exemple W.K.C. Guthrie (1956, p. 22).
2. *Lachès* 192b, qui renvoie à 191d et 191e.
3. *Ibid.*, 191d-e.

Socrate manifeste le lien entre plaisir, douleur et courage — ce qui rend tout à fait invraisemblable que la prémisse hédoniste puisse n'être dans le *Protagoras* qu'une prémisse *ad hominem* ; la mention, dans la suite du *Lachès*, d'un « calcul intelligent »(*phronímōs logizómenon*)[1], d'une économie de la prévoyance qui distingue entre le court terme et le long terme, les définitions de la crainte comme « anticipation d'un mal futur », du courage comme la science des choses redoutables et non redoutables, ainsi que l'articulation suggérée entre la vertu et le savoir dans le rapport aux biens passés, futurs et à venir, vont également dans ce sens[2]. Si Socrate en vient donc au plaisir et à son corrélat, la peine, c'est que ces concepts et ces préoccupations sont nécessaires à son analyse du courage et à sa définition du courage comme savoir — comment définir le courage comme savoir, si ce n'est par rapport au plaisir et à la douleur, aux désirs et aux craintes, si ce n'est en usant des « connecteurs » temporels de l'anticipation et de la différence entre le court terme et le long terme[3]? Ceci rejoint l'interprétation selon laquelle le *Protagoras* serait la fondation de la vertu comme art (*tékhnē*),

1. *Ibid.*, 193a. Je traduis calcul intelligent parce que j'ai choisi de traduire *phrónēsis* par intelligence ; L.-A. Dorion, qui traduit *phrónēsis* par réflexion, traduit « calcul réfléchi ».

2. Cf. *ibid.*, 192e, 193a, 196d, 198b, 198d-199d.

3. De même, lorsque Platon donne la définition du courage dans la *République* (IV 430b) : le courage est « cette capacité à préserver, en toute occasion, l'opinion correcte et conforme aux lois au sujet de ce qui est à craindre et de ce qui ne l'est pas », il précise que sa préservation « en toute occasion » signifie « aussi bien au milieu des plaisirs, des désirs, et dans la crainte » (429d) ; pour préciser, lorsqu'il compare en 430b l'action du plaisir, du chagrin, de la peur et du désir à l'action de lessives dissolvantes, en expliquant que l'effet du plaisir « est plus à craindre que celui de n'importe quelle soude de Chalestra ou de la cendre », il n'en renvoie pas moins à la mention du plaisir et de son corrélat, la peine (ou le chagrin, *lúpē*), pour sa définition du courage.

puisque Socrate lui assigne son objet, le bonheur, et son outil, la mesure des plaisirs et des peines[1].

Peut-être Platon file-t-il, de manière souterraine, la référence hésiodique que le mythe de Protagoras inverse. Pandore dispersait par le monde tous les maux que contient sa jarre : « Seul l'espoir restait là, à l'intérieur de son infrangible prison, sans passer les lèvres de la jarre[2]. » À l'issue de la faute prométhéenne, la vie humaine devient celle où les maux se trouvent « inextricablement liés aux biens[3] » : de fait, puisqu'il ne peut prévoir au juste de quoi le lendemain sera fait, l'homme est incessamment dans l'espoir, espoir qui n'avait aucune place à l'âge d'or, où il n'y a que des biens[4], et qui n'aurait aucune place, si l'humanité n'était plus qu'exclusivement vouée aux maux[5] — « coincé entre la prévoyance lucide de Prométhée et l'aveuglement irréfléchi d'Épiméthée, oscillant entre l'un et l'autre sans pouvoir jamais les disjoindre[6] ». Dans le *Gorgias*, Zeus demande à Prométhée d'enlever aux hommes la connaissance du moment de leur mort. Le Prométhée d'Eschyle déclare avoir « délivré les hommes de l'obsession de la mort » en installant en eux les « aveugles espoirs »[7]. L'espoir est lié chez l'homme à la conscience de sa mortalité et à l'indétermination dans laquelle il se trouve de l'heure de sa mort : pour être prévision, l'espoir est prévision aveugle. Peut-être Socrate réplique-t-il ici à la dissolution de la

1. C'est la thèse de T.H. Irwin (1977).
2. Hésiode, *Les Travaux et les jours*, v. 96-97.
3. J.-P. Vernant, « Le mythe prométhéen chez Hésiode », in *Mythe et société en Grèce ancienne*, 1974, p. 193, qui renvoie à *Théogonie*, v. 603-610, et *Les Travaux et les jours*, v. 178.
4. Cf. *Les Travaux et les jours*, v. 115-116.
5. Cf. *ibid.*, v. 200-201.
6. J.-P. Vernant, « Le mythe prométhéen chez Hésiode », p. 193.
7. Eschyle, *Prométhée enchaîné*, v. 248-250. Cf. *Gorgias* 523d-e.

culpabilité exprimée dans le mythe de Protagoras par le maintien d'une humanité vouée à l'enveloppement des maux et des biens et à l'espoir aveugle, qu'il se propose de modifier par la métrétique, c'est-à-dire par l'art de la mesure : elle permettrait à l'homme d'en finir avec une prévision aveugle, en réglant cette prévision. Telle serait la meilleure version, selon Socrate, de la prévoyance prométhéenne, dont la radicale ignorance du futur est le pendant aveugle. Déjà Lachès accordait à Nicias que tous les hommes n'avaient pas avantage à vivre, et qu'il serait meilleur pour beaucoup d'être morts. À la différence de l'art du devin, qui se borne à connaître les signes qui annoncent l'avenir — si tel homme doit mourir, être malade, perdre ses biens, sortir vainqueur ou vaincu d'un combat ou d'une lutte quelconque —, la métrétique permet à l'homme d'édifier un savoir sur la vie et de déterminer s'il vaut mieux ou non subir telle ou telle épreuve[1], et le courage serait le savoir lui-même de la vie, pour l'homme délivré de l'obsession de l'idée de la mort.

Resterait à justifier l'indétermination dans laquelle Platon laisse le rapport de Socrate à la thèse hédoniste qu'il exploite dans son argumentation — une indétermination si habile qu'aucun des sophistes présents ne lui demande de la lever. Le *Protagoras* serait-il un dialogue que Platon aurait tardivement écrit, peut-être après le *Gorgias*, mais dont la place qu'il voulait lui donner devait le situer à la suite des dialogues socratiques — comme leur synthèse après coup, ce qu'il apparaît être, effectivement —, et y aurait-il délibérément réduit la part de l'adhésion de Socrate à l'hédonisme qui aurait mal cadré avec sa propre conception du plaisir ? Ou l'indétermination du rapport de Socrate à la thèse hédoniste, qui lui est nécessaire pour sa définition du courage comme

1. *Lachès* 196a.

savoir, doit-elle être rapportée au caractère singulier du rapport de Socrate à toute thèse, moins imputable à son rôle maïeutique qu'à une ambiguïté fondamentale de sa pratique que le *Protagoras* précisément laisse entrevoir ?

L'ÉNIGME SOCRATE

L'éducation socratique : les règles de l'entretien dialogué

Au fil de l'enquête, Socrate est amené à dénuder quelques-unes des règles de l'entretien dialogué : c'est un entretien privé qui lie deux personnes, un questionnant et un répondant, dont les rôles asymétriques peuvent être inversés au cours de la discussion, pourvu que cette inversion soit méthodiquement signalée et circonscrite sur un temps reconnu par chacun[1]. Il s'agit de répondre strictement à ce qui est demandé, sans esquiver les arguments, sans refuser de se justifier, sans étirer de longs discours qui finissent par faire perdre de vue l'objet de l'entretien : parce que Protagoras fait de trop longues réponses, Socrate, défenseur de la « pratique des discours brefs », menace de quitter l'entretien. La démarche de l'entretien dialogué diffère du tout au tout de la démarche philologique avant la lettre dont témoigne la longue exégèse, par Protagoras, puis par Socrate, des vers de Simonide. On notera la soudaine rupture de ton entre la démonstration ambiguë que Socrate donne de son talent d'exégète et sa violente condamnation des « hommes médiocres et grossiers », « incapables, faute d'*éducation* », « quand ils boivent ensemble » « de trouver en eux-mêmes, par leur propre voix, leurs propres discours, de quoi s'entretenir les uns avec les autres », restant tributaires de la

1. *Protagoras* 338d, 347b, 348b.

médiation d'une voix étrangère : les « hommes de bien » et les « gens bien éduqués » s'en remettent à leur voix propre et s'entretiennent entre eux, seuls, par leurs propres moyens, en se mettant à l'épreuve les uns les autres, et en se soumettant à ces épreuves dans leurs propres discours ; la discussion ne saurait admettre un arbitrage extérieur[1].

La manière « dont celui qui répond doit répondre » implique également que l'interlocuteur de l'entretien dialectique s'investisse sans restriction dans les positions qu'il soutient : l'accord doit être entier, libre, sincère. Dans le premier argument, Socrate rejette violemment l'accord de complaisance que Protagoras s'apprête à lui concéder : « Ce ne sont pas des "si tu veux" et des "s'il te semble" que je souhaite éprouver, mais c'est toi et c'est moi[2]. » Plus tard, dans le cours du dialogue, Socrate nuancera cette règle absolue — sans pour autant lui retirer sa validité. Quand Protagoras déclare qu'il aurait honte de soutenir une thèse que beaucoup d'hommes soutiennent, Socrate demande s'il doit s'adresser à lui, Protagoras, ou à ces hommes. À l'insolence de Protagoras « *Si tu veux* [...] discute d'abord la thèse du grand nombre », Socrate rétorque : « En fait, peu m'importe, pourvu que tu me répondes, que tu sois d'accord ou non avec cette thèse. C'est en effet surtout la thèse que j'examine pour ma part, mais il en découle peut-être que du même coup nous nous trouvions soumis à l'examen, moi qui interroge, tout autant que celui qui répond[3]. » Plus loin, Socrate liera dans l'épreuve tant

1. *Ibid.*, 338c-e.
2. *Ibid.*, 331c-d.
3. En deux occasions, précise G. Vlastos (1991, p. 159), Socrate tolère une infraction à la règle qui consiste dans le fait de « croire ce que l'on dit », c'est-à-dire de s'investir dans sa thèse — et il ne s'agit, précise G. Vlastos, que d'un pis-aller, d'ailleurs uniquement *pro tempore* : il s'agit de ce passage du *Protagoras* en 333c (pour analyse de ce passage précis, voir G. Vlastos [1983, p. 37-38]) et d'un texte qui se trouve au livre I de la *République* (349a sq.).

la vérité de l'entretien dialectique que celle de la vérité des interlocuteurs eux-mêmes[1]. L'investissement a lieu, dès que l'interlocuteur parle, et quel que soit le rapport qu'il entretient à la thèse qu'il soutient.

Difficultés et stratégies de pouvoir

Pourtant, le *Protagoras* nous présente un Socrate bien suspect : la clarification des règles de la dialectique, la continuité méthodique de l'argumentation, qui vise à démontrer l'identité entre la vertu et le savoir, voisinent avec des attitudes litigieuses de la part de Socrate. Que penser des erreurs que Socrate semble commettre au fil des arguments ? La manière dont il paraît confondre, dans le premier argument, entre contraires et contradictoires n'est-elle imputable qu'à sa jeunesse et à l'ignorance où il se trouve d'une théorie des intermédiaires ? Protagoras ne reprend Socrate qu'une fois, au début de l'argument sur le courage, mais en levant alors une indétermination qu'il avait lui-même laissé s'introduire — ou qu'il avait laissé Socrate introduire[2]. S'agit-il d'erreurs intentionnelles, de sophismes ? La certitude que nous avons du fait que Socrate dérape délibérément dans la discussion des vers de Simonide nous fait plutôt pencher pour l'hypothèse d'erreurs intentionnelles et stratégiques — sauf à supposer qu'il n'abandonne son sérieux que dans l'espace de ce pastiche. Manifeste-t-il un souci de la vérité qui n'exclut pas celui du pouvoir sur autrui — quelle qu'en soit la dénégation ?

La richesse dramatique du *Protagoras* exprime le caractère agonistique essentiel de la « rencontre »

1. *Protagoras* 348a.
2. *Ibid.*, 350c-351b. Cf. pour le détail la note 309 de ma traduction.

entre Protagoras et Socrate : Protagoras parle lui-même de joute verbale et Socrate décrit sa réaction à l'une des prestations du sophiste comme un véritable *knock-out*. La métaphore des « Discours renversants » est filée tout au long de l'exégèse des vers de Simonide[1] ; à la fin du dialogue, Protagoras reproche à Socrate de vouloir jouir de sa victoire — de succomber à cette *philonikia* que le *Phédon* opposera si nettement à la *philosophia*[2].

Socrate ne pratique-t-il pas la suggestion et la capture, dans la prémisse de la première objection qu'il adresse à Protagoras — « les Athéniens sont avisés »[3] ? Cette prémisse apparaît *ad hominem*, et Protagoras ne peut qu'y adhérer, en vertu de ses convictions démocratiques et de son lien avec Périclès. De même, dans le premier argument, Socrate place Protagoras dans une alternative que le sophiste ne remet pas en cause : « Cette chose que vous venez d'appeler justice est-elle elle-même juste, ou est-elle injuste[4] ? » Protagoras ne dispose que de deux solutions : soit il remet en question l'alternative, soit il se trouve contraint d'accepter que la justice est juste, dès lors qu'au sein d'une telle alternative, la justice paraîtra *plutôt* juste qu'injuste. Socrate joue alors sur le scandale qu'il y aurait à déclarer que la justice est injuste, et accule Protagoras à déclarer que la justice est juste. De même pour la piété : « Il serait difficile qu'il y ait quelque chose d'autre qui soit pie, si la piété elle-même n'était pas chose pie. » L'argument inaugure bien moins des débats logiques et ontologiques complexes qu'il n'use d'énoncés de vraisemblance[5],

1. *Ibid.*, 340a, 343c, 344d.
2. *Phédon* 91a.
3. *Protagoras* 319b.
4. *Ibid.*, 330c.
5. C'est également ce que suggère la réplique de Socrate dans l'*Euthydème* (301b-c) : « L'Autre, du moins, n'est *sans doute* pas même ? Eh bien moi, je n'aurais pas imaginé que même un enfant fût dans l'embarras en se rendant compte que l'Autre est autre. »

auxquels Socrate n'accorde ici que l'attention relative à leur force de suggestion dans la stratégie d'ensemble de son argumentation.

Dans le second argument, Socrate réexploite, sans que Protagoras l'en empêche, un point d'accord du premier argument que Protagoras n'a pas réellement accordé[1]. Dans la mesure où la discussion porte alors sur un autre point, sur lequel Protagoras se trouve en mauvaise posture, on peut faire l'hypothèse que Socrate attaque Protagoras sur plusieurs fronts simultanément : sans solliciter d'ailleurs sur ce point une réaction de Protagoras, sans lui laisser le temps de protester, il lui adresse une question cruciale, à laquelle, pris de court, Protagoras répond — alors qu'il aurait dû non seulement répondre à la question posée, mais également se défendre contre le précédent coup de force de Socrate. Socrate profiterait de l'affaiblissement de son interlocuteur pour lui faire admettre, *e silentio*, un argument auquel il refusait précédemment son accord. De même, dans la discussion sur le plaisir, Socrate paraît maintenir indéterminé son rapport à la thèse hédoniste : il use visiblement de cette prémisse « hédoniste » pour sa force argumentative[2], et non pour elle-même — même s'il a besoin de sa teneur théorique pour définir le courage comme savoir.

La subversion socratique de la distinction entre discours fort et discours faible dans l'enquête sur le plaisir

Dans ce long et tortueux argument, Socrate, s'éloignant apparemment de son objectif dialectique (démontrer contre Protagoras que le courage se

---

Pour la complexité des débats suscités, cf. la note 189 de ma traduction.

1. C'est l'hypothèse de J. Wakefield (1987, p. 267-275).
2. Cf. D.J. Zeyl (1980, p. 250-269).

réduit au savoir), part d'une position de la foule — lui qui précédemment prétendait s'attacher strictement aux positions propres de son interlocuteur, et non à celles que son interlocuteur emprunterait à la foule —, ce qui étonne Protagoras : « Eh quoi, Socrate ! Faut-il que nous nous mettions à examiner l'opinion de la foule, qui dit ce qui lui passe par la tête[1] ? » Mais Socrate persiste : exhibant la position de la foule, qui s'exprime dans un discrédit de la toute-puissance de la science et dans la croyance littérale en l'expression « se laisser vaincre par le plaisir », il en dénude l'hédonisme implicite, et la renvoie à l'absurdité ; se laisser vaincre par le plaisir (l'*akrasía*) procède en fait de l'ignorance et établir la métrétique des plaisirs et des peines, qui ne peut qu'être une science ou bien un art, lui permet de rebondir sur la question du courage et d'en donner la définition en termes de savoir. D'une part, donc, il prend pour point de départ une position qui apparaît comme la plus opposée à la primauté de la science, qu'il représente, de manière provocante, comme un esclave tiraillé en tous sens, d'autre part, il prend pour point de départ l'opinion de la foule, qui s'exprime dans une expression courante. Il renverse alors cette position, qu'il parvient à ramener à son objectif, pourtant situé aux antipodes de la position de la foule : il détrône le discours majoritaire de la foule au profit de son propre discours minoritaire et, réciproquement, par la seule force de son argumentation, il renverse sa propre position faible en position forte. On comprendra mieux alors qu'une des accusations portées contre Socrate lors de son procès fut de transformer le discours faible (*hḗttōn lógos*) en discours fort (*kreíttōn lógos*)[2] ; on comprendra mieux également l'intérêt de la rencontre entre Socrate et

1. *Protagoras* 353a.
2. *Apologie de Socrate* 19c.

Protagoras, qui est le père de cette transformation. Toute la terminologie du passage décline cette transformation du discours faible en discours fort[1] ; le terme de métrétique lui-même pourrait s'entendre par référence à la fameuse formule de Protagoras : « l'homme est mesure de toutes choses ». Le dialogue peut bien ne développer par ailleurs aucune référence aux théories de Protagoras ; il semble réunir ici les deux thèmes fondamentaux de la théorie de la connaissance du sophiste, le thème de l'homme-mesure et la pratique qui transforme le discours faible en discours fort ; la science de la mesure platonicienne pourrait devoir ses premières formulations à une polémique avec le sophiste dont le *Protagoras* donnerait l'illustration[2].

C'est par l'adhésion démocratique de la foule que Protagoras prétendait changer un discours faible en discours fort qu'il s'assurait par la force de la persuasion ; c'est, en revanche, par sa seule puissance argumentative que Socrate transforme le discours majoritaire de la foule en discours minoritaire et son propre discours faible en discours fort. De cette pratique du renversement, Socrate témoigne encore lorsqu'en épilogue du dialogue il souligne l'inversion des positions initiales : Socrate qui pensait que la vertu ne peut s'enseigner finit par se donner les moyens de démontrer qu'elle s'enseigne, en montrant qu'elle est savoir ; Protagoras qui soutenait que la vertu peut s'enseigner refuse les moyens qui permettraient de le prouver — même si ce verdict s'effectue au mépris des distinctions réelles que recouvre, pour Protagoras et pour Socrate, la communauté des termes, d'enseignement, de vertu comme de savoir[3].

L'ambiguïté de Socrate peut-elle n'être rapportée

1. Comme le note M. Untersteiner, *Les Sophistes*, 1993, p. 101-102. Cf. le grec en 354e, 352e, 353a, 357c.
2. Cf. M. Untersteiner, *Les Sophistes*, 1993, p. 102.
3. Cf. les notes 362 et 364 de ma traduction.

qu'à la situation singulière de cette rencontre entre sophistes, dont il s'autoriserait, le temps de ce dialogue, à emprunter les pratiques ? Un Socrate à l'occasion perfide et retors fait certes mauvais ménage avec l'édification propre au portrait de Xénophon, comme avec la figure ascétique que lui donnera Platon dans d'autres dialogues. Il se joue ici quelque chose du personnage de Socrate — « homme sans thèses » — de ce que la maïeutique ou la docte ignorance viendront plus tard justifier — et donc recouvrir.

Frédérique ILDEFONSE

Remarques préliminaires

Le texte traduit est le texte établi par Alfred Croiset pour Platon, Œuvres complètes, *tome III — 1re partie,* Protagoras, *Paris, Les Belles Lettres, 1923. Je m'en suis écartée sur le point suivant :*

	[*Croiset*]	[*je lis*]
356a1	àxía	ànaxía

Pour la division en pages et en paragraphes, je me suis directement référée à l'édition standard réalisée par Henri Estienne à Genève en 1578.

PLAN DU *PROTAGORAS*

309a-310a. Préambule.

310b-314e. Prologue : Hippocrate vient trouver Socrate afin qu'il l'introduise auprès de Protagoras dont il espère suivre les cours. Chemin faisant, Socrate, qui interroge son jeune ami sur ses motivations, le place face à l'impossibilité où il se trouve de définir ce qu'est un sophiste.

315a-320c. Première partie. C'est à Protagoras que Socrate demande maintenant d'expliciter l'objet de son enseignement, que le sophiste définit comme la manière de bien délibérer dans les affaires publiques et dans les affaires privées. Socrate adresse deux objections à la prétention de Protagoras d'enseigner l'excellence politique.

320d-328d. Protagoras lui répond par un mythe, suivi d'un discours argumenté.

328e-330b. Seconde partie. Socrate fait porter l'enquête sur l'unité de la vertu et les rapports que ses différentes parties entretiennent entre elles. L'interrogation se développe en quatre arguments qui engagent deux à deux les vertus considérées.

330c-332a. Premier argument. Socrate cherche à faire admettre à Protagoras que la justice et la piété sont très similaires, ce qu'il se refuse à admettre.

332a-333b. Second argument. Socrate parvient à

démontrer que la sagesse est identique au savoir, par un raisonnement sur les contraires.
333c-334c. Troisième argument. Le raisonnement qui porte sur la justice et le savoir est rapidement interrompu par une longue réplique de Protagoras sur les rapports entre le bien et l'utile.
334d-335c. Socrate menace de quitter l'enquête, si Protagoras ne répond pas de manière concise.
335d-338e. Interruption, pendant laquelle chacun des sophistes présents prend la parole, pour la défense de l'entretien, et à l'issue de laquelle il est accordé que Protagoras et Socrate échangeront leurs positions dialectiques.
339a-339b. Reprise de l'entretien. Protagoras, qui tient le rôle de questionnant, fait porter l'enquête sur l'exégèse d'un poème de Simonide.

339c-339d. Protagoras manifeste une contradiction dans le poème de Simonide.

339e-342a. Socrate résout la contradiction par un jeu sur les termes.

342b-347a. Socrate se livre à une longue exégèse du poème.
347b-348c. Après une critique de la pratique de l'exégèse poétique, au profit de l'entretien dialogué, Socrate reprend l'enquête sur la vertu.

348d- 349d. Quatrième argument. Socrate récapitule l'enquête sur la vertu; Protagoras déclare que le courage est une vertu bien distincte de la justice, de la sagesse, du savoir et de la piété.

349e-351b. Protagoras dénonce la manière dont Socrate, à l'issue d'une première série de questions, propose d'identifier le courage et le savoir.

351c-360e. Socrate entre dans une longue discussion sur le plaisir qui lui permet d'élaborer une science de la mesure des plaisirs et des peines, et de définir le courage comme savoir. Protagoras doit reconnaître sa défaite.
361a-362a. Épilogue. Socrate souligne l'inversion des positions initiales de chacun.

PROTAGORAS

[*ou : Les Sophistes, genre probatoire*[1]]

[309a] L'AMI

D'où viens-tu, Socrate ? Sans doute de la chasse à la beauté d'Alcibiade[2] ? Je l'ai vu justement avant-hier et, c'est vrai, j'ai trouvé que c'était encore un bel homme. Mais un homme, Socrate, soit dit entre nous, avec déjà toute cette barbe qui lui pousse au menton !

SOCRATE

Et alors ? N'es-tu pas toi-même un admirateur d'Homère, qui [309b] a dit que le plus bel âge était celui de la première barbe[3], c'est-à-dire précisément l'âge d'Alcibiade ?

L'AMI

Alors, quelles nouvelles ? Tu viens de le voir ? Et comment le jeune homme est-il disposé à ton égard ?

SOCRATE

Bien disposé, à ce qu'il m'a semblé, et spécialement aujourd'hui ; il a dit bien des choses en ma faveur, pour me venir en aide[4], et effectivement je viens juste de le quitter. Pourtant, je vais t'avouer quelque chose d'étrange : il était là, et je n'ai pas prêté attention à lui — j'ai même souvent oublié qu'il était là.

L'AMI

Que s'est-il donc passé entre vous [**309c**] de si extraordinaire ? En tout cas, tu n'as sûrement pas rencontré en ville quelqu'un de plus beau que lui.

SOCRATE

Si, et de bien plus beau.

L'AMI

Qu'est-ce que tu dis ? Quelqu'un d'ici ou un étranger[5] ?

SOCRATE

Un étranger.

L'AMI

De quel pays ?

SOCRATE

D'Abdère[6].

L'AMI

Et cet étranger t'a semblé beau au point de te paraître plus beau que le fils de Clinias ?

[**309d**] SOCRATE

Comment ce qu'il y a de plus savant, mon bienheureux ami, ne paraîtrait-il pas plus beau ?

L'AMI

C'est donc un savant que tu as rencontré, Socrate ?

SOCRATE

Le plus savant, à coup sûr, de nos contemporains, si tu es bien d'avis que le plus savant, c'est Protagoras[7].

L'AMI

Oh ! Que dis-tu ? Protagoras serait à Athènes ?

SOCRATE

Depuis deux jours.

L'AMI

Et tu viens de le voir ?

[**310a**] SOCRATE

Oui, et nous avons eu un très long entretien[8].

L'AMI

Pourquoi donc ne nous racontes-tu pas votre rencontre ? Si tu n'as pas d'empêchement, fais lever cet esclave et assieds-toi ici.

SOCRATE

Volontiers. Et je vous remercie de m'écouter.

L'AMI

C'est nous qui te remercions de parler.

SOCRATE

La gratitude sera partagée.

Mais écoutez donc. La nuit dernière, au point du jour déjà, Hippocrate, fils d'Apollodore, et frère de Phason[9], [**310b**] donnait de grands coups de bâton dans ma porte, et quand on vint lui ouvrir, aussitôt, il se précipita à l'intérieur en s'écriant : « Socrate, tu es éveillé ou tu dors ? » Reconnaissant sa voix, je lui dis : « C'est toi, Hippocrate ? Pourvu que tu ne viennes pas m'annoncer un malheur ! — Pas du tout, fit-il, rien que de bonnes nouvelles. — À la bonne heure !, dis-je. Mais de quoi s'agit-il, et pourquoi viens-tu si tôt ? — Protagoras est ici, dit-il, en s'arrêtant auprès de moi. — Depuis avant-hier, dis-je. Est-ce que tu viens juste de l'apprendre ? — Par les dieux, dit-il, je ne le sais que depuis hier soir. »

[**310c**] — En même temps, après s'être approché de mon lit à tâtons, il s'assit à mes pieds. Il dit : « Oui, depuis hier soir, très tard, à mon retour d'Œnoé. Mon esclave Satyros s'était enfui ; je voulais t'avertir que je partais à sa recherche, et puis, pour un motif quelconque, cela m'est sorti de la tête. J'étais rentré, nous avions dîné, et nous allions nous coucher, lorsque mon frère vint me dire que Protagoras était arrivé. Et encore une fois, j'allai me mettre tout de suite en route pour venir chez toi, et puis il me sembla que la nuit était trop avancée ; mais dès que le sommeil m'eut délivré [**310d**] de ma fatigue, je me suis aussitôt levé et mis en route pour aller chez toi. » Je reconnus bien là son énergie et ses élans passionnés :

« Et en quoi tout cela te concerne-t-il ?, dis-je. Est-ce que Protagoras t'a fait du tort ? » Il se mit à rire : « Et comment, par les dieux !, dit-il. Il est seul à être savant, et il ne fait rien pour que je le sois. — Mais par Zeus, répondis-je, tu n'as qu'à lui donner de l'argent pour le convaincre, et il fera de toi aussi un savant[10]. — Si seulement il pouvait en être ainsi, par Zeus et par tous les dieux !, dit-il. [**310e**] Je n'y épargnerais ni mes biens ni les biens de mes amis ; et c'est précisément pour cela que je viens te voir, pour que tu lui parles en ma faveur. Car moi je suis trop jeune, et je n'ai jamais vu ni entendu Protagoras : j'étais encore enfant la dernière fois qu'il est venu[11]. C'est que tout le monde fait son éloge, Socrate, et dit qu'il est le plus savant en matière de discours. Pourquoi n'allons-nous pas le trouver avant qu'il ne sorte ? [**311a**] J'ai entendu dire qu'il logeait chez Callias, le fils d'Hipponicos[12]. Allons-y ! » Je lui répondis : « N'y allons pas encore, mon ami, car il est encore tôt. Mais levons-nous, et sortons dans la cour. Nous y ferons quelques pas, pour passer le temps, jusqu'à ce qu'il fasse jour. Et puis nous nous mettrons en route. Le plus souvent, en effet, Protagoras reste à l'intérieur ; ainsi, sois tranquille, selon toute vraisemblance, nous le trouverons à la maison. »

Sur ce, nous nous sommes levés pour aller marcher dans la cour. Comme je voulais [**311b**] mettre à l'épreuve la force d'Hippocrate[13], je me mis à l'examiner en l'interrogeant : « Dis-moi, Hippocrate, dis-je, quand à présent tu t'apprêtes à te rendre auprès de Protagoras, et à lui donner de l'argent pour salaire des leçons qu'il te donnera, auprès de qui te rends-tu, et que prétends-tu devenir ? Imaginons que tu envisages d'aller trouver ton homonyme, Hippocrate de Cos, l'Asclépiade[14], et de lui verser de l'argent comme salaire des leçons qu'il te donnerait — que répondrais-tu si l'on te demandait : "Dis-moi, Hippocrate, [**311c**] à quel titre t'apprêtes-tu à verser un salaire à Hippocrate ?" — Je répondrais que c'est en tant qu'il est médecin, dit-il. — Et pour devenir ? — Médecin, dit-il. — Et si tu envisageais d'aller trouver Polyclète l'Argien ou Phidias l'Athénien[15] et de leur verser de l'argent comme salaire des leçons qu'ils te donneraient, que répondrais-tu si l'on te demandait : "À quel titre envisages-tu de donner cet argent à Polyclète et à Phidias ?" — Je dirais : en tant qu'ils sont sculpteurs. — Et pour devenir toi-même ? — Sculpteur, évidemment. — Soit, lui dis-je ; [**311d**] or maintenant, toi et moi, nous allons trouver Protagoras, et nous sommes tout disposés à lui verser de l'argent pour les leçons qu'il te donnera, pourvu que nos richesses y suffisent, et que, par ce moyen, nous parvenions à le convaincre — prêts, dans le cas contraire, à engager dans la dépense, en plus, celles de nos amis. Suppose maintenant que quelqu'un nous demande, en nous voyant si ardemment engagés dans ce projet : "Dites-moi, Socrate et Hippocrate, à quel titre envisagez-vous de verser de l'argent à Protagoras ?" Que lui répondrions-nous ? Quel nom [**311e**] entendons-nous d'ordinaire attribuer à Protagoras, comme celui de sculpteur à Phidias, de poète à Homère — quel nom de ce type entendons-nous d'ordinaire attribuer à Protagoras ? — On l'appelle sophiste bien sûr, Socrate — on dit que l'homme est un sophiste[16], dit-il. — Et c'est donc en tant que sophiste que nous allons le payer ? — Tout à fait. — Si quelqu'un te demandait encore ceci : "Mais toi-même, tu vas trouver Protagoras pour devenir quoi ?". » Il répondit alors en [**312a**] rougissant (le jour venait de poindre, si bien que je m'en aperçus) : « D'un côté, s'il y a quelque ressemblance avec les cas précédents, c'est évidemment pour devenir sophiste... — Mais toi, d'un autre côté, lui dis-je alors, par les dieux !, n'aurais-tu pas honte de te présenter devant les Grecs comme un sophiste[17] ? — Si, par Zeus, Socrate, s'il faut que je te dise le fond de ma pensée. — Mais peut-être, Hippocrate, conçois-tu que l'enseignement que tu recevras de Protagoras n'est pas du même genre ; [**312b**] qu'il est plutôt comparable à celui que tu as reçu du maître d'écriture, du maître de cithare et du maître de gymnastique[18] ? En effet, tu as été instruit dans ces activités non pas en vue de l'acquisition d'une technique — pour devenir un professionnel[19] —, mais pour ton éducation, comme il convient à un simple particulier et à un homme libre[20]. — C'est tout à fait mon avis, dit-il, l'enseignement de Protagoras me paraît plutôt de cet ordre.

— Sais-tu ce que tu t'apprêtes maintenant à faire, ou est-ce que tu ne t'en rends pas compte ? dis-je. —

À quel propos ? — Je veux dire que tu t'apprêtes à confier le soin de [**312c**] ton âme[21] à un homme qui est, comme tu dis, un sophiste. Mais ce que peut bien être un sophiste, cela m'étonnerait que tu le saches. Et si tu l'ignores, tu ne sais pas à qui tu confies ton âme, ni si c'est une bonne ou une mauvaise chose. — Je crois pourtant le savoir. — Dis-moi donc, qu'est-ce qu'un sophiste, à ton avis ? — Pour ma part, dit-il, comme le nom l'indique[22], je pense que c'est quelqu'un qui s'y connaît en choses savantes. — Eh bien alors, repris-je, on peut en dire autant des peintres et des charpentiers, puisque eux aussi s'y connaissent en choses savantes ; [**312d**] mais imagine que l'on nous demande la chose suivante : "En quel type de choses savantes les peintres s'y connaissent-ils ?" Nous répondrions, je pense, qu'ils s'y connaissent dans la réalisation des images, et ainsi de suite. Mais si l'on nous demandait : "Mais le sophiste, en quel type de choses savantes s'y connaît-il ?", que lui répondrions-nous ? Dans quel type de réalisation s'y connaît-il ? — Que pourrions-nous dire de lui, Socrate, sinon qu'il s'y connaît pour rendre habile à parler[23] ? — Peut-être alors, dis-je, dirions-nous vrai, sans en dire assez, toutefois ; en effet, cette réponse appelle une autre question[24] : sur quel sujet le sophiste rend-il habile [**312e**] à parler ; ainsi, par exemple, le cithariste rend habile à parler sur le sujet où il s'y connaît, l'art de la cithare ; n'est-ce pas ? — Oui. — Soit ; et le sophiste, sur quel sujet rend-il habile à parler ? N'est-ce pas, évidemment, sur le sujet où il s'y connaît ? — Vraisemblablement. — En quelle matière donc le sophiste est-il lui-même connaisseur, et en quelle matière fait-il de son élève un connaisseur ? — Par Zeus, dit-il, je ne sais plus que te dire[25]. »

[**313a**] — Sur ce, je dis alors : « Quoi ? Sais-tu seulement à quel danger tu vas exposer ton âme ? S'il fallait que tu confies ton corps à quelqu'un, et que tu prennes le risque qu'il s'en porte bien ou mal, tu y regarderais à deux fois pour savoir s'il faut le faire ou non, tu réunirais en conseil tes amis et tes proches, en consacrant de longues journées à l'examen ; et lorsqu'il s'agit de quelque chose qui a plus de valeur à tes yeux que ton corps, lorsqu'il s'agit de ton âme[26], de laquelle dépend ton sort, bonheur ou malheur, qu'elle se porte bien ou mal, tu ne consultes ni ton père, **[313b]** ni ton frère, ni aucun d'entre nous, tes amis, pour savoir si tu dois ou non confier ton âme à l'étranger qui vient d'arriver en ville, mais, informé le soir de son arrivée, à ce que tu me dis, tu te rends auprès de lui dès l'aube, tu ne réfléchis pas, tu ne prends aucun conseil pour savoir si tu dois ou non te confier à lui, tu es tout disposé à dépenser tes biens et les biens de tes amis, comme si tu avais déjà décidé de t'en remettre totalement à Protagoras, lui que tu ne connais pas, à ce que tu dis, à qui tu n'as jamais parlé, et que tu appelles sophiste, alors qu'il est manifeste **[313c]** que tu ignores ce que peut bien être un sophiste, au moment où tu es sur le point de te confier à lui. »

— Après m'avoir écouté, il dit : « Socrate, d'après ce que tu dis, il semble que tu aies raison. — Est-ce que le sophiste, Hippocrate, ne se trouve pas être une sorte de négociant qui vend, en gros ou en détail, les marchandises dont l'âme se nourrit[27] ? Car c'est ainsi qu'il m'apparaît, à moi. — Mais, Socrate, de quoi l'âme se nourrit-elle ? — D'enseignements, bien sûr, dis-je. Et nous devons prendre garde, mon ami, à ce que le sophiste ne nous abuse pas, lorsqu'il fait l'article des marchandises dont il fait commerce, comme le font les négociants qui vendent, **[313d]** en gros ou en détail, la nourriture du corps. En effet, ces derniers ne savent pas eux-mêmes quelles sont, parmi les denrées qu'ils apportent, celles qui sont bonnes ou celles qui sont mauvaises pour le corps, et font indifféremment l'article de toutes celles qu'ils vendent, et leurs clients n'en savent rien non plus, à moins qu'ils se trouvent être maîtres de gymnastique ou médecins[28]. De la même manière, ceux qui colportent leurs enseignements de ville en ville, pour les vendre en gros et en détail, font à chaque fois l'article de tout ce qu'ils vendent à l'intéressé[29], et peut-être, excellent ami, s'en trouve-t-il parmi eux qui ignorent, des produits qu'ils vendent, ceux qui peuvent être bons et ceux qui peuvent être mauvais pour **[313e]** l'âme ; et cela vaut, de même, pour leurs clients, à moins qu'ils ne se trouvent être cette fois médecins de l'âme. S'il se trouve donc que toi, tu saches ce qui est bon ou mauvais, tu peux, en toute sécurité, acheter des enseignements, à Protagoras ou à n'importe qui d'autre ; sinon, prends garde, bienheureux ami, à ne pas **[314a]** risquer sur un coup de dés ton bien le plus précieux. Car le risque est bien plus grand lorsqu'on achète des enseignements que lorsqu'on achète des aliments. En effet, les aliments et les boissons que l'on achète, en gros ou en détail, on peut les emporter dans des récipients distincts de soi[30], et, avant de les absorber dans son corps, en les mangeant ou en les buvant, il est possible de les entreposer chez soi, d'appeler un connaisseur et de prendre conseil auprès de lui, pour savoir ce qu'il faut manger ou boire, en quelle quantité, et à quel moment ; de sorte qu'on ne court pas un grand risque à faire cet achat. Des enseignements, en revanche, il n'est pas **[314b]** possible de les emporter dans un récipient distinct de soi, mais il est nécessaire, une fois le prix payé, de prendre l'enseignement dans son âme même, d'apprendre et de s'en aller, qu'il y ait dommage ou profit[31]. Examinons donc cette question avec l'aide de nos aînés ; nous sommes en effet encore bien jeunes pour décider dans une affaire d'une telle envergure. Pour l'instant du moins, sur notre lancée, allons écouter notre homme, et après l'avoir écouté, échangeons nos impressions avec d'autres[32] ; car Protagoras n'est pas seul ici, il y a aussi Hippias d'Élis[33], **[314c]** Prodicos de Céos[34], je crois, et bien d'autres savants encore. »

Une fois cette résolution prise, nous nous sommes mis en route. Arrivés devant la porte de la maison, nous nous étions arrêtés pour poursuivre une discussion que nous avions engagée sur le chemin. Afin de ne pas la laisser inachevée, et de n'entrer qu'après l'avoir menée à son terme, nous nous étions arrêtés devant la porte et nous poursuivions la discussion ; finalement, nous tombâmes d'accord[35]. Je crois que le portier, un eunuque, nous entendait clairement, et il y a fort à parier qu'à cause **[314d]** de l'affluence des sophistes il était indisposé par les allées et venues dans la maison ; lorsque nous frappâmes à la porte, il nous ouvrit, et en nous voyant nous dit : « Ah ! des sophistes ! Il n'est pas disponible. » — Et en toute hâte, des deux mains ensemble, il referma la porte le plus violemment qu'il put. Nous frappions à nouveau, et lui, tout en maintenant la porte fermée, nous répondit : « Vous n'avez pas entendu, Messieurs ? Il n'est pas disponible ! — Mais, l'ami, dis-je, nous ne venons pas voir Callias, et nous ne sommes pas des sophistes. Allons, rassure-toi ! **[314e]** C'est parce que nous demandons à voir Protagoras que nous sommes ici. Annonce-nous donc. » — Notre homme finit, non sans peine, par nous ouvrir la porte.

En entrant, nous rencontrâmes Protagoras qui marchait dans la galerie[36], et, à sa suite, marchaient avec lui d'un côté Callias, fils d'Hipponicos, et son frère, Paralos, **[315a]** fils de Périclès[37], né de la même mère, ainsi que Charmide, fils de Glaucon, de l'autre, Xanthippe, l'autre fils de Périclès, Philippidès, fils de Philomélos et Antimoiros de Mendée[38], qui est le plus réputé de tous les élèves de Protagoras et qui apprend son art afin de devenir sophiste lui-même. D'autres encore, qui venaient derrière eux, les suivaient en cherchant à entendre ce qu'ils disaient ;

pour la plupart, il s'agissait manifestement d'étrangers, que Protagoras entraîne à sa suite, de chacune des cités par lesquelles il passe, [**315b**] en les charmant de sa voix, tel Orphée[39] : et charmés par sa voix, ils le suivent ; mais il y avait aussi dans le chœur des gens du pays. J'éprouvai une grande joie à la vue de ce chœur[40], dont les magnifiques évolutions veillaient à ne jamais empêcher Protagoras de se trouver en tête : dès qu'il faisait demi-tour, avec ceux qui se trouvaient à ses côtés, ses auditeurs se séparaient en deux groupes, de part et d'autre, harmonieusement et en bon ordre, et, décrivant une marche circulaire, se replaçaient à chaque fois derrière lui : c'était superbe.

« Et après celui-là j'aperçus[41] », comme dit Homère, Hippias d'[**315c**] Élis, assis sur un siège élevé, dans la galerie opposée ; autour de lui, étaient assis sur des bancs Éryximaque, fils d'Acoumène, Phèdre de Myrrhinonte, Andron fils d'Androtion[42], et quelques-uns de ses concitoyens ainsi que d'autres étrangers. Manifestement, ils étaient en train de poser à Hippias des questions d'astronomie sur la nature et les phénomènes célestes[43], et lui, assis sur son siège, rendait des arrêts pour chacun d'entre eux, et dissertait sur les problèmes posés.

« Je vis encore Tantale[44] », car Prodicos de Céos [**315d**] lui aussi était à Athènes, et il logeait dans une pièce dont Hipponicos se servait auparavant comme réserve, et que Callias, vu l'affluence des hôtes, venait de faire vider, afin d'en faire un logement pour les étrangers. Prodicos était encore couché, enveloppé de fourrures et de couvertures apparemment nombreuses ; près de lui, sur les lits voisins, il y avait Pausanias de Kéramée[45], et, avec Pausanias, un jeune garçon, encore adolescent, d'une belle et bonne nature, à mon sens, [**315e**] et, pour l'apparence[46], d'une grande beauté. Je crus entendre qu'il avait pour nom Agathon, et je ne serais pas étonné s'il se trouvait être l'aimé de Pausanias. Il y avait donc cet adolescent, les deux Adimante, le fils de Cépis et celui de Leucolophidès[47], et on en voyait d'autres encore ; je ne pouvais pour ma part comprendre de l'extérieur quel était le sujet de leur discussion, alors même que je souhaitais vivement entendre Prodicos ; car c'est un homme qui me paraît très savant en toutes choses, un homme véritablement divin ! Mais le timbre, très bas, de sa voix **[316a]** produisait en écho un bourdonnement dans la pièce qui rendait ses paroles indistinctes[48]. Nous étions à peine entrés qu'entraient derrière nous le bel Alcibiade, comme tu l'appelles — et je te le concède —, ainsi que Critias, fils de Callaischros[49].

Une fois entrés, après un petit laps de temps nécessaire pour contempler **[316b]** le spectacle, nous nous avançâmes vers Protagoras et je lui dis : « Protagoras, c'est toi que nous sommes venus voir, Hippocrate que voici et moi-même. — Voulez-vous vous entretenir avec moi seul à seuls, ou en présence des autres ? », dit-il[50]. Je répondis : « Pour notre part, cela nous est égal ; ce sera à toi de voir, quand nous t'aurons exposé l'objet de notre visite. — Et quel est donc l'objet de votre visite ?, dit-il. — Hippocrate, ici présent, est originaire d'Athènes ; c'est le fils d'Apollodore, il vient d'une maison illustre et opulente, et lui-même paraît être d'une nature qui lui permet de soutenir la comparaison avec ses pairs. **[316c]** Il a le désir, à ce qu'il me semble, de se faire un nom[51] dans la cité, et il pense que le meilleur moyen qu'il a d'y parvenir, c'est de te fréquenter. C'est donc à toi de voir, maintenant, si tu penses qu'il est préférable, sur ce sujet, que tu t'entretiennes seul avec nous ou en présence des autres. »

« Tu fais bien », répondit-il, « de te montrer prévoyant[52] dans mon intérêt. Un étranger qui se rend dans de grandes cités, et qui y persuade l'élite des jeunes gens de renoncer à toutes leurs fréquentations, compatriotes comme étrangers, vieux [**316d**] comme jeunes, pour le fréquenter lui exclusivement, afin qu'ils deviennent meilleurs en le fréquentant, un homme qui agit de la sorte doit effectivement prendre des précautions ! Il suscite en effet des jalousies très fortes, des hostilités[53] et des complots. J'affirme pour ma part que l'art sophistique est un art ancien, et que ceux des Anciens qui le pratiquaient, craignant la haine qu'il suscite, l'ont dissimulé sous des masques divers, les uns sous celui de la poésie, comme Homère, Hésiode et Simonide[54], les autres sous celui des initiations et des oracles, comme Orphée, Musée, et leur entourage ; quelques autres, je m'en suis rendu compte, lui ont également donné les traits de la gymnastique, comme Iccos de Tarente ainsi que, de nos jours encore, un sophiste qui n'est pas des moindres, [**316e**] Hérodicos de Sélymbrie, originaire de Mégare[55]. Notre Agathoclès, qui est un grand sophiste, lui a donné le masque de la musique[56], de même que Pythoclidès de Céos et tant d'autres. Tous ceux-là, comme je le dis, par crainte de la jalousie, se sont servis de ces arts pour faire écran, mais moi [**317a**] je ne suis pas d'accord avec tous ces personnages sur ce point ; car je pense qu'ils ne sont pas parvenus à leurs fins : ils ne sont pas passés inaperçus auprès des hommes qui détiennent le pouvoir dans les cités, alors que c'était pour eux qu'ils usaient de ces masques. Quant à la foule, elle ne se rend compte pour ainsi dire de rien, et reprend en chœur l'air que les puissants entonnent. Or chercher à fuir sans y parvenir, et, au contraire, se faire découvrir, voilà une entreprise vraiment folle, qui, nécessairement, accroît [**317b**] l'hostilité que les gens vous portent ; ils estiment en effet qu'un tel homme ajoute la fourberie à ses autres défauts[57]. Pour ma part, j'ai pris une route en tout point contraire, je reconnais que je suis sophiste et que j'éduque les hommes, et j'estime que leur précaution est moins bonne que la mienne, qui consiste à reconnaître le fait plutôt que le nier ; et je prends d'autres précautions encore, si bien que, grâce au dieu[58], reconnaître que je suis sophiste [**317c**] ne m'a valu aucun déboire[59]. Et pourtant je suis du métier[60] depuis de nombreuses années déjà. En effet, quand on fait le compte, j'ai bien des années à mon actif, et il n'est personne d'entre vous tous dont je ne pourrais être le père, vu mon âge ; de telle sorte que le plus agréable serait pour moi, si vous le voulez bien, de traiter de tous ces problèmes en présence[61] de ceux qui sont ici. »

De mon côté, je me doutais qu'il cherchait à se faire valoir auprès de Prodicos et d'Hippias et à parader devant eux, en leur faisant sentir l'ardeur qui nous avait menés jusqu'à lui[62]. [**317d**] Je lui dis alors : « Pourquoi donc n'inviterions-nous pas Prodicos, Hippias, ainsi que ceux qui les accompagnent, à venir nous entendre ? — C'est une très bonne idée, répondit Protagoras. — Voulez-vous que nous organisions une assemblée, afin que vous puissiez être assis et discuter ? » On s'accorda sur le fait. Et tous ensemble, ravis à l'idée d'entendre des hommes aussi savants, nous nous emparons nous-mêmes des bancs et des lits et nous nous installons auprès d'Hippias ; car il y avait déjà des bancs à côté de lui. Au même moment, Callias et Alcibiade arrivaient avec [**317e**] Prodicos, qu'ils avaient fait lever, et sa suite[63].

Lorsque tout le monde fut assis, Protagoras dit : « Et si tu nous rappelais, Socrate, maintenant que tout le monde est là, ce dont tu me faisais mention tout à l'heure à propos de ce jeune homme ? » Je lui dis alors : « Je commencerai [**318a**] donc de la même manière que tout à l'heure, en indiquant le motif de ma visite. Il se trouve qu'Hippocrate, ici présent, désire suivre tes leçons[64] ; or il dit qu'il aimerait savoir ce qu'il retirerait de tes leçons. Voilà tout ce que j'avais à dire. » Protagoras prit alors la parole et dit : « Jeune homme, ce que tu retireras de mes leçons, dès le premier jour que tu auras passé avec moi, c'est de retourner chez toi meilleur que tu n'étais, et de même pour le jour suivant ; et chaque jour, sans exception, de progresser vers le mieux. » [**318b**] Après l'avoir écouté, je lui dis : « Protagoras, tu ne dis là rien d'étonnant — c'est au contraire tout à fait normal, puisque même toi, à ton âge et avec tout son savoir, tu deviendrais meilleur si quelqu'un t'enseignait ce qu'il se trouve que tu ne sais pas. Ce n'est pas ainsi qu'il faut procéder. Imagine plutôt que, subitement, notre Hippocrate que voici change d'idée et se mette à désirer prendre des leçons auprès de ce jeune homme qui depuis peu réside à Athènes, Zeuxippe d'Héraclée ; qu'il aille le trouver, comme il est venu te trouver aujourd'hui, et qu'il entende de lui [**318c**] exactement les mêmes propos que ceux que tu viens de lui tenir, à savoir qu'en suivant ses leçons, chaque jour il s'améliorera et progressera ; s'il lui posait alors en plus la question suivante : “En quoi prétends-tu que je vais devenir meilleur, et en quoi vais-je progresser[65] ?”, Zeuxippe répondrait que c'est en peinture. Et s'il allait voir Orthagoras de Thèbes[66], et qu'après avoir entendu de sa bouche les mêmes propos que ceux que tu lui as tenus, il lui demandait encore en quoi il s'améliorerait chaque jour en venant le voir, Orthagoras lui répondrait : “Dans l'art de la flûte.” Eh bien, toi aussi, réponds à la question que nous te posons, [**318d**] ce jeune homme et moi : “Hippocrate que voici ira voir Protagoras, chaque jour passé auprès de lui le rendra meilleur, et chacun des jours suivants le verra progresser de la même manière, mais en quoi, Protagoras, et dans quelle matière[67] ?” »

Protagoras, après m'avoir écouté, me dit : « Tu poses de bonnes questions, Socrate, et moi j'aime répondre à ceux qui posent de bonnes questions[68]. Si Hippocrate vient me trouver, il n'aura rien à subir de ce qu'il aurait eu à subir en allant voir n'importe quel autre sophiste ; car les autres sophistes malmènent les jeunes gens : ils les ramènent de force, contre leur gré, [**318e**] vers les arts auxquels ils ont échappé, en leur enseignant l'arithmétique, l'astronomie, la géométrie et la musique » — en disant cela, il jeta un coup d'œil dans la direction d'Hippias[69] —, « tandis que s'il vient me trouver, il n'apprendra que ce pour quoi il est venu. Mon enseignement porte sur la manière de bien délibérer[70] dans les affaires privées, savoir comment administrer au mieux sa propre maison, ainsi que, dans les affaires [**319a**] de la cité, savoir comment devenir le plus à même de les traiter, en actes comme en paroles[71]. — Est-ce que je te suis bien ?, fis-je. Tu m'as l'air de parler de l'art politique[72] et de t'engager à faire des hommes de bons citoyens. — C'est tout à fait, Socrate, dit-il, l'engagement que je prends[73].

— Quel joli tour de métier[74] tu possèdes là — pourvu que tu le possèdes réellement ; car, vois-tu, je ne te cacherai pas le fond de ma pensée : personnellement, je ne croyais pas qu'il y eût là matière à enseignement[75], mais puisque tu le dis, je n'ai aucune raison de ne pas te croire. [**319b**] Pour être juste, je dois te dire d'où me vient la conviction que cela ne peut pas s'enseigner ni se communiquer d'un homme à un autre. J'affirme en effet — comme d'ailleurs les autres Grecs — que les Athéniens sont avisés[76]. Or je vois bien, quand nous nous rassemblons en assemblée[77], que, lorsque la cité doit entreprendre la construction d'édifices, on fait appel à des architectes pour qu'ils donnent des conseils sur les questions d'ordre architectural ; lorsqu'il s'agit de la construction de navires, on fait appel à des constructeurs de navires, et de même dans tous les cas où il s'agit, à ce qu'ils pensent, de choses qui peuvent s'apprendre et s'enseigner ; [**319c**] si, en revanche, quelqu'un d'autre s'avise de leur donner des conseils, sans qu'ils le reconnaissent comme spécialiste[78], qu'il soit très beau, riche ou bien né, on ne l'écoute pas davantage, mais on lui rit au nez et on le chahute, jusqu'à ce que celui qui s'est avisé de prendre la parole s'en aille de lui-même, pour avoir été tant chahuté, ou que les archers viennent l'arracher à la tribune ou l'expulsent sur l'ordre des prytanes[79]. C'est donc de cette manière que l'on agit dans les domaines qu'on estime relever d'une technique ; en revanche, lorsqu'il faut décider **[319d]** de l'administration de la cité, on voit se lever indifféremment pour donner un conseil charpentier, forgeron, cordonnier, grossiste, armateur, riche et pauvre, noble et roturier, et personne pourtant ne leur reproche, comme c'était le cas précédemment, de s'aviser de donner des conseils, sans rien avoir appris d'aucune source et sans avoir eu aucun maître ; il est donc manifeste qu'ils considèrent qu'il n'y a pas là matière à enseignement[80]. Et il ne faut pas croire qu'il en soit ainsi seulement pour les affaires publiques de la cité[81] : en privé, également, **[319e]** les plus savants et les meilleurs d'entre nos concitoyens se révèlent incapables de transmettre aux autres la vertu qu'ils possèdent[82] ; c'est ainsi que Périclès[83], qui est le père des jeunes hommes que voici[84], les a parfaitement bien traités et les a bien éduqués, pour ce qui relevait de l'enseignement d'un maître ; en revanche, pour ce qui touche au savoir qui lui est propre, il ne les a ni **[320a]** éduqués lui-même ni confiés à un autre, mais ils évoluent seuls, et il les a laissés paître comme du bétail en liberté[85], comptant sur leur bonne fortune pour qu'elle dirige leurs pas vers la vertu, au petit bonheur[86]. Ou prends, si tu préfères, Clinias[87], le jeune frère cadet d'Alcibiade ici présent : il avait pour tuteur le même Périclès, et celui-ci, de peur qu'il se pervertisse au contact d'Alcibiade, justement, l'a éloigné de lui et l'a placé chez Ariphron[88], pour qu'il fasse son éducation. Six mois ne s'étaient pas écoulés

[**320b**] qu'il le lui ramenait[89], incapable d'en tirer quoi que ce soit. Et je peux te citer l'exemple de mille autres hommes de valeur, qui n'ont jamais amélioré personne, que ce soit parmi leurs familiers ou parmi les étrangers. D'après ces exemples, Protagoras, je ne pense pas pour ma part que la vertu puisse s'enseigner[90] ; mais lorsque j'entends les propos que tu tiens, je me sens fléchir, et je pense qu'il doit y avoir du vrai dans ce que tu dis : quand je songe à l'ampleur de ton expérience, de ton savoir, et à tes propres découvertes ! Si donc tu peux nous [**320c**] montrer avec plus de clarté que la vertu peut s'enseigner[91], ne t'y refuse pas, montre-le.

— Je ne m'y refuserai pas, Socrate, dit-il ; mais dois-je le montrer[92], comme un vieillard qui parle à de jeunes gens, en vous racontant un mythe, ou bien dois-je l'exposer en détail par un discours[93] ? » De nombreuses personnes dans l'assistance lui répondirent de procéder comme il l'entendait. — « Eh bien, il me paraît plus agréable[94] de vous raconter un mythe. »

« Il fut un temps[95] où les dieux existaient déjà, mais où les races mortelles n'existaient pas. Lorsque [**320d**] fut venu le temps de leur naissance, fixé par le destin[96], les dieux les façonnent à l'intérieur de la terre, en réalisant un mélange de terre, de feu et de tout ce qui se mêle[97] au feu et à la terre. Puis, lorsque vint le moment de les produire à la lumière, ils chargèrent Prométhée et Épiméthée[98] de répartir les capacités entre chacune d'entre elles, en bon ordre[99], comme il convient. Épiméthée demande alors avec insistance à Prométhée de le laisser seul opérer la répartition : "Quand elle sera faite, dit-il, tu viendras la contrôler." L'ayant convaincu de la sorte, il opère la répartition. Et dans sa répartition, il dotait les uns de force sans vitesse et [**320e**] donnait la vitesse aux plus faibles ; il armait les uns et, pour ceux qu'il dotait d'une nature sans armes, il leur ménageait[100] une autre capacité de survie. À ceux qu'il revêtait[101] de petitesse, il donnait des ailes pour qu'ils puissent s'enfuir ou bien un repaire souterrain ; ceux dont il augmentait la taille [**321a**] voyaient par là même leur sauvegarde assurée ; et dans sa répartition, il compensait les autres capacités de la même façon. Il opérait de la sorte pour éviter qu'aucune race ne soit anéantie ; après leur avoir assuré des moyens d'échapper par la fuite aux destructions mutuelles, il s'arrangea pour les prémunir[102] contre les saisons de Zeus : il les recouvrit de pelages denses et de peaux épaisses, protections suffisantes pour l'hiver, mais susceptibles aussi de les protéger des grandes chaleurs, et constituant, lorsqu'ils vont dormir, une couche adaptée et naturelle pour chacun[103] ; il chaussa les uns [**321b**] de sabots, les autres de peaux épaisses et vides de sang. Ensuite, il leur procura à chacun une nourriture distincte, aux uns l'herbe de la terre, aux autres les fruits des arbres, à d'autres encore les racines ; il y en a à qui il donna pour nourriture la chair d'autres animaux ; à ceux-là, il accorda une progéniture peu nombreuse, alors qu'à leurs proies il accorda une progéniture abondante, assurant par là la sauvegarde de leur espèce[104].

Cependant, comme il n'était pas précisément sage[105], Épiméthée, [**321c**] sans y prendre garde, avait dépensé toutes les capacités pour les bêtes, qui ne parlent pas[106] ; il restait encore la race humaine, qui n'avait rien reçu, et il ne savait pas quoi faire[107].

Alors qu'il était dans l'embarras, Prométhée arrive pour inspecter la répartition, et il voit tous les vivants harmonieusement pourvus en tout, mais l'homme nu, sans chaussures, sans couverture, sans armes[108]. Et c'était déjà le jour fixé par le destin, où l'homme devait sortir de terre et paraître à la lumière. Face à cet embarras, ne sachant pas comment il pouvait préserver [**321d**] l'homme, Prométhée dérobe le savoir technique d'Héphaistos et d'Athéna[109], ainsi que le feu — car, sans feu, il n'y avait pas moyen de l'acquérir ni de s'en servir —, et c'est ainsi qu'il en fait présent à l'homme. De cette manière, l'homme était donc en possession du savoir qui concerne la vie, mais il n'avait pas le savoir politique[110] ; en effet, celui-ci se trouvait chez Zeus. Or Prométhée n'avait plus le temps d'entrer dans l'acropole où habite Zeus, et il y avait en plus les gardiens de Zeus, qui étaient redoutables ; mais il parvient à [**321e**] s'introduire sans être vu dans le logis commun d'Héphaïstos et d'Athéna, où ils aimaient à pratiquer leurs arts, il dérobe l'art du feu[111], qui appartient à Héphaïstos, ainsi que l'art d'Athéna, et il en fait présent à l'homme. C'est ainsi que l'homme se retrouva bien pourvu pour sa vie, et que, par la suite, à cause d'Épiméthée, [**322a**] Prométhée, dit-on, fut accusé de vol[112].

Puisque l'homme avait sa part du lot divin[113], il fut tout d'abord, du fait de sa parenté avec le dieu[114], le seul de tous les vivants à reconnaître des dieux, et il entreprit d'ériger des autels et des statues de dieux ; ensuite, grâce à l'art[115], il ne tarda pas à émettre des sons articulés et des mots, et il inventa les habitations, les vêtements, les chaussures, les couvertures et les aliments qui viennent de la terre[116]. Ainsi équipés, les hommes vivaient à l'origine dispersés, et [**322b**] il n'y avait pas de cités[117] ; ils succombaient donc sous les coups des bêtes féroces, car ils étaient en tout plus faibles qu'elles, et leur art d'artisans[118], qui constituait une aide suffisante pour assurer leur nourriture, s'avérait insuffisant dans la guerre qu'ils menaient contre les bêtes sauvages. En effet, ils ne possédaient pas encore l'art politique, dont l'art de la guerre est une partie[119]. Ils cherchaient bien sûr à se rassembler pour assurer leur sauvegarde en fondant des cités. Mais à chaque fois qu'ils étaient rassemblés, ils se comportaient d'une manière injuste les uns envers les autres, parce qu'ils ne possédaient pas l'art politique, de sorte que, toujours, ils se dispersaient à nouveau et périssaient. Aussi Zeus, de peur que [**322c**] notre espèce n'en vînt à périr tout entière, envoie Hermès apporter à l'humanité la Vergogne et la Justice[120], pour constituer l'ordre des cités et les liens d'amitié[121] qui rassemblent les hommes. Hermès demande alors à Zeus de quelle façon il doit faire don aux hommes de la Justice et de la Vergogne : "Dois-je les répartir de la manière dont les arts l'ont été ? Leur répartition a été opérée comme suit : un seul homme qui possède l'art de la médecine suffit pour un grand nombre de profanes[122], et il en est de même pour les autres artisans. Dois-je répartir ainsi la Justice et la Vergogne entre les hommes, ou dois-je les répartir entre tous ?" Zeus répondit : [**322d**] "Répartis-les entre tous, et que tous y prennent part ; car il ne pourrait y avoir de cités, si seul un petit nombre d'hommes y prenaient part, comme c'est le cas pour les autres arts ; et instaure en mon nom la loi suivante : qu'on mette à mort, comme un fléau de la cité, l'homme qui se montre incapable de prendre part à la Vergogne et à la Justice.[123]" »

« C'est ainsi, Socrate, et c'est pour ces raisons, que les Athéniens comme tous les autres hommes, lorsque la discussion porte sur l'excellence en matière d'architecture ou dans n'importe quel autre métier, ne reconnaissent qu'à peu de gens le droit de participer au conseil, et ne [**322e**] tolèrent pas, comme tu le dis, que quelqu'un tente d'y participer sans faire partie de ce petit nombre ; ce qui est tout à fait normal, comme je le dis, moi ; lorsqu'en revanche, il s'agit de [**323a**] chercher conseil[124] en matière d'excellence politique, chose qui exige toujours sagesse[125] et justice, il est tout à fait normal qu'ils acceptent que tout homme prenne la parole, puisqu'il convient à chacun de prendre part à cette excellence — sinon, il n'y aurait pas de cités. Voilà donc, Socrate, la cause de ce fait.

Pour éviter que tu ne te croies abusé[126] si tu admets que l'humanité tout entière pense réellement que chaque homme prend part à la justice comme au reste de l'excellence politique, reçois encore la preuve que voici : pour ce qui concerne les autres excellences, comme tu le dis toi-même, si quelqu'un par exemple prétend être un bon flûtiste[127] ou exceller dans n'importe quel autre art, sans que cela soit le cas, il [**323b**] suscite la moquerie, ou la colère, et ses proches estiment qu'il est devenu fou et viennent le remettre dans son bon sens[128] ; en revanche, pour ce qui touche à la justice et au reste de l'excellence politique, si quelqu'un est notoirement injuste, et s'il se met à dire publiquement la vérité sur son propre compte, ce qui passait tout à l'heure pour de la sagesse — dire la vérité — passe à présent pour de la folie, et l'on affirme que tous les hommes doivent affirmer qu'ils sont justes, qu'ils le soient réellement ou non[129], et que celui qui ne fait pas au moins semblant d'être juste est un fou ; tant il est nécessaire qu'un homme, quel qu'il soit, [**323c**] prenne part à la justice, d'une manière ou d'une autre, sous peine de ne plus figurer au nombre des hommes[130].

Voilà ce que j'ai à dire sur le fait que les Athéniens acceptent, ce qui est tout à fait normal, le conseil de n'importe quel homme en matière d'excellence politique, dans la mesure où ils considèrent que chacun y a part ; quant au fait qu'à leurs yeux, cette excellence politique n'est pas naturelle ni ne survient au petit bonheur[131], mais qu'elle s'enseigne et n'advient à un homme que par l'exercice[132], voilà ce que je vais essayer de te démontrer à présent. Quand il s'agit des vices que [**323d**] l'on considère comme naturels ou comme les produits de la fortune[133], personne ne se met en colère contre les coupables, ne leur adresse de réprimandes, ne leur fait la leçon ni ne les châtie, afin de les changer : on les prend seulement en pitié ; si un homme est par exemple laid, petit, ou faible[134], qui serait assez insensé pour envisager de réagir ainsi ? On sait bien, je crois, que les hommes doivent à la nature et au hasard ce genre de qualités, qu'elles soient positives ou négatives ; quand il s'agit en revanche des biens, dont on pense que les hommes les doivent à l'application, à l'exercice et à l'enseignement, voilà que les colères, les châtiments, les réprimandes pleuvent sur ceux qui ne les possèdent pas, mais qui sont affligés des vices contraires.

Parmi ceux-ci figurent l'injustice, l'impiété et, en un mot, [**324a**] tout ce qui est contraire à l'excellence politique. C'est alors que chacun s'irrite contre chacun et lui adresse des réprimandes, dans l'idée, bien évidemment, qu'elle s'acquiert par l'exercice et l'instruction. Car si tu veux bien réfléchir à l'effet que peut avoir le châtiment sur les hommes injustes, il t'enseignera de lui-même que les gens considèrent que la vertu peut s'acquérir. Personne, en effet, ne châtie un coupable en ne tenant compte, pour tout motif, que de la faute commise, à moins de s'abandonner, [**324b**] comme une bête sauvage, à la vengeance de manière totalement irrationnelle ; celui qui entreprend de châtier rationnellement ne se venge pas d'une injustice passée — car ce qui est fait est fait —, mais il châtie en vue de l'avenir, pour dissuader le coupable, ou quiconque aura assisté au châtiment, de commettre une nouvelle injustice ; et penser cela revient à penser que la vertu peut s'enseigner, puisque c'est pour dissuader qu'il châtie. On peut donc attribuer cette opinion à tous ceux qui punissent, [**324c**] dans les affaires privées comme dans les affaires publiques ; or tous les hommes punissent et châtient ceux qu'ils considèrent comme coupables, y compris les Athéniens, tes concitoyens ; de sorte que, conformément à mon raisonnement, les Athéniens sont de ceux qui pensent que la vertu peut s'acquérir et s'enseigner[135]. Il me semble, Socrate, t'avoir démontré[136] suffisamment qu'il est tout à fait normal que tes concitoyens acceptent les conseils en politique d'un forgeron ou d'un cordonnier, et qu'ils pensent que la vertu peut s'enseigner et s'acquérir [**324d**].

Mais il reste encore une difficulté, celle que tu soulèves à propos des hommes de valeur[137] : comment se fait-il que ces hommes de valeur instruisent leurs propres fils dans les matières pour lesquelles il y a des maîtres[138], et font d'eux des savants dans ces matières, alors qu'ils sont incapables de leur assurer la moindre supériorité dans cette vertu même qui fait leur propre excellence ? Sur ce point, Socrate, je ne te répondrai plus par un mythe, mais par un discours[139]. Réfléchis en effet : y a-t-il, ou n'y a-t-il pas, quelque chose d'unique à quoi [**324e**] tous les citoyens doivent nécessairement prendre part, s'il doit y avoir une cité ? C'est bien ici, et nulle part ailleurs, que la difficulté que tu soulèves peut trouver sa solution. Car si cette chose existe, et si cette chose unique n'est ni l'art du charpentier, ni celui du forgeron ou du cordonnier, mais la justice, [**325a**] la sagesse, le fait d'être pieux[140], en un mot, cette chose unique que j'appelle la vertu de l'homme ; si c'est là ce à quoi tous doivent prendre part, ce qui doit accompagner l'action de chacun, s'il veut apprendre quoi que ce soit, ou agir d'une quelconque manière, et sans quoi il ne peut rien faire, s'il faut instruire celui qui n'y a point part, enfant, homme ou femme, et le châtier, jusqu'à ce que le châtiment l'améliore, et s'il faut chasser de la cité et mettre à mort comme incurable celui qui, malgré l'enseignement reçu et les peines infligées, demeure récalcitrant [**325b**] ; s'il en est bel et bien ainsi, et si, alors qu'il en est naturellement ainsi, les hommes de valeur instruisent leurs fils en tout, sauf précisément en cela, considère à quel point ces hommes de valeur vont se révéler étonnants ! Nous avons démontré en effet qu'ils pensent que la vertu peut s'enseigner, dans les affaires privées comme dans les affaires publiques. Alors que la vertu peut s'enseigner, qu'on peut la cultiver, ils font enseigner tout le reste à leurs fils, tout ce dont l'ignorance ne saurait leur faire encourir la mort comme châtiment, et pour ce qui fait encourir à leurs enfants, [**325c**] faute d'un enseignement et d'une pratique assidue de la vertu, la mort ou l'exil comme châtiment, et outre la mort, la confiscation de leurs biens et, pour le dire en un mot, la destruction de leur famille, cela donc, ils ne le leur font pas enseigner et n'y consacrent pas tous leurs soins ? Doit-on vraiment penser cela, Socrate ?

En réalité, on commence quand les enfants sont petits, et on continue leur vie durant à leur prodiguer enseignements et admonestations. Dès que l'enfant comprend ce qu'on lui dit, sa nourrice, sa mère, son pédagogue [141], son père lui-même rivalisent d'efforts [**325d**] pour le rendre le meilleur possible ; à chacune de ses paroles, à chacun de ses actes, ils lui apprennent et lui expliquent que ceci est juste, cela est injuste, ceci est beau, cela laid, ceci pieux, cela impie, et fais ceci, ne fais pas cela [142] ! S'il obéit de son plein gré, très bien ; sinon, comme on redresse un bâton tordu et recourbé, ils le redressent par des menaces et par des coups. Ensuite, quand ils envoient les enfants à l'école, ils recommandent bien davantage aux maîtres de veiller à leur bonne conduite [**325e**] qu'à leur connaissance des lettres [143] et de la cithare ; les maîtres y veillent donc, et lorsque les enfants connaissent l'alphabet et doivent désormais comprendre les écrits, comme auparavant ce qu'ils entendaient, ils leur donnent à lire, assis sur leurs bancs, les poèmes des grands poètes, et les forcent à les [144] apprendre par cœur, car ils sont [**326a**] riches en avertissements, mais aussi en descriptions, louanges et éloges des héros anciens [145], afin que l'enfant brûle de les imiter et aspire à devenir comme eux. Quant aux citharistes, ils poursuivent, sur un plan différent, le même dessein : ils veillent à la sagesse des jeunes gens, et cherchent à les détourner de mal agir ; en outre, dès qu'ils savent jouer de la cithare, ils leur apprennent les poèmes d'autres [**326b**] grands poètes lyriques, qu'ils leur font jouer sur leur cithare[146], et, sous leur contrainte, rythmes et harmonies deviennent familiers aux âmes des enfants, afin qu'ils se civilisent, et que les progrès qu'ils font dans les rythmes et dans les harmonies favorisent la qualité de leurs paroles comme de leurs actes[147] ; car la vie des hommes tout entière a besoin de rythme et d'harmonie. Encore plus tard, on les envoie chez le pédotribe, afin de mettre un corps plus sain au service [**326c**] de leur esprit désormais en éveil, et afin d'éviter qu'ils ne se trouvent réduits à la lâcheté par leur faiblesse physique, dans les combats comme dans toute autre action. Ceux qui ont le plus de moyens procèdent ainsi, et ce sont les plus riches qui ont le plus de moyens[148] ; et leurs fils, qui vont à l'école depuis leur plus jeune âge, sont également ceux qui la quittent le plus tard. Quand ils ont quitté l'école, c'est cette fois la cité qui les contraint à apprendre ses lois, et à vivre en se conformant [**326d**] à leur modèle[149], afin qu'ils ne soient pas laissés à eux-mêmes et n'agissent pas à l'aventure ; mais, exactement comme les maîtres d'écriture[150] esquissent avec leur stylet le tracé des lettres[151] pour les enfants qui ne savent pas encore écrire, puis leur remettent la tablette et les contraignent à écrire en suivant l'esquisse des lettres, la cité trace l'esquisse des lois, qui sont les découvertes des bons législateurs de jadis, et contraint chacun, qu'il commande ou qu'il soit commandé[152], à vivre en les respectant ; elle châtie celui qui s'en écarte, et ce châtiment, chez nous comme partout ailleurs, porte le nom de [**326e**] redressement, parce que la justice redresse[153]. Et après tout ce soin apporté à la vertu, en privé comme en public, tu t'étonnes, Socrate, et tu te demandes si la vertu peut s'enseigner ! Il ne faut pas s'en étonner, ce qui serait beaucoup plus étonnant, ce serait qu'elle ne s'enseigne pas !

Comment se fait-il donc que d'excellents pères aient si souvent des fils médiocres ? Je vais te l'apprendre — il n'y a là rien d'étonnant en effet, si ce que j'ai dit tout à l'heure est vrai : car j'ai dit qu'en cette matière, [**327a**] la vertu, personne ne doit être profane, si l'on veut qu'une cité existe. S'il en va effectivement comme je le dis — et il en va ainsi au plus haut point —, considère n'importe quelle autre occupation[154], n'importe quelle matière d'enseignement, à ton choix. Imagine qu'il ne puisse y avoir de cité à moins que nous ne soyons tous flûtistes, chacun dans la mesure de ses capacités ; qu'en privé comme en public, chacun enseigne cet art à chacun, reprenne celui qui joue mal et ne refuse cet enseignement à personne, pas plus que maintenant personne ne refuse à personne l'enseignement de ce qui est juste et [**327b**] conforme aux usages ni n'en fait un mystère[155], à la différence de ce qui se passe pour les tours de main des autres métiers (car il me semble que nous avons tous avantage à pratiquer entre nous la justice et la vertu, et c'est pour cette raison que chacun expose et apprend à chacun ce qui est juste et conforme aux usages), si donc nous mettions le plus vif empressement et la meilleure volonté à nous enseigner les uns aux autres l'art de la flûte, penses-tu, Socrate, dit-il, que ce sont plutôt les fils des bons flûtistes que des mauvais qui seraient bons flûtistes ? Moi, je ne le pense pas ; au contraire, quel que soit son père, c'est le fils le mieux doué pour la flûte [**327c**] qui deviendrait illustre, tandis que, quel que soit son père, c'est le moins doué qui resterait obscur ; souvent le fils du bon flûtiste se révélerait médiocre, et à l'inverse, souvent aussi, le fils du mauvais flûtiste se révélerait talentueux ; mais tous, indistinctement, s'y connaîtraient un tant soit peu dans l'art de la flûte, par rapport à des profanes et à des gens qui n'y entendent rien[156].

De même, songe à présent que l'homme qui te paraît le plus injuste de tous ceux qui ont été élevés parmi des hommes soumis à des lois serait encore juste, et compétent en la matière[157] [**327d**], s'il fallait le comparer à des hommes qui n'auraient ni éducation, ni tribunaux, ni lois, et qui n'auraient été contraints d'aucune manière de se soucier de la vertu, mais seraient de vrais sauvages, du genre de ceux que le poète Phérécrate[158] a mis en scène l'année dernière aux Lénéennes. Je te garantis que si tu te retrouvais au milieu d'hommes tels que les misanthropes dont il avait formé son chœur[159], tu serais bien content de rencontrer Eurybate et Phrynondas, et tu regretterais amèrement [**327e**] la méchanceté des gens d'ici ! En fait tu es trop gâté, Socrate, parce que tout le monde ici est maître de vertu, dans la mesure de ses possibilités ; et toi tu n'en vois aucun[160] ! Et donc, de même que si tu cherchais qui est maître de grec[161], il ne s'en trouverait pas un seul ; de même, à mon avis, que si tu cherchais qui pourrait enseigner aux fils de nos artisans précisément le métier que leur père leur a bel et bien appris (dans la mesure où leur père et les amis de leur père qui pratiquent le même métier en étaient capables) ; ou encore qui pourrait l'enseigner à ces derniers, je crois qu'il ne serait pas facile, non plus, Socrate, qu'il se trouve un maître pour eux, alors que ce serait tout à fait facile pour ceux qui n'ont aucune expérience — eh bien, il en va de même pour la vertu et pour tout le reste ; mais qu'il existe un homme qui nous soit supérieur un tant soit peu pour nous faire [**328b**] progresser sur le chemin de la vertu, nous devons être satisfaits.

Pour ma part je pense être un de ces hommes et pouvoir, plus que personne, rendre à quelqu'un le service d'en faire un homme de bien[162], et mériter par là le salaire que je pratique, voire davantage, au point que l'élève lui-même ne peut qu'en tomber d'accord. Pour cette raison, j'ai établi de la façon suivante la manière dont ils me règlent : ceux qui suivent mon enseignement me payent, s'ils le veulent bien, au prix que je pratique. Sinon, ils se rendent au temple, déclarent, sous la foi du serment, le prix auquel [**328c**] ils estiment mon enseignement, et n'y déposent pas plus[163].

Voilà, Socrate, dit-il, le mythe et le discours par lesquels j'ai essayé de te montrer que la vertu peut s'enseigner et que c'est bien là l'avis des Athéniens ; qu'il n'y a rien d'étonnant à ce que les pères excellents aient des fils médiocres, et les pères médiocres des fils excellents, puisque même les fils de Polyclète[164], qui ont le même âge que Paralos et Xanthippe ici présents, ne sont rien, comparés à leur père, ce qui est le cas de beaucoup d'autres fils d'artisans. Mais il est encore trop tôt pour être en droit de leur en faire grief ; [**328d**] bien des espoirs leur sont encore permis : car ils sont jeunes encore. »

Après une telle performance[165], Protagoras cessa de parler. Quant à moi, je restai sous le charme encore un bon moment, à le regarder comme s'il allait parler encore, avec le désir de l'entendre ; lorsque je m'aperçus qu'il avait réellement terminé, je revins pour ainsi dire à moi, non sans peine, puis, me tournant vers Hippocrate, je lui dis : « Fils d'Apollodore, comme je te suis reconnaissant de m'avoir incité à venir ici : [**328e**] j'apprécie énormément d'avoir entendu ce qu'a dit Protagoras. En effet, pour ma part, je pensais auparavant que ce n'était pas un effort humain qui pouvait faire d'un homme un homme de valeur ; maintenant, je suis convaincu du contraire. Il y a juste un petit détail[166] qui me gêne, mais sur lequel Protagoras va nous éclairer facilement, c'est évident, vu la quantité de choses qu'il vient de nous apprendre. Imaginons en effet que quelqu'un aille trouver, à propos des mêmes affaires, [**329a**] n'importe lequel de nos orateurs populaires[167], peut-être entendrait-il d'aussi beaux discours de la part de Périclès ou de n'importe lequel de ceux qui savent parler ; mais si on leur pose une question supplémentaire, n'importe laquelle, semblables à des livres, ils n'ont rien à répondre, ni rien à demander eux-mêmes[168] : à la moindre question supplémentaire qu'on leur pose sur ce dont ils ont parlé, comme des vases d'airain qui résonnent longuement lorsqu'on les frappe et tiennent le son jusqu'à ce qu'on les touche, de la même manière, à la moindre question, [**329b**] les orateurs font traîner leurs discours en longueur — tandis que Protagoras que voici est capable de faire de longs et beaux discours, comme il vient de le montrer, mais il est également capable, lorsqu'il est interrogé, de répondre brièvement[169], et lorsqu'il interroge lui-même, d'attendre et d'écouter la réponse, ce qui n'est pas à la portée de tous. Maintenant donc, Protagoras, il s'en faut d'un rien pour que je sois comblé : il me suffit que tu répondes à ceci.

Tu affirmes que la vertu peut s'enseigner, et si je suis prêt à me laisser convaincre par quelqu'un sur ce point, c'est bien par toi. Il y a cependant un détail qui m'a étonné, [**329c**] et c'est là-dessus que je te demande d'apaiser mon âme[170]. Tu as dit en effet que Zeus avait envoyé aux hommes la Justice et la Vergogne ; dans ton discours en revanche, tu as parlé à plusieurs reprises de la justice, de la sagesse, de la piété et de toutes les qualités de ce genre, comme si elles étaient quelque chose d'unique, en un mot : la vertu ; j'aimerais que tu me donnes une explication précise sur ce sujet : est-ce que la vertu est une chose unique, et est-ce que la justice, la sagesse et la piété sont ses parties[171], ou bien est-ce que toutes les qualités que je viens de citer ne sont que [**329d**] les noms d'une même réalité unique ? Voilà ce que je désire savoir encore.

— Il est facile de te répondre, Socrate, dit-il, la vertu est une chose unique, et les qualités sur lesquelles tu m'interroges sont ses parties. — Sont-elles ses parties, dis-je, à la manière des parties du visage, la bouche, le nez, les yeux et les oreilles, ou à la manière des parties de l'or qui ne diffèrent les unes des autres et du tout qu'elles composent que par la grandeur et la petitesse[172] ? — De la première façon, **[329e]** il me semble, Socrate, comme les parties du visage par rapport au visage tout entier. — Est-ce alors, fis-je, que les hommes ont également part aux parties de la vertu de cette manière : certains hommes ont part à telle partie de la vertu, certains autres à telle autre, ou est-il nécessaire qu'on les possède toutes dès qu'on en a une[173] ? — Pas du tout, dit-il, puisque beaucoup d'hommes sont courageux sans être justes, et que d'autres sont justes sans être savants[174]. — Le savoir et le courage sont **[330a]** donc eux aussi des parties de la vertu, dis-je. — Au plus haut point, dit-il ; et le savoir est la partie la plus importante de toutes[175]. — Chacune d'elles est une chose, et chaque autre une autre ? dis-je. — Oui. — Est-ce que chacune a également une capacité spécifique[176], comme les parties du visage ? L'œil n'est pas tel que les oreilles[177], et sa capacité n'est pas la même non plus[178] ; et aucune autre n'est telle que l'autre, ni pour la capacité ni pour le reste. Est-ce qu'il n'en est pas de même pour les parties de la vertu : l'autre n'est pas telle que l'autre **[330b]** ni en elle-même ni pour ce qui est de sa capacité ? N'en est-il pas ainsi, de toute évidence, si elle ressemble à son modèle[179] ? — Mais si, il en est ainsi, Socrate », dit-il.

Je dis alors : « Donc aucune des parties de la vertu n'est telle que la science[180], que la justice, que le courage, que la sagesse et que la piété ? — Non, dit-il. — Allons, repris-je, examinons ensemble quelle est la qualité de[181] chacune d'entre elles. Et commençons par ceci : la justice est-elle **[330c]** quelque chose, ou aucune chose[182] ? Car il me semble à moi qu'elle est quelque chose. Et à toi ? — À moi aussi, dit-il. — Et alors, imagine que quelqu'un nous pose, à toi et à moi[183], la question suivante : "Protagoras et Socrate, dites-moi, cette chose que vous venez d'appeler justice est-elle elle-même juste, ou est-elle injuste[184] ?" Pour ma part, je répondrais qu'elle est juste ; et toi[185], à laquelle de ces deux positions donnerais-tu ton suffrage[186] ? À la même que moi ou à une autre ? — À la même, dit-il. — Donc je répondrais à celui qui m'interroge [**330d**] en disant que la justice est telle qu'elle est juste ; pas toi ? — Si, dit-il. — Et si ensuite il nous demandait : "Et affirmez-vous qu'existe une certaine piété ?" Nous répondrions que c'est le cas, je pense ? — Oui, dit-il. — "N'affirmez-vous pas qu'il s'agit là aussi de quelque chose ?" Répondrions-nous oui, ou non ? » Là aussi, il répondit que oui. — « "Et affirmez-vous que cette même chose est par nature telle qu'elle est impie, ou telle qu'elle est chose pie ?" Pour ma part, dis-je, cette question me mettrait en colère, et je répondrais : "Tais-toi, bonhomme ! [**330e**] Il serait difficile qu'il y ait quelque chose d'autre qui soit chose pie, si la piété elle-même n'était pas chose pie." Et toi ? Ne ferais-tu pas la même réponse ? — Si, tout à fait, dit-il.

— Et, après cela, s'il nous posait la question suivante : "Que disiez-vous donc tout à l'heure ? Est-ce que je vous ai mal entendus ? Il m'a semblé que vous affirmiez que les rapports qu'entretenaient entre elles les parties de la vertu faisaient que l'une quelconque d'entre elles n'était pas telle que l'autre[187]". Pour ma part je répondrais : "Tu as bien entendu tout le reste, mais tu as mal entendu si tu penses que j'ai dit cela. [**331a**] C'est en effet Protagoras que voici qui m'a donné cette réponse alors que je le questionnais." S'il disait donc : "Est-ce qu'il dit vrai, Protagoras ? C'est bien toi qui affirmes que l'une quelconque des parties de la vertu n'est pas telle que l'autre ? C'est bien là ce que tu dis[188] ?", que lui répondrais-tu ? — Il faudrait bien, Socrate, dit-il, que je le reconnaisse. — Et après avoir reconnu cela, que lui répondrons-nous, Protagoras, s'il nous pose encore cette question : "La piété n'est donc pas telle qu'elle est une chose juste, la justice n'est pas telle qu'elle est une chose pie, mais au contraire telle qu'elle n'est pas chose pie ? Et la piété à son tour est telle qu'elle n'est pas une chose juste[189], mais au contraire une chose injuste, [**331b**] comme la justice est telle qu'elle est une chose impie ?" Que lui répondrons-nous ? Pour ma part en effet, je dirais moi-même pour mon propre compte que la justice est chose pie et que la piété est juste ; et pour ton compte, si tu me le permettais, je répondrais la même chose, que la justice est ou bien la même chose que la piété, ou bien quelque chose de très semblable, et que, plus que toute autre chose, c'est la justice qui est telle que la piété, et la piété telle que la justice. Mais vois si tu m'interdis de faire cette réponse, ou si tu es du même avis que moi[190]. — Je ne suis pas vraiment d'avis, [**331c**] Socrate, dit-il, que l'affaire soit assez simple pour que je puisse t'accorder que la justice est chose pie et que la piété est juste. Non. À mon avis, il y a là une différence. Enfin qu'importe[191] ? dit-il. Admettons[192], si tu veux, que la justice est chose pie et que la piété est juste.

— Pas de ça, lui dis-je ; ce ne sont pas des "si tu veux" et des "s'il te semble" que je souhaite éprouver[193], mais c'est toi et c'est moi ; et si je parle ainsi, de toi et de moi, c'est que [**331d**] la meilleure façon d'éprouver notre raisonnement, je crois, c'est d'en enlever les si[194]. — Bien entendu, fit-il, il existe une certaine ressemblance entre la justice et la piété ; en effet d'une certaine manière, n'importe quoi ressemble à n'importe quoi. Le blanc, d'une certaine manière, ressemble au noir, le dur au mou, et cela vaut pour toutes les autres qualités qui sont les plus contraires en apparence. Et les parties du visage, dont nous affirmions tout à l'heure qu'elles possèdent chacune une capacité différente et que chacune d'elles n'est pas telle que chaque autre, elles aussi, d'une certaine manière, elles se ressemblent, et chacune d'elles est telle que chaque autre ; de sorte [**331e**] que tu pourrais, si tu voulais, établir de la même façon que toutes les choses sont semblables les unes aux autres. Mais il n'est pas juste pour autant d'appeler semblables les choses qui n'ont entre elles qu'un point de similarité, pas plus que d'appeler dissemblables les choses qui n'ont entre elles qu'un point de dissimilarité, si faible que soit par ailleurs leur similarité[195]. » — Très étonné, je lui dis alors : « Est-ce qu'à tes yeux les rapports qu'entretiennent entre eux le juste et le pieux entraînent qu'il ne puisse y avoir entre eux qu'une faible similarité ? — Pas du tout[196], dit-il, [**332a**] mais il n'en est pas non plus comme toi tu me parais le penser. — Eh bien, repris-je, puisque ce point semble te gêner, laissons-le de côté, et examinons un autre aspect de tes propos[197]. Y a-t-il quelque chose que tu appelles déraison ? » Il acquiesça. — « Est-ce qu'à cette chose ne s'oppose pas, du tout au tout, le savoir[198] ? — Je le crois effectivement, dit-il. — Lorsque les hommes agissent correctement et de manière utile, te paraissent-ils raisonnables en agissant de la sorte, ou est-ce tout le contraire ? — Ils me paraissent raisonnables, dit-il. — [**332b**] C'est grâce à leur sagesse qu'ils sont raisonnables[199] ? — Nécessairement. — Quant à ceux qui n'agissent pas correctement, ils agissent de manière déraisonnable et en agissant de la sorte, ils ne sont pas raisonnables ? — J'en conviens. — Agir de manière déraisonnable est le contraire d'agir de manière raisonnable ? » — Il acquiesça. — « Et les actes déraisonnables procèdent de la déraison, comme les actes raisonnables de la sagesse ? » — Il l'accorda. — « Et un acte qui procède de la force est accompli fortement, comme un acte qui procède de la faiblesse est accompli faiblement ? — Il semble bien. — Et si un acte est accompli avec rapidité, il est accompli rapidement, s'il l'est avec lenteur, il est accompli lentement ? — Oui, dit-il. **[332c]** — Et si un acte est accompli d'une certaine manière, il est issu de la qualité correspondante, et s'il est accompli de la manière contraire, il est issu de la qualité contraire[200] ? » — Il l'accorda. — « Voyons, dis-je, y a-t-il quelque chose de beau ? » — Il en convint. — « Admet-il un autre contraire que le laid ? — Non. — Et dis-moi, y a-t-il quelque chose de bien ? — Oui. — Admet-il un autre contraire que le mauvais ? — Non. — Encore autre chose : dans la voix, y a-t-il quelque chose comme l'aigu[201] ? » — Il dit que oui. — « Et admet-il un autre contraire que le grave ? — Non, dit-il. — Donc, fis-je, chacun des contraires n'admet qu'un contraire unique, et non plusieurs ? » — Il le reconnut avec moi.

— **[332d]** « Allons, dis-je, récapitulons les points sur lesquels nous sommes tombés d'accord. Nous avons reconnu que chaque chose n'avait qu'un seul contraire, et pas plus ? — Nous l'avons reconnu. — Que le fait d'agir de façon contraire procède de contraires ? — Oui. — Nous avons reconnu qu'un acte accompli déraisonnablement est un acte contraire à un acte accompli raisonnablement ? — Oui. — Qu'un acte accompli raisonnablement procède de la sagesse, un acte accompli déraisonnablement de la **[332e]** déraison ? » — Il en convint. — « S'il s'agit d'un acte accompli d'une manière contraire, il procède donc d'un contraire ? — Oui. L'un procède donc de la sagesse, l'autre de la déraison ? — Oui. — De façon contraire ? — Tout à fait. — Ils procèdent donc de contraires ? — Oui. — Donc la déraison est le contraire de la sagesse ? — Manifestement. — Te rappelles-tu que nous sommes tombés d'accord précédemment sur le fait que la déraison était le contraire du savoir[202] ? » — Il le reconnut avec moi. — « Et que chaque chose n'admettait qu'un contraire unique ? — Oui.

[**333a**] — Eh bien, Protagoras, à laquelle de nos deux affirmations devons-nous renoncer ? À celle qui n'admettait qu'un contraire unique pour chaque chose, ou à celle qui disait que le savoir est autre chose que la sagesse, que chacun des deux est une partie de la vertu, et que les parties de la vertu ne sont pas seulement distinctes, mais également dissemblables, tant en elles-mêmes que dans leurs capacités, comme les parties du visage[203] ? À laquelle donc devons-nous renoncer ? En effet ces deux thèses prises ensemble ne forment pas un ensemble tout à fait harmonieux : il n'y aucune consonance[204] entre elles, aucune adaptation mutuelle. [**333b**] D'ailleurs, comment consonneraient-elles, puisqu'il est nécessaire qu'une chose n'admette qu'un contraire, et pas plus, tandis que pour la déraison, qui est une chose unique, nous avons deux contraires : le savoir et la sagesse ? Est-ce bien cela, Protagoras, ou en est-il autrement ? » — Il le reconnut, de bien mauvaise grâce. — « La sagesse et le savoir ne seraient donc qu'une chose unique ? Tout à l'heure, déjà, il nous est apparu que la justice et la piété étaient presque la même chose[205]. Allons, fis-je, Protagoras, ne nous décourageons pas, et examinons les autres points. [**333c**] Est-ce qu'un homme qui commet une injustice te paraît être raisonnable, dans l'injustice qu'il commet, quelle qu'elle soit ? — Personnellement, j'aurais honte de l'accorder, mais beaucoup d'hommes l'affirment ! — Est-ce à eux que je dois m'adresser, dis-je, ou à toi[206] ? — Si tu veux, dit-il, discute d'abord la thèse du grand nombre. — En fait, peu m'importe, pourvu que tu me répondes, que tu sois d'accord ou non avec cette thèse. C'est en effet surtout la thèse que j'examine pour ma part, mais il en découle peut-être que du même coup nous nous trouvions soumis à l'examen, moi qui interroge, tout autant que celui qui répond[207]. »

[**333d**] Protagoras commença par faire des manières ; il prétendait que la thèse était difficile à soutenir ; il finit par accepter de répondre. « Allons, dis-je, réponds-moi depuis le début. Est-ce qu'il te semble que l'on puisse être raisonnable en commettant l'injustice ? — Soit, dit-il. — Or ce que tu appelles être raisonnable, c'est être sensé ? — Oui, dit-il. — Et être sensé, c'est prendre une bonne décision à propos d'un acte injuste, quel qu'il soit[208] ? — Soit, dit-il encore. — Si on réussit en commettant l'injustice, ou bien si on échoue[209] ? — Si on réussit. — Tu dis donc qu'il y a des choses bonnes ? — Je le dis. — Estimes-tu, dis-je alors, que ce qui est bon c'est ce qui est utile aux hommes ? — Par [**333e**] Zeus, dit-il, il y a des choses que j'appelle bonnes, même si elles ne sont pas utiles aux hommes ! »

Je me rendais compte que Protagoras commençait à être exaspéré, qu'il souffrait et qu'il résistait pied à pied à la nécessité de répondre[210]. Lorsque je m'aperçus qu'il était dans de pareilles dispositions, je le ménageai et lui demandai doucement : « Veux-tu parler, Protagoras, [**334a**] dis-je, des choses qui ne sont utiles à aucun homme, ou de celles qui ne sont d'absolument aucune utilité[211] ? Et est-ce de telles choses que tu appelles bonnes, toi ? — Pas du tout, dit-il ; mais je connais beaucoup de choses qui sont nuisibles aux hommes, des aliments, des boissons, des drogues, et des milliers d'autres choses, et d'autres qui leur sont utiles ; d'autres qui ne sont d'aucune utilité pour les hommes, mais qui le sont pour les chevaux ; d'autres qui sont utiles seulement pour les bœufs, mais pas pour les chiens ; d'autres encore qui ne sont utiles pour aucun de ces animaux, mais qui le sont pour les arbres ; et encore, certaines choses sont bonnes pour les racines de l'arbre, mais mauvaises pour les bourgeons, comme par exemple le fumier : [**334b**] il fait beaucoup de bien à toutes les plantes, si l'on en met aux racines, mais si l'on veut en mettre sur les jeunes branches et les jeunes pousses, il les fait mourir ; de même pour l'huile : elle est extrêmement nocive pour toutes les plantes et très agressive pour le poil de tous les vivants à l'exception de l'homme, dont elle fortifie les cheveux et le corps tout entier. Et le bien est quelque chose de si varié et qui prend tant de formes que, même chez [**334c**] l'homme, ce qui est bon pour lui à l'extérieur de son corps est extrêmement nocif à l'intérieur ; c'est pourquoi tous les médecins interdisent l'huile aux malades dans ce qu'ils se proposent de manger, sauf la très petite quantité qui suffit à dissiper l'âpreté des sensations olfactives dans leur nourriture et leurs aliments. »

À l'issue de ce discours, les personnes présentes l'applaudirent bruyamment, pour avoir si bien parlé[212] ; quant à moi, je dis : « Protagoras, il se trouve que j'ai une mauvaise mémoire[213], et si quelqu'un me tient un long discours, [**334d**] j'en viens à oublier ce dont il parle. Si j'étais un peu sourd, tu penserais qu'il faut me parler plus fort qu'aux autres, si tu voulais discuter avec moi ; eh bien, de la même manière, puisque tu es tombé sur quelqu'un qui a une mauvaise mémoire, condense[214] tes réponses et fais-les plus courtes, si tu veux que je te suive. — Que veux-tu dire par réponses brèves ? Dois-je faire pour toi, dit-il, des réponses plus courtes que nécessaire ? — Bien sûr que non, dis-je. — De la longueur qu'il faut ? demanda-t-il. — Oui, [**334e**] dis-je. — Dois-je te faire des réponses de la longueur que moi je juge nécessaire, ou de la longueur que toi, tu juges nécessaire[215] ? — J'ai entendu dire, dis-je, que tu étais capable, sur le même sujet, de tenir toi-même des longs discours, ou d'apprendre à quelqu'un d'autre à le faire, si tu le voulais, de sorte que la parole n'en vienne jamais à manquer, ou au contraire de parler si brièvement que personne ne puisse faire plus court que toi[216] ; **[335a]** eh bien, si tu dois discuter avec moi, recours avec moi au second procédé, c'est-à-dire à la brièveté. — Socrate, dit-il, j'ai déjà pour ma part rencontré bon nombre d'hommes dans des joutes verbales, et si j'avais fait ce que toi tu me demandes de faire, si j'avais discuté de la manière dont mon contradicteur[217] me demandait de discuter, je ne paraîtrais meilleur que personne et le nom de Protagoras ne signifierait rien pour les Grecs ! »

Quant à moi — je m'aperçus qu'il n'était lui-même pas satisfait de ses réponses précédentes et **[335b]** qu'il n'était pas prêt à poursuivre la discussion de bon gré, en tenant le rôle du répondant —, je pensai que je n'avais plus rien à faire dans la réunion et lui dis : « Crois-moi, Protagoras, moi non plus je ne veux pas insister pour que notre réunion se déroule contrairement à tes vues. Je discuterai avec toi lorsque tu voudras bien discuter avec moi de manière à ce que je puisse te suivre. Toi en effet tu es capable — on le dit de toi, et tu le dis toi-même — de mener une discussion en étant bref tout aussi bien qu'en faisant de longs discours. Car tu es un savant. **[335c]** Moi, je n'y arrive pas, avec ces longs discours — et ce n'est pas faute de le vouloir. Dans la mesure où toi tu maîtrises les deux genres, il fallait que tu nous fasses une concession, pour que la réunion soit possible ; mais comme tu ne le souhaites pas et qu'ayant moi-même à faire, je ne serais pas en mesure d'attendre que tu développes tes longs discours, je vais m'en aller, puisque aussi bien on m'attend ailleurs — même si j'aurais sans doute beaucoup apprécié de t'entendre, y compris dans ces conditions[218] ! »

Et en disant ces mots, je me levai pour partir ; mais au moment où je me lève, Callias, **[335d]** de sa main droite, me prend le bras, s'agrippe de l'autre à mon manteau, et dit : « Nous ne te laisserons pas partir,

Socrate ; car si tu t'en vas, nos entretiens ne seront plus les mêmes[219]. Je te demande donc de rester avec nous ; rien ne peut être plus agréable pour moi que de vous entendre discuter, Protagoras et toi. Allons, accorde-nous à tous ce plaisir ! » Je lui répondis — j'étais déjà debout pour sortir : « Fils d'Hipponicos, j'ai toujours admiré ton désir pour le savoir[220], et maintenant encore je lui rends hommage et je l'apprécie : et donc [**335e**] j'aimerais te faire plaisir, si ce que tu me demandais était possible ; mais c'est comme si tu me demandais de suivre à la course Crison d'Imère au meilleur de sa forme, ou de disputer le prix de la course de fond[221] ou de la course d'une journée, en suivant les coureurs. [**336a**] Je te dirais que je désire les accompagner dans leur course, bien plus que toi, mais que j'en suis incapable, et que si tu veux me voir courir avec Crison, c'est à lui que tu dois demander s'il est d'accord : car moi je ne peux pas courir vite, alors que lui peut courir plus lentement ! Si donc tu désires nous entendre, Protagoras et moi, demande-lui à lui de me répondre maintenant, comme il l'a fait au début, par réponses brèves, et en répondant précisément aux questions posées. Sinon, à quelle sorte d'entretiens [**336b**] aurons-nous affaire ? Je pensais pour ma part qu'une réunion où l'on discute ensemble et un discours au peuple étaient choses distinctes[222] ! — Réfléchis bien, Socrate, dit-il ; il me semble que Protagoras est dans son droit quand il revendique, pour lui comme pour toi d'ailleurs, le droit de parler comme chacun l'entend[223]. »

Alcibiade l'interrompit : « Tu te trompes, Callias. En effet Socrate que voici reconnaît qu'il ne comprend rien aux longs discours et s'en remet à Protagoras sur la question ; [**336c**] mais pour ce qui est de pouvoir discuter, et de savoir donner et recevoir des justifications[224], je serais très étonné qu'il s'en remette à quiconque. Si donc Protagoras reconnaît qu'il est inférieur à Socrate dans la pratique de la discussion, cela suffit à Socrate[225] ; mais s'il a des prétentions contraires, qu'il s'entretienne par questions et par réponses, au lieu d'étirer un long discours à chaque question posée, d'esquiver les arguments, de refuser de se justifier et d'allonger ses répliques, jusqu'à ce que la plupart de ses auditeurs **[336d]** aient totalement perdu de vue l'objet de la question ; car moi je vous garantis que Socrate a une très bonne mémoire, et qu'il plaisante lorsqu'il affirme qu'elle est mauvaise. Ce que Socrate dit me paraît donc, à moi, le plus équitable ; car il faut bien que chacun fasse savoir ce qu'il pense ! »

Après Alcibiade, c'est Critias, je crois, qui prit la parole : « Prodicos et Hippias, dit-il, Callias me paraît être complètement du côté de Protagoras ; Alcibiade, lui, aspire toujours **[336e]** à la victoire de la cause pour laquelle il s'enflamme. Quant à nous, nous ne devons pas prendre parti, que ce soit pour Socrate ou pour Protagoras, mais leur demander à l'un comme à l'autre ensemble[226] de ne pas interrompre la discussion en son milieu. »

[337a] À ces mots, Prodicos répondit : « Tu me parais avoir raison, Critias ; il faut, dans ce genre d'entretiens, que les auditeurs soient impartiaux[227] à l'égard des deux orateurs, impartiaux, mais non pas neutres. En effet, ce n'est pas la même chose. Il faut écouter l'un et l'autre de manière impartiale, sans les juger d'une manière neutre : il faut donner plus au plus savant, et moins au plus ignorant. Moi aussi, Protagoras et Socrate, je vous demande que vous nous accordiez de **[337b]** discuter vos thèses entre vous, mais de ne plus vous disputer ; en effet, on discute entre amis avec bienveillance, mais on se dispute entre rivaux et entre ennemis[228]. Et c'est de cette manière que notre réunion serait la plus réussie ; de cette manière, en effet, vous qui parlez, vous trouverez en nous, qui vous écoutons, de l'estime, et non pas des louanges ; car si l'estime réside, sans tromperie, dans l'âme des auditeurs[229], la louange, bien souvent, ne réside que dans le discours de menteurs, qui déguisent leur opinion ; et, en retour, nous qui vous écoutons, [**337c**] nous éprouverons plus que du plaisir, nous éprouverons une très grande joie : on éprouve en effet de la joie lorsqu'on apprend quelque chose, et lorsqu'on prend part à de l'intelligence grâce à sa seule pensée[230], tandis que l'on éprouve du plaisir lorsqu'on mange ou qu'on éprouve quelque chose d'agréable dans son corps exclusivement. » Prodicos parla en ces termes, et de très nombreuses personnes dans l'assistance l'approuvèrent.

Après Prodicos, c'est le savant Hippias qui prit la parole : « Vous qui êtes ici présents, dit-il, je pense personnellement que vous êtes tous des parents, des proches et des concitoyens [**337d**] non pas selon la loi, mais selon la nature[231] ; le semblable, par nature, est parent du semblable, alors que la loi, ce tyran des hommes, impose de force bien des choses contre nature. Il serait honteux que nous, qui connaissons la nature des choses, qui sommes les plus savants des Grecs et qui, pour cette raison, sommes réunis, en Grèce, dans ce prytanée du savoir[232], dans cette maison, la plus illustre et la plus fortunée de la cité, nous ne manifestions rien qui fût digne de cette valeur, et que [**337e**] nous nous déchirions en discordes comme les plus médiocres des hommes. Pour ma part, je vous demande et je vous conseille, Protagoras et Socrate, de vous réconcilier, en obéissant pour ainsi dire à notre arbitrage[233], et de vous accorder sur une position moyenne[234] : toi, Socrate, [**338a**] sans rechercher cette rigueur dans l'entretien, cet excès de brièveté, puisqu'il déplaît à Protagoras, mais en laissant aller tes discours, en leur lâchant la bride, de sorte qu'ils nous apparaissent plus magnifiques[235] et de meilleure tenue ; toi, Protagoras, en revanche, ne t'enfuis pas, tous agrès tendus, au gré d'un vent favorable, sur l'océan des discours[236], hors de vue de la terre ferme ; prenez tous deux une voie moyenne[237]. Faites donc cela et, croyez-moi, choisissez-vous un arbitre, un président[238], un prytane, [**338b**] qui veille à vous faire respecter la mesure dans la longueur de vos discours. »

Ces paroles plurent aux assistants et furent approuvées de tous. Callias déclara qu'il ne me laisserait pas partir, et ils me demandèrent de choisir un épistate. Je dis pour ma part qu'il serait malvenu de choisir un juge pour nos discours[239] : « Soit en effet la personne choisie sera inférieure à nous, et il n'est pas correct que l'inférieur juge les supérieurs, soit elle sera de même valeur, ce qui n'est pas correct non plus ; en effet, le semblable agira également de manière semblable, et le choix sera inutile. "Choisissez-vous donc quelqu'un qui soit [**338c**] supérieur à vous", dira-t-on ? La vérité, c'est qu'il est impossible, à mon sens, de choisir quelqu'un qui soit supérieur à Protagoras ici présent ; et si vous choisissez quelqu'un dont vous prétendez qu'il lui est supérieur, alors qu'il ne l'est en rien, voilà qui sera encore humiliant pour lui, puisque vous le traiterez comme un homme ordinaire en lui choisissant un président — à moi, cela m'est égal. Mais voici ce que je veux bien faire pour vous, pour que, comme vous le désirez, la réunion et l'entretien se poursuivent : si Protagoras ne veut pas [**338d**] répondre, que lui pose les questions, et moi je répondrai, et j'essaierai du même coup de lui montrer la manière dont, à mon sens, celui qui répond doit répondre ; lorsque j'aurai répondu, moi, à toutes les questions qu'il aura voulu me poser, qu'ensuite, à son tour, il me rende des comptes[240] de la même manière. S'il ne semble pas mettre de la bonne volonté à répondre strictement à ce qui lui est demandé[241], c'est vous et moi qui lui demanderons alors ensemble, comme vous me le demandez maintenant, de ne pas compromettre la réunion ; et nul besoin dans cette affaire d'un [**338e**] président unique : vous présiderez tous ensemble[242]. » — Tout le monde était d'accord pour procéder de cette manière ; Protagoras, qui n'en avait aucune envie, se trouva contraint d'accepter de poser des questions, puis de se justifier, par réponses brèves, une fois qu'il aurait suffisamment interrogé. Il commença donc à interroger à peu près de cette manière :

— « À mon avis, Socrate, dit-il, la partie la plus importante de l'éducation d'un homme consiste à être compétent en poésie[243], c'est-à-dire [**339a**] à être capable de comprendre, dans les productions des poètes, celles qui sont correctement faites et celles qui ne le sont pas, à savoir les distinguer et à savoir rendre compte de ces jugements, si on le demande. Mes questions porteront bien entendu à présent sur le même sujet dont nous discutions toi et moi à l'instant, sur la vertu, mais transporté sur le terrain de la poésie : ce sera la seule différence. Simonide[244] dit quelque part à Scopas, le fils de Créon le Thessalien, que [**339b**]

Sans doute devenir véritablement un homme de valeur [est
difficile, carré des mains, des pieds
et de l'esprit, bâti sans reproche.

Est-ce que tu connais cette ode, ou est-ce que je dois te la réciter en entier ? » — Je dis alors : « Inutile. Je la connais, et il se trouve que je m'en suis pas mal occupé[245]. — Bien, dit-il. Et tu la juges bien faite et correctement faite, ou non ? — Tout à fait bien et correctement faite, répondis-je. — Si le poète se contredit, est-ce que cela peut donner, à ton avis, un poème bien fait ? [**339c**] — Sûrement pas, dis-je. — Examine-la mieux, dit-il. — Mais, mon cher, je l'ai déjà suffisamment examinée ! — Alors tu sais, dit-il, qu'un peu plus loin dans l'ode, il dit quelque part :

Pas plus qu'à mon oreille ne sonne juste
la parole de Pittacos[246]*, pourtant prononcée*
par un savant mortel ; il est difficile, dit-il, d'être
[valeureux.

Te rends-tu compte que c'est le même homme qui dit cela et qui a dit ce qui précède ? — Je sais, dis-je. — Et tu trouves que ces passages s'accordent entre eux ? — C'est ce qui m'apparaît à moi du moins. » Et, en disant ces mots, je me mis à craindre qu'il n'eût un peu raison. « Enfin quoi, n'est-ce pas ce qui t'apparaît à toi ?, dis-je. — [**339d**] Comment l'auteur de ces deux affirmations pourrait-il m'apparaître en accord avec lui-même : lui qui commence par soutenir pour son propre compte "qu'il est difficile d'être en vérité un homme de valeur", qui l'oublie, un peu plus loin, dans le même poème, et qui blâme chez Pittacos ce qu'il a dit lui-même, qu'"il est difficile d'être valeureux", et refuse d'accepter de lui ce qu'il a dit lui-même[247] ? En vérité, lorsqu'il blâme quelqu'un qui dit la même chose que lui, il se blâme aussi manifestement lui-même, si bien qu'il a tort, soit la première, soit la seconde fois ! » — Ses paroles suscitèrent la bruyante [**339e**] approbation d'une bonne partie de l'assistance ; quant à moi, comme si je venais de prendre un coup de poing d'un bon pugiliste, je restai tout d'abord ébloui et sonné sous le coup de ses paroles et des acclamations qu'elles avaient soulevées — puis, pour te dire la vérité, afin de me laisser le temps de réfléchir à ce qu'avait dit le poète, je me tourne vers Prodicos, et je l'interpelle : « Prodicos, dis-je, Simonide est ton concitoyen ; il est juste que tu lui viennes en aide. [**340a**] Je me résous donc à t'appeler à l'aide, comme, chez Homère, le Scamandre, attaqué par Achille, appelle à son aide le Simoïs, en disant :

Mon cher frère, arrêtons à nous deux
la force de cet homme[248].

Eh bien, moi aussi je t'appelle à l'aide, pour éviter

que Protagoras ne nous démolisse Simonide. En effet, pour remettre Simonide d'aplomb[249], il faudra bien tout ton doigté musical [**340b**], celui qui te permet de distinguer entre "vouloir" et "désirer", en montrant que ce n'est pas la même chose, et tant d'autres belles choses que tu viens de nous exposer[250]. Considère maintenant si tu es du même avis que moi : il n'apparaît pas que Simonide se contredise. Mais toi Prodicos, dis-moi d'abord ce que tu en penses : est-ce qu'à ton avis être et devenir sont la même chose, ou non ? — Non, par Zeus, dit Prodicos[251]. — Donc, dis-je, dans le premier passage, Simonide dit lui-même ce qu'il pense [**340c**], à savoir qu'il est difficile de devenir en vérité un homme de valeur ? — C'est vrai, répondit Prodicos. — Ensuite, il blâme Pittacos, dis-je, non pas, comme le croit Protagoras, parce qu'il dit la même chose que lui, mais parce qu'il dit autre chose. Pittacos, en effet, ne disait pas qu'il est difficile de devenir valeureux, comme le dit Simonide, mais qu'il est difficile "de l'être" ; or ce n'est pas la même chose, Protagoras, comme l'affirme Prodicos ici présent, d'être et de devenir ; et si être et devenir ne sont pas la même chose, Simonide ne se contredit pas. D'ailleurs peut-être Prodicos ici présent, mais aussi beaucoup [**340d**] d'autres, affirmeraient-ils, en accord avec Hésiode[252], qu'il est difficile de devenir un homme de valeur ; "que devant la vertu", en effet, "les dieux ont placé la sueur ; mais qui en a atteint la cime peut ensuite facilement la conserver, malgré la difficulté qu'elle lui a donnée." »

Prodicos, après m'avoir entendu, approuva mes paroles ; mais Protagoras dit : « Le redressement que tu proposes, Socrate, produit une faute plus grande que celle que tu veux corriger. » — Je répondis : « J'ai donc bien mal travaillé, semble-t-il, Protagoras, et je suis un [**340e**] médecin ridicule : j'aggrave la maladie que je viens soigner. — C'est pourtant le cas, dit-il. — Comment ? dis-je. — Le poète serait bien ignorant, dit-il, s'il affirmait que conserver la vertu n'est pas grand-chose, alors que c'est ce qu'il y a de plus difficile, de l'avis de tous les hommes. »

Je dis alors : « Prodicos est présent à notre entretien, par Zeus, voilà qui est bien tombé ! En effet, il y a bien des chances, Protagoras, pour que le savoir de Prodicos soit un savoir divin[253], et un savoir ancien, **[341a]** qu'il remonte à Simonide, ou qu'il soit plus ancien encore. Et toi qui connais tant de choses, tu m'apparais cette fois totalement démuni, ce qui n'est pas mon cas, puisque je suis l'élève de Prodicos[254] ; et voilà que maintenant tu me sembles ne pas comprendre que Simonide ne prenait peut-être pas[255] ce terme "difficile" dans le même sens que toi — c'est comme ce qui m'arrive avec le mot "terrible", sur lequel Prodicos me reprend à chaque fois ; lorsque je veux faire ton éloge, ou celui d'un autre, et que je dis : "Protagoras est un homme terriblement savant[256]", il me **[341b]** demande si je n'ai pas honte de qualifier un bien de terrible. "Car ce qui est terrible", dit-il, "c'est un mal" ; personne ne parle jamais en conséquence d'une terrible richesse, ni d'une paix terrible, ni d'une santé terrible, mais d'une maladie terrible, d'une guerre terrible, d'une pauvreté terrible, puisque ce qui est terrible, c'est un mal. Peut-être en est-il de même pour le terme "difficile" : peut-être les natifs de Céos et Simonide entendent-ils sous ce terme un mal ou autre chose que ce que toi tu comprends ; posons la question à Prodicos. Il est bien légitime en effet de l'interroger sur la langue[257] de Simonide. Prodicos, qu'est-ce que Simonide voulait dire par difficile ? **[341c]** Un mal, répondit-il. — C'est donc pour cette raison, dis-je, Prodicos, qu'il blâme Pittacos de dire "qu'il est difficile d'être valeureux" : c'est comme s'il entendait Pittacos dire qu'"être valeureux est un mal". — Mais que crois-tu, Socrate, dit-il, que Simonide ait voulu dire d'autre, et que crois-tu qu'il avait à reprocher à Pittacos, sinon de ne pas savoir correctement distinguer le sens des mots, parce qu'il était de Lesbos et qu'il avait été élevé dans une langue barbare ? — Est-ce que tu entends, Protagoras, dis-je, ce que dit Prodicos ? [**341d**] Est-ce que tu as quelque chose à lui rétorquer[258] ? »

Protagoras dit alors : « Ce n'est pas cela, Prodicos, loin s'en faut. Moi, je sais pertinemment que Simonide employait le terme "difficile" comme nous tous l'employons, pour désigner non pas un mal, mais ce qui n'est pas facile, et qui ne s'obtient qu'au prix de nombreux efforts. — Mais moi aussi, Protagoras, dis-je, je crois que c'est ce que Simonide veut dire, et que Prodicos le sait très bien, mais qu'il plaisante et qu'il veut te mettre à l'épreuve pour voir si tu seras capable de défendre ta thèse[259] ; quant au fait que Simonide n'entend pas [**341e**] "difficile" au sens de "mauvais", l'expression[260] qu'il emploie juste après en donne la preuve manifeste. Il dit en effet que :

Seul un dieu peut avoir ce privilège,

car, bien entendu, il ne dirait pas qu'il est mauvais "d'être valeureux", pour affirmer ensuite que seul un dieu peut y prétendre, et enfin pour le réserver au dieu seul comme son privilège ! Prodicos nous dépeindrait alors un Simonide bien peu correct[261], et qui n'aurait rien d'un habitant de Céos ! Je veux bien te dire, moi, quelle est à mon avis la pensée de Simonide dans cette ode, si tu consens [**342a**] à me mettre à l'épreuve, afin de voir si je suis "compétent en poésie", pour reprendre ton expression ; mais si tu préfères, je t'écouterai. » Après avoir entendu ces paroles, Protagoras me dit : « Comme tu veux, Socrate. » Prodicos et Hippias renchérirent vigoureusement, ainsi que tous les autres.

— « Je vais donc essayer, dis-je, de vous exposer[262] point par point le sens qui me paraît se dégager de ce poème. C'est en Crète et à Lacédémone, en effet, plus que nulle part ailleurs en Grèce, que le désir pour le savoir existe depuis le plus longtemps et est le plus répandu, et [**342b**] c'est également là, à cet endroit de la terre, qu'il y a le plus de sophistes ; mais ces peuples le nient, et feignent d'être ignorants, comme les sophistes dont Protagoras parlait tout à l'heure[263], afin de ne pas laisser transparaître qu'ils doivent au savoir leur supériorité sur les autres Grecs, et de faire croire qu'ils la doivent à leur art du combat et à leur courage : ils pensent en effet que les autres peuples se mettraient tous à pratiquer, eux aussi, le savoir, s'ils apprenaient que c'est à lui qu'ils doivent leur supériorité. Par cette dissimulation, ils abusent complètement les "laconisants[264]" des autres cités — qui, pour les imiter, se déchirent les oreilles, [**342c**] s'enroulent les mollets de lanières de cuir, courent les gymnases et portent des manteaux courts[265], comme si c'était ces moyens-là qui assuraient aux Lacédémoniens la supériorité sur les autres Grecs. Les Lacédémoniens, eux, quand ils veulent s'entretenir librement avec les sophistes de chez eux et en ont assez de les fréquenter en cachette, expulsent ces laconisants et tous les étrangers, quels qu'ils soient, qui se trouvent chez eux, afin de pouvoir fréquenter les sophistes à l'insu des étrangers, et ne permettent à aucun de leurs jeunes gens de se rendre dans [**342d**] d'autres cités — comme d'ailleurs les Crétois —, de peur qu'ils n'y oublient ce qu'ils leur enseignent. Et dans ces cités il n'y a pas que des hommes qui se fassent une haute idée de leur éducation, il y a aussi des femmes. Voici d'ailleurs la preuve que ce que je dis est vrai et que l'éducation lacédémonienne est la meilleure pour ce qui est de l'amour du savoir et des discours : que quelqu'un consente à fréquenter le plus ordinaire des Lacédémoniens, il le trouvera tout d'abord manifestement ordinaire dans la plupart des sujets abordés, [**342e**] puis, au cours de l'entretien, n'importe quand, il placera un mot bien frappé, bref et ramassé, décoché comme un trait redoutable[266], si bien que son interlocuteur donnera l'air de ne valoir guère mieux qu'un enfant. Eh bien, maintenant comme jadis, il y a des gens pour comprendre que laconiser consiste bien plus dans l'amour du savoir que dans l'amour de la gymnastique, parce qu'ils savent qu'il faut avoir reçu une parfaite éducation, pour être capable de prononcer de telles formules [**343a**]. Parmi eux il y a Thalès de Milet, Pittacos de Mytilène, Bias de Priène, notre Solon, Cléobule de Lindos, Myson de Khènè, et on leur ajoute un septième, le Lacédémonien Chilon[267]. Tous étaient des partisans fervents, des amoureux et des disciples de l'éducation lacédémonienne ; et l'on se rend bien compte que leur savoir est de cet ordre, si l'on se rappelle les formules brèves, mémorables, prononcées par chacun d'eux lorsqu'ils se réunirent ensemble [**343b**] pour offrir à Apollon dans son temple de Delphes les prémices de leur savoir, et qu'ils écrivirent ces mots que tous reprennent : "Connais-toi toi-même" et "Rien de trop"[268].

Pourquoi est-ce que je parle de cela ? Parce que tel était bien le caractère de l'amour du savoir propre aux Anciens : une certaine brièveté laconique ; et que la fameuse formule de Pittacos — qu'"il est difficile d'être valeureux" — circulait beaucoup en privé et était célébrée par les savants. [**343c**] Simonide, donc, qui avait de l'ambition dans le domaine du savoir, comprit qu'en triomphant de cette formule comme on triomphe d'un athlète célèbre, en la surpassant[269], il parviendrait à jouir d'une grande célébrité parmi les hommes de son temps. C'est donc à mon sens contre cette formule, parce qu'il voulait la renverser pour la raison indiquée, qu'il a composé cette ode. Mais examinons-la tous ensemble, et voyons si je dis vrai.

Le début de l'ode apparaîtrait complètement dément, si Simonide voulait simplement dire qu'il est difficile de devenir un homme de valeur et [**343d**] insérait ensuite le terme "sans doute". Car cette insertion n'apparaît pas convenir à une formulation isolée, à moins qu'on ne comprenne que Simonide dispute[270], pour ainsi dire, contre la formule de Pittacos, "qu'il est difficile d'être valeureux", et qu'il lui rétorque : "Non, ce n'est pas le cas, c'est *devenir* un homme de valeur qui est difficile, Pittacos, le devenir véritablement, et non devenir un homme de véritable valeur[271]" — ce n'est pas cette "valeur" que Simonide qualifie de "véritable", comme [**343e**] s'il y avait d'un côté les hommes qui auraient une véritable valeur, et de l'autre les hommes qui seraient des hommes de valeur, sans être d'une valeur véritable — voilà qui serait bien naïf et indigne de Simonide ; mais il faut admettre qu'il y a une transposition[272] dans l'ode du terme "véritablement", qui sous-entend en quelque sorte le mot de Pittacos, comme si l'on admettait que Pittacos lui-même le prononçait, et que Simonide lui répondait — Pittacos disant : "O hommes, il est difficile d'être valeureux", et Simonide répondant : [**344a**] "Ce que tu dis n'est pas vrai, Pittacos ; car ce n'est pas d'*être*, mais sans doute de *devenir* un homme de valeur, carré des mains, des pieds et de l'esprit, bâti sans reproche, qui est difficile véritablement." L'insertion du terme "sans doute" d'une part et la place finale, tout à fait correcte, du terme "véritablement" d'autre part apparaissent ainsi adaptées à la formulation ; et tout ce qui suit témoigne en faveur de cette interprétation. Il est en effet possible de démontrer, à partir de chaque détail de l'ode, qu'elle est bien [**344b**] faite : c'est une œuvre pleine de grâce et de soin. Mais il serait trop long de l'analyser ainsi point par point ; contentons-nous donc de la considérer dans ses grandes lignes et dans son intention d'ensemble, qui consiste avant tout à réfuter la formule de Pittacos d'un bout à l'autre.

Un peu plus loin, en effet, Simonide s'exprime en des termes qui, transcrits en prose[273], donneraient à peu près ceci : devenir sans doute un homme de valeur est véritablement difficile, il est possible cependant de le devenir pour un certain temps ; quand on l'est devenu, demeurer dans cet état[274], en revanche, et "être" [**344c**] un homme de valeur, comme tu le dis toi, Pittacos, n'est ni possible ni humain, et seul un dieu peut avoir ce privilège :

Mais ne pas être mauvais n'est pas possible à l'homme,
qu'un malheur sans ressource terrasse.

Or quel est l'homme qu'un "malheur sans ressource[275]" terrasse aux commandes d'un navire ? Ce n'est évidemment pas le profane ; car le profane se trouve toujours déjà terrassé ; par conséquent, de même qu'on ne peut pas renverser celui qui est à terre, mais qu'on peut renverser celui qui est debout, précisément pour le mettre à terre, et non celui qui est déjà à terre, de même, c'est celui [**344d**] qui a de la ressource qu'un "malheur sans ressource" peut terrasser, et non pas celui qui manque toujours de ressource : celui qu'une violente tempête peut rendre sans ressource, quand elle éclate, c'est le pilote, celui qu'une mauvaise saison peut laisser sans ressource quand elle survient, c'est le paysan, et ce sera le médecin dans des conditions analogues. Un homme valeureux peut devenir lâche[276], comme en témoigne un autre poète en ces termes :

Car l'homme de valeur peut tantôt être lâche, tantôt [valeureux,

mais le lâche ne peut devenir lâche, qui l'est [**344e**] toujours nécessairement ; de sorte que c'est l'homme qui a de la ressource, celui qui est savant, l'homme de valeur qui ne peut pas ne pas être lâche, lorsqu'"un malheur sans ressource le terrasse" ; et toi tu dis, Pittacos, qu'il est difficile d'être valeureux ? Mais c'est le devenir qui est difficile, même si c'est possible ; quant à l'être, c'est impossible :

Car dans le succès tout homme est de valeur,
et tout homme est mauvais dans l'échec.

Mais qu'est-ce que la réussite dans le domaine de l'écriture, et [**345a**] qu'est-ce qui fait la valeur d'un homme dans le domaine de l'écriture ? Il est évident que c'est sa connaissance de l'alphabet. Quel est le succès qui fait la valeur d'un médecin ? Il est évident que c'est sa connaissance des soins à apporter aux malades. Prenons maintenant : *tout homme est mauvais dans l'échec.* Qui est-ce qui peut devenir mauvais médecin ? Bien évidemment celui à qui, pour commencer, il appartient d'être médecin, et ensuite d'être un bon médecin[277] ; car seul le bon médecin peut devenir mauvais[278] ; quant à nous, qui en matière de médecine sommes des profanes, des échecs ne risquent pas de faire de nous des médecins, des architectes, ou quoi ce que soit d'analogue ; car celui [**345b**] qui n'est pas médecin ne risque pas de le devenir, par ses échecs, et ne risque pas non plus, évidemment, de devenir un mauvais médecin ! De la même manière, c'est l'homme de valeur qui peut devenir un jour mauvais, sous l'effet du temps, de la fatigue, de la maladie, ou de quelque autre malheur ; car l'échec n'est rien d'autre que la privation de la science[279] ; l'homme mauvais ne risque pas de devenir mauvais ; il l'est toujours déjà ; tandis que pour devenir mauvais, il faut commencer par devenir bon. De sorte que ce passage de l'ode [**345c**] vise à montrer qu'il n'est pas possible d'être un homme de valeur, et de le rester, mais qu'il est possible de devenir un homme de valeur, et par là même, pour le même homme, de devenir mauvais ; "et que ce sont les meilleurs, et ceux qui le restent le plus longtemps, qui sont aimés des dieux."

Tout cela s'adresse donc à Pittacos, et la suite du poème le montre mieux encore. Le poète déclare en effet :

Pour cette raison, sans chercher à atteindre ce qui ne
[peut advenir,
jamais pour une vide espérance qui ne peut aboutir à
[un succès je ne risquerai ma part de vie,
pour un homme qui ne prête nullement à la raillerie,
[parmi nous tous
qui prenons possession du fruit de la vaste terre ;
et si je le trouve je vous l'annoncerai ;

[**345d**] voilà ce qu'il déclare, tant il s'attaque avec violence, dans toute son ode, à la formule de Pittacos :

Je loue et j'aime
tous ceux qui, de leur plein gré, ne commettent rien de
[laid,
quant à la nécessité, pas même les dieux ne la
[combattent[280]...

Ce passage vise lui aussi la formule de Pittacos. Car Simonide n'était pas inculte au point de déclarer qu'il louait ceux qui ne font aucun mal de leur plein gré, comme s'il y avait des hommes pour faire le mal de leur plein gré[281] ! Pour ma part, je ne suis pas loin de croire qu'aucun de nos savants ne pense qu'un homme [**345e**] puisse se tromper de son plein gré ou commettre de son plein gré des actions laides et mauvaises, mais qu'ils savent parfaitement que tous ceux qui commettent des actions laides et mauvaises les commettent contre leur gré ; et Simonide n'entend certainement pas faire l'éloge de celui qui ne fait pas le mal de son plein gré, mais s'applique à lui-même le terme "de plein gré". Il pensait en effet qu'un homme de bien se contraint souvent lui-même à témoigner de [**346a**] l'amitié et à faire des éloges, comme c'est fréquemment le cas lorsqu'on a des relations difficiles avec son père, sa mère, sa patrie et ainsi de suite... ; selon lui, les hommes mauvais, s'ils se trouvent dans ce genre de situation, regardent avec joie la méchanceté de leurs parents[282] ou de leur patrie, qu'ils exhibent et mettent en accusation, par leurs critiques, afin que les hommes ne puissent les critiquer pour leur négligence et les en blâmer, si bien qu'ils peuvent multiplier les critiques à leur égard et ajouter de leur plein gré des motifs d'inimitié [**346b**] à ceux que leur dictait la nécessité ; les hommes de valeur, en revanche, ferment les yeux, se contraignent à être élogieux, et s'ils s'emportent à cause des torts que leurs parents ou leur patrie leur font souffrir, ils se calment et se réconcilient avec eux, en exigeant encore d'eux-mêmes d'aimer les leurs et de les louer.

Souvent, j'imagine, Simonide lui-même a dû avoir conscience de louer et de célébrer un tyran ou un individu de ce type, non pas de son plein gré, mais en cédant à la [**346c**] contrainte. C'est ce que dit encore Simonide à Pittacos : "Pour ma part, Pittacos, je ne te critique pas pour le plaisir de critiquer, car

Il me suffit d'un homme qui ne soit ni mauvais,
ni intraitable mais
connaissant la justice qui sert à la cité ; d'un homme qui soit sain ;
celui-là je ne le raillerai pas ;
car je n'aime pas railler ;
en effet, la race des sots est infinie,

de sorte que si l'on aime critiquer, on peut s'en donner à cœur joie avec eux !"

Tout est beau, où le laid n'est pas venu se mêler.

Il ne dit pas cela, comme il dirait qu'est [**346d**] blanc tout ce à quoi le noir n'est pas venu se mêler ; ce serait en effet tout à fait ridicule ; ce qu'il veut dire, c'est que la moyenne lui suffit[283] pour qu'il s'abstienne de critiquer. Et "je ne cherche pas", dit-il, "un homme qui ne prête nullement à la raillerie, parmi nous tous qui prenons possession du fruit de la vaste terre ; et si je le trouve je vous l'annoncerai" ; de sorte que je ne louerai personne pour cette raison, mais je me contente pour ma part d'un homme moyen, qui ne fasse aucun mal, puisque "j'aime et je loue tout le monde" [**346e**] il emploie ici le dialecte de Mytilène, parce qu'il s'adresse à Pittacos ; "j'aime et je loue tout le monde de mon plein gré" (c'est ici, à "de mon plein gré", qu'il faut couper la phrase)[284], "quand on ne fait rien de laid, mais il y a des gens que je loue et que j'aime contre mon gré. Donc toi, Pittacos, même si tu tenais des propos moyennement convenables et moyennement vrais, [**347a**] je ne te critiquerais pas pour autant. Mais en l'occurrence, tout en croyant dire la vérité, tu te trompes gravement, sur les sujets les plus fondamentaux : c'est pourquoi je te critique."

Voilà, Prodicos et Protagoras, quelle était, à mon sens, l'intention de Simonide quand il a composé cette ode. »

Hippias dit alors : « Tu me sembles avoir tout à fait bien analysé l'ode, Socrate ; [**347b**] mais j'ai moi aussi une thèse intéressante sur la question, que je peux vous exposer, si vous le voulez bien. » — Alcibiade lui répondit : « D'accord, Hippias, mais plus tard ; pour l'instant il est juste de respecter l'accord que Socrate et Protagoras ont conclu entre eux : si Protagoras souhaite encore poser des questions, que Socrate réponde ; s'il souhaite en revanche répondre aux questions de Socrate, que Socrate l'interroge. » — Je dis alors : « Je m'en remets à Protagoras, qu'il choisisse ce qu'il préfère ; mais, s'il le veut bien, [**347c**] laissons de côté les vers et les poèmes. Protagoras, j'aimerais bien reprendre le sujet sur lequel je t'ai d'abord interrogé, et en mener avec toi l'examen à son terme[285]. En effet, les discussions sur la poésie me paraissent tout à fait semblables à des banquets entre hommes médiocres et grossiers : quand ils boivent ensemble, ils sont incapables, faute d'éducation[286], de trouver en eux-mêmes, par leur propre voix, leurs propres discours, de quoi s'entretenir les uns avec les autres, ils font [**347d**] grimper les prix des joueuses de flûte[287], puisqu'ils achètent très cher une voix étrangère[288], celle des flûtes, et ne s'entretiennent entre eux que par la médiation de cette voix ; lorsqu'en revanche les convives sont des hommes de bien et des gens bien éduqués, on ne verra ni joueuses de flûte, ni danseuses, ni citharistes : ils sont capables de trouver en eux-mêmes de quoi s'entretenir entre eux, sans ces amusements stupides, par la médiation de leur propre voix[289], en parlant et en écoutant tour à tour en bon ordre, [**347e**] même s'ils ont bu beaucoup de vin[290]. Ainsi des réunions de ce genre, si elles rassemblent des hommes doués des qualités que s'attribuent la plupart d'entre nous, n'ont nul besoin d'une voix étrangère, ni de poètes, qu'il est impossible d'interroger sur ce qu'ils disent[291] : lorsqu'on les fait comparaître dans la discussion, la plupart du temps, les uns disent que le poète pense ceci, les autres que le poète pense cela, et on s'entretient sur une affaire impossible à prouver[292] ; ce genre de réunions, les gens de bien les envoient promener, ils s'entretiennent entre eux, seuls, par leurs [**348a**] propres moyens, et c'est dans leurs propres discours qu'ils se mettent et se soumettent mutuellement à l'épreuve[293]. Tels sont les gens qu'à mon avis nous devrions de préférence imiter, toi et moi, en laissant de côté les poètes, et en discutant entre nous, tous seuls, par nos propres moyens — en faisant l'épreuve tant de la vérité de nos propos que de nous-mêmes[294] ; si tu veux encore poser des questions, je suis prêt à te répondre ; si tu préfères, à toi de répondre, et reprenons la discussion de tout à l'heure, que nous avons interrompue en plein milieu, et menons-la à son terme. »

[**348b**] Tandis que je tenais ces propos, et d'autres du même genre, Protagoras ne laissait rien paraître de ce qu'il allait faire. Alcibiade, en regardant Callias, lui dit alors : « Callias, trouves-tu que Protagoras fait bien à présent[295] de ne pas vouloir manifester s'il accepte ou non de donner la réplique ? Parce que moi, je ne trouve pas : qu'il discute, ou bien qu'il dise qu'il ne veut pas discuter, pour que nous sachions avec lui à quoi nous en tenir, et que Socrate, ou celui qui le voudra, n'importe lequel, discute avec n'importe qui [**348c**] d'autre. » — Là, il me sembla que Protagoras eut honte, en entendant ces paroles d'Alcibiade, auxquelles s'ajoutèrent les instances de Callias et de presque toute l'assistance. Non sans peine, il se décida à poursuivre l'entretien et m'exhorta à l'interroger, en me disant qu'il répondrait.

— Je lui dis alors : « Protagoras, n'imagine pas que j'aie pour discuter avec toi d'autre motif que l'examen des questions sur lesquelles j'achoppe moi-même à chaque fois[296]. Je pense que les propos d'Homère sont pleins de sens lorsqu'il dit :

[**348d**] *Lorsque deux hommes marchent ensemble, l'un*
[peut voir avant l'autre[297].

En effet, nous autres, êtres humains, nous sommes en quelque sorte mieux armés à deux face à n'importe quelle tâche, n'importe quel discours, n'importe quelle pensée ; "si on a eu une idée tout seul", on se met immédiatement à chercher partout quelqu'un à qui l'exposer, et qui puisse nous aider à l'établir solidement, et on n'a de cesse avant de l'avoir trouvé. De même, je préfère pour ma part discuter avec toi plutôt qu'avec un autre, parce que je pense que c'est toi qui es le mieux à même d'examiner tous les sujets qu'il est convenable [**348e**] que considèrent les personnes de qualité, et plus précisément la question de la vertu. Qui d'autre pourrait mieux y parvenir que toi ? Toi qui ne te contentes pas de te considérer toi-même comme un homme de bien, comme tant d'autres qui sont eux-mêmes convenablement doués, sans être capables de transmettre leurs qualités à autrui, mais toi qui, tout en étant toi-même un homme de valeur, es aussi capable de faire des autres des hommes de valeur ! Et tu as tant de confiance en toi que, toi, tu proclames en pleine lumière, publiquement, devant tous les Grecs, que tu possèdes cet art, alors que d'autres [**349a**] le dissimulent, tu prends le nom de sophiste, tu te déclares ouvertement maître d'éducation et de vertu, et le premier[298], tu estimes mériter un salaire pour cela. Comment donc ne pas faire appel à toi pour cet examen, ne pas t'interroger et ne pas te faire part de mes idées ? C'est tout à fait impossible.

À présent, je désire pour ma part reprendre à partir du début les sujets sur lesquels je t'ai interrogé en commençant, te rappeler certaines de tes réponses et poursuivre [**349b**] l'examen avec toi. La question, je crois, était la suivante : est-ce que savoir, sagesse, courage, justice et piété, qui sont cinq noms différents, renvoient à une chose unique, ou est-ce que, sous chacun de ces noms, existe une certaine réalité propre[299], une chose, qui possède à chaque fois sa capacité spécifique et est absolument distincte des autres ? De ton côté, tu soutenais qu'il ne s'agissait pas de noms distincts qui renverraient à une chose unique, mais que chacun de ces noms [**349c**] s'appliquait en propre à une chose singulière, et que toutes celles-ci étaient les parties de la vertu — non pas à la manière des parties de l'or qui sont semblables les unes aux autres ainsi qu'au tout dont elles sont les parties, mais à la manière des parties du visage, qui sont dissemblables au tout dont elles sont les parties et dissemblables entre elles, et qui possèdent chacune une capacité spécifique. Si, sur ces points, tu es toujours du même avis qu'auparavant, dis-le ; si tu as changé d'avis en quoi que ce soit, énonce-le nettement, pour ma part, je ne te tiendrai pas rigueur d'avoir un autre avis à présent ; car je ne serais pas étonné que tu aies voulu tout à l'heure me mettre à l'épreuve [**349d**] en me disant cela[300]. »

— « Je te dis, moi, Socrate, dit-il, que toutes sont des parties de la vertu, que quatre d'entre elles sont assez proches les unes des autres, et que le courage[301], en revanche, est très différent de toutes les autres. Voici comment tu vas savoir que ce que je te dis est vrai : tu trouveras beaucoup d'hommes qui sont très injustes, très impies, très intempérants[302] et très ignorants, tout en étant exceptionnellement courageux. — Attends un peu, [**349e**] dis-je. Car il vaut la peine d'examiner ce que tu dis. Est-ce que tu dirais que les hommes courageux sont audacieux ou autre chose[303] ? — Et même plus, dit-il : ils sont hommes à ne pas reculer non plus devant ce que craint la plupart. — Voyons donc, tu affirmes que la vertu est une chose belle, et c'est en tant qu'elle est belle que tu te présentes comme le maître qui peut l'enseigner ? — Une chose très belle, dit-il, à moins que je ne sois fou ! — Est-ce que tu considères, dis-je, qu'il y a en elle une partie qui est laide, et une autre qui est belle, ou bien qu'elle est belle tout entière ? — Elle est belle tout entière, au plus haut degré. — Sais-tu quels sont les [**350a**] hommes qui ont l'audace de plonger dans les puits[304] ? — Oui, bien sûr, ce sont les plongeurs. — Le font-ils parce qu'ils savent le faire ou pour une autre raison ? — Parce qu'ils savent le faire. — Et quels sont les hommes qui ont l'audace de combattre à cheval ? Ceux qui savent monter à cheval ou ceux qui ne savent pas ? — Ceux qui savent monter à cheval. — Et quels sont ceux qui combattent dans l'infanterie légère ? Ceux qui savent manier le bouclier léger[305] ou ceux qui ne savent pas le faire ? — Ceux qui savent manier le bouclier léger. Et c'est la même chose pour tout le reste, si c'est cela que tu cherches, dit-il : ceux qui s'y connaissent sont plus audacieux que ceux qui ne s'y connaissent pas, et cela vaut aussi pour eux-mêmes, car ils sont plus audacieux après [**350b**] avoir appris qu'avant d'avoir appris[306]. — Cela dit, as-tu déjà vu, dis-je, des gens qui manifestent de l'audace dans chacune de ces activités, alors qu'ils n'y connaissent rien[307] ? — Oui, bien sûr, dit-il, et des gens qui sont même extrêmement audacieux. — Ces gens audacieux ne sont-ils pas également courageux ? — À ce compte, dit-il, le courage serait laid, car ce sont des fous[308]. — Qu'est-ce que tu entends donc par courageux ? dis-je. Ne viens-tu pas de dire que c'était être audacieux ? — Si, et je le maintiens, dit-il. — Donc, dis-je, ceux qui ont **[350c]** cette sorte d'audace ne sont pas courageux, mais manifestement fous, alors que d'un autre côté, ce sont au contraire les plus savants qui sont aussi les plus audacieux, et qui, parce qu'ils sont les plus audacieux, sont les plus courageux ? À ce compte, le savoir serait le courage[309] ?

— Tu te rappelles mal, Socrate, dit-il, la réponse que je t'ai faite[310]. Tu m'as demandé si les hommes courageux étaient audacieux, et je te l'ai accordé ; mais tu ne m'as pas demandé si les hommes audacieux étaient courageux ; car si tu me l'avais demandé, je t'aurais dit **[350d]** que tous ne le sont pas. Quant au fait que les hommes courageux ne seraient pas audacieux, ce que j'ai accordé[311], tu n'as montré nulle part que j'avais eu tort de l'accorder. Ensuite, tu déclares que ceux qui s'y connaissent deviennent plus audacieux qu'avant, et plus audacieux que ceux qui ne s'y connaissent pas, ce qui t'amène à penser que le courage et le savoir sont la même chose ; en procédant de la même manière, tu pourrais en venir à l'idée que la force est le savoir. En effet, en procédant ainsi, tu me demanderais d'abord **[350e]** si les forts sont capables[312], et je te dirais que oui ; tu me demanderais ensuite si ceux qui savent lutter sont plus capables que ceux qui ne savent pas le faire, et si cela vaut pour eux aussi, c'est-à-dire s'ils sont plus capables après avoir appris à lutter qu'avant, et je te dirais que oui ; une fois que je t'aurais accordé cela, il te serait possible, en utilisant exactement les mêmes preuves, de dire, en vertu de ce que j'aurais reconnu, que le savoir est la force.

Mais moi, si j'accorde que les forts sont capables, je n'accorde pas du tout que les gens capables sont forts ; car je ne **[351a]** pense pas que la force et la capacité soient la même chose : je pense que l'une, la capacité, est issue de la science, mais aussi de la folie et de la fougue, et que l'autre, la force, procède de la nature et d'une bonne alimentation du corps. De la même manière, je ne pense pas, en l'occurrence, que le courage et l'audace soient la même chose ; ce qui fait qu'il arrive que les courageux sont audacieux, mais que les audacieux ne sont pas tous courageux ; en effet, l'audace vient aux hommes par l'art, mais aussi par la fougue et la **[351b]** folie, comme la capacité, alors que le courage procède de la nature et d'une bonne alimentation de l'âme.

— Es-tu d'accord, Protagoras, dis-je, pour dire que certains hommes vivent bien, d'autres mal[313] ? — Il approuva. — Et est-ce qu'un homme te paraît bien vivre, s'il vit dans le chagrin et la souffrance ? — Non, dit-il. — Et si l'on achève sa vie après avoir mené une vie agréable, ne te semble-t-il pas qu'on aura bien vécu ? — Si, dit-il. — Mener une vie agréable est donc un bien, et mener une vie désagréable est un mal ? — **[351c]** Pourvu, dit-il, que l'on vive en prenant plaisir à de belles choses[314]. — Eh quoi, Protagoras ! tu ne vas pas te mettre toi aussi, comme la plupart des gens, à appeler mauvaises certaines choses agréables, et bonnes certaines choses désagréables ? Car voici ce que je veux dire, moi : dans la mesure où elles sont agréables, ne sont-elles pas bonnes dans cette mesure, abstraction faite de ce qui peut en résulter par ailleurs[315] ? Et, à l'inverse, en tant qu'elles sont désagréables, ne sont-elles pas mauvaises ? — Je ne sais pas, Socrate, dit-il, si ma réponse doit être aussi simple que ta question, et si je dois te répondre que tout ce qui est agréable est bon, et que tout ce qui est désagréable est mauvais : en ne tenant pas seulement compte de la réponse que je dois te faire maintenant, mais aussi de toute mon existence[316], il me semble plus sûr, pour moi, de te répondre [**351d**] qu'il y a des choses agréables qui ne sont pas bonnes, qu'il y a, à l'inverse, des choses désagréables qui ne sont pas mauvaises, alors que d'autres le sont, et, en troisième lieu, qu'il y a des choses neutres[317], qui ne sont ni bonnes ni mauvaises. — N'appelles-tu pas agréable, dis-je, ce qui participe[318] du plaisir ou qui produit du plaisir ? — Tout à fait, [**351e**] dit-il. — Eh bien, ce que je veux dire, lorsque je te demande si ce qui est agréable n'est pas bon en tant qu'il est agréable, revient à te demander si le plaisir lui-même n'est pas bon[319]. — Examinons ce point, Socrate, dit-il, selon ton expression favorite, et si le résultat de l'enquête apparaît conforme à la formulation, c'est-à-dire si la même chose se révèle être agréable et bonne, nous l'admettrons ; sinon, nous le contesterons[320]. — Veux-tu diriger l'enquête ou dois-je le faire ? dis-je. — Il est juste, dit-il, que ce soit toi ; car c'est toi qui as engagé ce débat.

— Voyons donc, dis-je, si nous [**352a**] pouvons éclaircir ce point de la manière suivante : imagine que quelqu'un veuille juger de la santé d'un homme, ou de n'importe laquelle de ses aptitudes physiques, à partir de son apparence extérieure[321] ; s'il ne voyait que son visage et les extrémités de ses mains, il dirait : “Allez, découvre-moi ta poitrine, et montre-moi ton dos[322], afin que je puisse mieux t'examiner.” Eh bien moi aussi, je réclame quelque chose d'analogue pour notre examen ; après avoir pris en considération, d'après tes propos, ta position sur ce qui est bon et ce qui est agréable, je voudrais te faire à peu près la même demande : “Allez, Protagoras, découvre-moi ta pensée sur ce point : [**352b**] quelle est ta position à l'égard de la science ? Es-tu du même avis que la plupart des hommes, ou non ?” L'avis de la plupart, c'est à peu près qu'il y a en elle quelque chose qui n'est du ressort ni de la force, ni de la direction, ni du commandement ; ils pensent qu'il n'y a dans la science rien qui soit de cet ordre, mais que, souvent, chez l'homme où elle réside, ce n'est pas elle qui commande en lui, mais autre chose : tantôt la fougue, tantôt le plaisir, tantôt la peine, quelquefois l'amour, souvent la crainte, ce qui fait que nous nous représentons **[352c]** la science tout bonnement comme un esclave tiraillé de tous les côtés[323]. Partages-tu cet avis sur la science, ou est-ce que la science te paraît belle et capable de commander à l'homme ? Si quelqu'un connaît ce qui est bon et ce qui est mauvais, est-ce que rien ne peut le dominer et lui faire faire des choses différentes de celles que la science lui prescrit ? Est-ce que l'intelligence peut constituer un secours suffisant pour l'homme ?

— Je suis de ton avis, Socrate, dit-il, et plus, [**352d**] ce serait une honte pour moi, plus que pour tout autre, de ne pas affirmer que le savoir et la science sont ce qu'il y a de plus puissant dans toutes les affaires humaines. — Tu parles bien, dis-je, et ce que tu dis est vrai. Tu sais que la plupart des hommes ne nous croient pas, toi et moi ; qu'ils affirment que bien des gens, alors qu'ils savent ce qui est meilleur, ne veulent pas agir en conséquence[324], alors qu'ils le peuvent, mais agissent autrement ; et tous ceux à qui j'ai demandé la cause d'un tel comportement [**352e**] affirment qu'ils se sont laissé vaincre par le plaisir, la peine ou l'une des affections que je mentionnais tout à l'heure, et que c'est sous leur emprise qu'on agit de la sorte[325]. — Je suis d'avis, Socrate, dit-il, que les hommes, sur ce sujet, comme sur bien d'autres, ont tort. — Allez ! Essaie donc avec moi de convaincre ces hommes et de leur apprendre quelle est l'affection qui les fait se laisser vaincre par les plaisirs, [**353a**] à ce qu'ils disent, et qui les fait agir à l'encontre du meilleur, alors qu'ils le connaissent. Car peut-être, si nous leur disions : “Vous avez tort, Messieurs, vous vous trompez”, nous répondraient-ils : “Protagoras et Socrate[326], si cette affection ne consiste pas à se laisser vaincre par le plaisir, en quoi peut-elle donc bien consister, et vous, qu’affirmez-vous qu’elle est ? Dites-le-nous !” — Eh quoi, Socrate ! Faut-il que nous nous mettions à examiner l’opinion de la foule, qui dit ce qui lui passe par la tête[327] ? — Je crois, dis-je, **[353b]** que cet examen nous sera utile pour découvrir le rapport que le courage entretient avec les autres parties de la vertu. Si tu consens à respecter ce que nous venons de fixer tout à l’heure, si tu me permets de continuer à diriger l’enquête de la manière qui me paraît la plus éclairante, alors suis-moi ; si tu ne le souhaites pas, pour te faire plaisir, j’arrête[328]. — Non, tu as raison, dit-il ; achève comme tu as commencé et va jusqu’au bout.

— Reprenons, dis-je. Imagine qu’ils nous **[353c]** demandent : “Comment est-ce que vous dites, vous, ce que nous exprimons par les mots ‘se laisser vaincre par les plaisirs’[329] ?” Eh bien moi, je leur répondrais : “Écoutez ; Protagoras et moi, nous allons essayer de vous l’expliquer. Car, Messieurs, n’est-ce pas là ce que vous dites dans les circonstances où vous vous laissez vaincre par la nourriture, la boisson et les plaisirs de l’amour, parce qu’ils sont agréables, et que vous le faites, alors même que vous savez qu’ils sont mauvais[330] ?” Ils répondraient que oui. Nous leur poserions alors, toi et moi, la question suivante : “Qu’est-ce qui vous fait dire que ces choses sont mauvaises ? **[353d]** Le plaisir qu’elles apportent sur le moment, et le fait que chacun d’elles est agréable, ou bien les maladies, la pauvreté qui en sont les conséquences à venir, ainsi que les nombreux autres effets de ce genre qu’elles provoquent ? Ou bien, si elles n’entraînent aucun de ces désagréments, mais apportent seulement de la joie, peut-il vraiment s’agir de choses mauvaises, quelle que soit la joie qu’elles apportent, et quelle que soit la manière dont elles l'apportent ?" Que croyons-nous qu'ils répondraient, Protagoras, sinon qu'elles sont mauvaises, non pas à cause du plaisir qu'elles apportent sur le moment, [**353e**] mais par les effets, maladies et autres, qu'elles entraînent par la suite ? — À mon avis, dit Protagoras, ce serait effectivement la réponse de la foule. — Donc si elles provoquent des maladies, est-ce qu'elles ne produisent pas des désagréments ? Et si elles rendent pauvres, est-ce qu'elles ne produisent pas également des désagréments ? Ils l'accorderaient, je crois. » — Protagoras en fut d'accord. — « "Est-ce qu'il ne vous semble pas, Messieurs, comme Protagoras et moi l'affirmons, qu'une chose est mauvaise précisément parce qu'elle produit des désagréments et qu'elle prive d'autres plaisirs[331] ?" L'accorderaient-ils ? » — [**354a**] Nous en convînmes tous deux.

— « Et si, en revanche, nous leur posions la question contraire : "Messieurs, vous qui dites que certaines choses bonnes sont désagréables, de quoi voulez-vous parler ? Des exercices du gymnase, des obligations militaires[332], des traitements médicaux, qui procèdent par cautérisations et incisions, purgatifs et diètes ? Est-ce de cela que vous voulez parler quand vous parlez de choses bonnes, mais désagréables ?" Diraient-ils que oui ? » — Il en convint. — [**354b**] « "Est-ce que donc vous les appelez bonnes parce qu'elles provoquent sur le moment des douleurs et des souffrances extrêmes, ou parce que, par la suite, elles apportent la santé et la bonne constitution aux corps, aux cités la sauvegarde, la domination sur les autres et la richesse ?" C'est bien cela qu'ils diraient, je pense ? » — Il en convint. — « "Et ces choses, sont-elles bonnes pour une autre raison que parce qu'elles finissent par donner des plaisirs, qu'elles délivrent et détournent des peines ? Ou pouvez-vous me donner un autre but, différent des plaisirs et des peines, [**354c**] au regard duquel vous les appelez bonnes[333] ?" Ils diraient que non, je crois. —

Ils diraient que non, c'est aussi mon avis, dit Protagoras. — "Vous poursuivez donc le plaisir comme un bien, et vous fuyez la peine comme un mal[334] ?" » — Il en convint. — « "Vous pensez que la peine est un mal et que le plaisir est un bien, puisque vous dites de la joie elle-même qu'elle est un mal, lorsqu'elle vous prive de plaisirs plus grands que ceux qu'elle comporte à elle seule, ou lorsqu'elle entraîne des peines plus grandes que les plaisirs qu'elle renferme ; car **[354d]** si vous disiez que la joie envisagée pour elle-même est mauvaise pour une autre raison et en considération d'un autre but, vous pourriez nous dire lequel ; mais vous ne le pourrez pas." — C'est ce qu'il me semble aussi, dit Protagoras. — "D'un autre point de vue, n'en va-t-il pas de même pour la souffrance, envisagée pour elle-même ? Ne dites-vous pas également de la souffrance elle-même qu'elle est un bien lorsqu'elle préserve de peines plus grandes que celles qu'elle renferme, ou lorsqu'elle entraîne des plaisirs plus grands que les peines qu'elle occasionne[335] ? Car si vous avez en vue un autre but que **[354e]** celui que je vous expose, lorsque vous dites que la souffrance elle-même est un bien, vous pouvez nous le dire ; mais en fait vous ne le pourrez pas." — Ce que tu dis est vrai, dit Protagoras. — "Si c'était vous cette fois qui me demandiez, Messieurs : dis-je, 'pourquoi tiens-tu tant de discours, et tant de discours différents, sur ce même sujet ?', je vous répondrais : 'Pardonnez-moi : c'est que, tout d'abord, il n'est pas facile d'expliquer ce que vous appelez *se laisser vaincre par les plaisirs*' ; et qu'ensuite, cette explication contient toutes les autres. Mais vous pouvez encore retirer maintenant ce que vous avez dit[336], et voir **[355a]** si, d'une manière ou d'une autre, vous pouvez affirmer que le bien est autre chose que le plaisir, le mal autre chose que le désagrément[337], ou s'il vous suffit de mener une vie agréable, dépourvue de peines. Si cela vous suffit, et si tout ce que vous pouvez dire sur le bien et le mal se ramène à cela, écoutez donc ce qui suit : je soutiens en effet que si les choses se présentent ainsi, votre thèse devient ridicule, lorsque vous dites que, souvent, selon vous, un homme qui sait d'une chose mauvaise qu'elle l'est la fait pourtant, alors qu'il lui est possible de ne pas la faire, parce qu'il est [**355b**] entraîné et troublé par les plaisirs ; de même lorsqu'à une autre occasion, vous dites à l'inverse qu'un homme qui sait ce qui est bon ne consent pas à le faire, à cause des plaisirs du moment par lesquels il se laisse vaincre. Le ridicule de ces propos va éclater, pourvu qu'au lieu d'employer une foule de termes — 'agréable', 'désagréable', 'bon', 'mauvais' —, nous n'usions que d'un seul couple de termes pour désigner ces choses, puisqu'elles se sont avérées n'être que deux : n'employons donc d'abord que les mots 'bon' et 'mauvais', et réservons 'agréable' et 'désagréable' pour plus tard. Ceci étant posé, disons que [**355c**] l'homme, qui sait que le mal est mauvais, le fait pourtant. Si quelqu'un nous demande : 'Pourquoi ?', nous dirons : 'Parce qu'il se laisse vaincre'. 'Par quoi ?' nous demandera-t-on. Et nous, nous ne pouvons plus répondre 'par le plaisir', car au lieu du mot 'plaisir', nous en employons désormais un autre : 'bien' ; donc, répondons en disant : 'Il se laisse vaincre.' 'Par quoi ?' demandera-t-il. 'Par le bien', dirons-nous donc, par Zeus ! Et si nous tombons sur un interlocuteur impertinent[338], il éclatera de rire et s'exclamera : 'Ce que vous dites là est ridicule : quelqu'un [**355d**] agit mal, en sachant que c'est mal, et qu'il ne devrait pas le faire, parce qu'il se laisse alors vaincre par le bien ! Alors que le bien ne mérite pas de vaincre le mal à vos yeux[339]', dira-t-il, 'ou alors qu'il le mérite ?' Évidemment, nous répondrons en disant qu'il ne le mérite pas ; car sinon, celui dont nous disons qu'il se laisse vaincre par les plaisirs ne commettrait pas de faute[340]. 'En quoi, dira-t-il peut-être, les choses bonnes ont-elles moins de valeur que les mauvaises, ou les choses mauvaises moins de valeur que les bonnes ? Est-ce pour une autre raison que parce que les unes sont plus grandes, les autres plus petites ? Ou bien parce que les unes sont plus nombreuses, les autres [**355e**] moins nombreuses ?' Nous ne pourrons rien dire d'autre. 'Il est donc évident, dira-t-il, que ce que vous appelez se laisser vaincre, c'est choisir des maux plus grands à la place de biens plus petits.' Voilà donc ce qu'il en est sur ce point.

Employons à présent les termes 'agréable' et 'désagréable' pour les appliquer aux mêmes choses, et disons qu'un homme fait ce que nous appelions tout à l'heure des choses mauvaises, et que nous appellerons maintenant des choses désagréables, en connaissance de cause, parce qu'il se laisse vaincre par leurs agréments, alors [**356a**] qu'ils ne méritent évidemment pas de l'emporter. Mais comment évaluer[341] l'inégalité de valeur du plaisir par rapport à la peine, sinon en considérant l'excès et le défaut de l'un par rapport à l'autre ? Or ces phénomènes connaissent des variations en grandeur, en quantité, en degré. En effet, si quelqu'un déclare : 'Mais Socrate, il y a une grande différence entre ce qui est agréable sur le moment et ce qui est agréable ou pénible par la suite', je dirais, moi : 'En quoi y aura-t-il différence, sinon en plaisir et en peine ?' Car il n'y en a pas d'autre. Comme un homme qui sait peser, [**356b**] rassemble donc ce qui est agréable et rassemble ce qui est pénible, mets dans la balance les effets immédiats et les effets à long terme, et dis-moi quel côté l'emporte. Car si tu pèses l'agréable avec l'agréable, il faut toujours choisir le plus grand et le plus nombreux ; si tu pèses le pénible avec le pénible, il faut choisir le moindre et le plus petit ; si tu pèses l'agréable avec le pénible, et si l'agréable est en excès par rapport au désagréable, que le long terme l'emporte sur l'immédiat ou l'immédiat sur le long terme, tu dois agir en respectant toutes ces données ; si le désagréable est en excès [**356c**] par rapport à l'agréable, il ne faut rien faire. 'En va-t-il autrement, dirais-je, Messieurs ?' Je sais bien qu'ils ne pourraient rien dire d'autre." » — Lui aussi en convint.

— « "S'il en est ainsi, répondez-moi, dirai-je. Les mêmes grandeurs vous paraissent, à la vue, plus grandes de près, et plus petites de loin, ou non ?" — Ils diront que oui. — "Même chose pour les épaisseurs et les quantités ? Et même des sons équivalents paraissent plus forts de près, et moins forts de loin ?" » — Ils en conviendraient. — « Si donc nous considérions [**356d**] que l'activité réussie consistait à choisir dans nos actions les grandes dimensions, et d'éviter dans nos actions les petites dimensions, qu'est-ce qui, manifestement, assurerait la sauvegarde de notre vie ? Est-ce l'art de la mesure[342] ou la puissance de l'apparence[343] ? Ne faut-il pas dire que celle-ci nous égarerait, nous ferait souvent tout mettre sens dessus dessous, nous conduirait à nous repentir, dans nos actions et dans nos choix du grand et du petit, alors que l'art de la mesure rendrait cette [**356e**] illusion[344] sans force, et, en faisant connaître le vrai, prodiguerait le repos à l'âme qui trouverait sa stabilité dans le vrai et sauverait sa vie ? Les hommes accorderaient-ils que c'est l'art de la mesure qui nous sauve en cela, ou que c'en est un autre ? — Que c'est l'art de la mesure, reconnut-il. — Et si la sauvegarde de notre vie résidait dans notre choix du pair et de l'impair, chaque fois que nous devrions choisir correctement le plus ou le moins, soit par rapport à un chiffre séparé, soit dans le rapport que tel chiffre entretient avec tel autre, qu'il soit proche ou éloigné, qu'est-ce qui viendrait sauvegarder notre vie[345] ? [**357a**] Ne serait-ce pas une science ? Et ne s'agirait-il pas d'une certaine science de la mesure, puisqu'elle est l'art de l'excès et du défaut ? Et puisqu'elle traite du pair et de l'impair, ne s'agirait-il pas de l'arithmétique ? Les hommes [en question] seraient-ils d'accord avec nous, ou non ? » — Protagoras pensait qu'ils seraient d'accord. — « "Qu'il en soit ainsi, Messieurs ; et puisque la sauvegarde de la vie vous a paru résider dans le choix correct du plaisir et de la peine, du plus et du moins, du plus grand et du plus petit, [**357b**] du long terme et du court terme, est-ce que tout d'abord la métrétique ne vous paraît pas consister dans l'examen des relations d'excès, de défaut et d'égalité qui existent entre eux ?" — Nécessairement ! — "Et puisqu'il s'agit de métrétique, il s'agit nécessairement, bien entendu, d'un art et d'une science ?" — Ils le reconnaîtront. — "De quel art et de quelle science il s'agit, c'est ce que nous verrons une autre fois ; mais que ce soit une science, voilà qui me suffit, pour la démonstration que nous devons, Protagoras [**357c**] et moi, donner en réponse à votre question[346].

Si vous vous souvenez bien, vous l'avez posée, lorsque nous reconnaissions qu'il n'y a rien de supérieur à la science, mais qu'elle l'emporte toujours, où qu'elle se trouve, sur le plaisir comme sur tout le reste[347] — vous affirmiez donc que le plaisir l'emportait souvent, même sur l'homme qui sait, et comme nous ne vous l'accordions pas, vous nous avez demandé alors : 'Protagoras et Socrate, si cette affection qui nous arrive, ce n'est pas se laisser vaincre par le plaisir, qu'est-ce que c'est donc, et comment l'identifiez-vous vous-mêmes ? Dites-le-nous donc.' Si [**357d**] nous vous avions répondu tout de suite qu'il s'agissait de l'ignorance, vous vous seriez moqués de nous ; mais maintenant, si vous vous moquez de nous, c'est de vous mêmes que vous vous moquerez. Car vous avez accordé que c'était à un manque de science qu'il fallait imputer les choix fautifs en matière de plaisirs et de peines (c'est-à-dire de biens et de maux) — et non pas au manque d'une science quelconque, puisque vous avez en outre accordé tout à l'heure qu'il s'agissait de la science de la mesure. Or, une action fautive, dépourvue de science [**357e**], vous savez très bien vous-mêmes qu'il s'agit d'une action due à l'ignorance. De sorte que voilà ce que c'est, se laisser vaincre par le plaisir : c'est l'ignorance maximale — dont Protagoras ici présent, mais aussi Prodicos et Hippias se disent les médecins ; mais vous, personnellement, parce que vous pensez qu'il s'agit d'autre chose que de l'ignorance, vous ne vous rendez pas vous-mêmes chez les maîtres compétents en ces matières, les sophistes que voici, et vous ne leur envoyez pas non plus vos enfants, parce que vous êtes convaincus qu'il n'y a pas là matière à enseignement ; soucieux de votre argent, vous le leur refusez, et vous échouez dans votre vie privée comme dans votre vie publique."

[**358a**] Voilà ce que nous aurions répondu à la foule ; mais maintenant c'est à vous, Hippias et Prodicos — car notre débat doit être commun — que je demande, avec Protagoras, si ce que je dis vous paraît vrai ou faux. » — Tous répondirent que mes paroles leur semblaient être absolument vraies. — « Vous reconnaissez donc, dis-je, que l'agréable est bon, et le désagréable mauvais. Mais je laisse de côté la division des mots de Prodicos ; en effet, mon très cher Prodicos, que tu parles d'agréable, de plaisant, de réjouissant, [**358b**] quel que soit le terme qu'il te plaît de choisir[348], et d'où que tu le tires, réponds-moi sur ce que je veux savoir. » — Prodicos sourit, et me donna son accord ; les autres firent de même. — « Et que pensez-vous de cela, Messieurs ? Toutes les actions qui visent à assurer une vie agréable, dépourvue de peine, ne sont-elles pas belles [et utiles] ? Et l'œuvre belle n'est-elle pas bonne et utile[349] ? » — Il en convint. — « Si donc, dis-je, ce qui est agréable est bon, personne, qui sache ou pense[350] qu'il lui est possible de faire mieux que ce qu'il fait [**358c**], ne le fait, alors qu'il est en son pouvoir de faire mieux ; se laisser vaincre par soi-même n'est alors rien d'autre qu'ignorance, et se dominer n'est rien d'autre que savoir. » — Tous en convinrent. — « Mais quoi ? Appelez-vous ignorance le fait d'avoir une opinion fausse et de se tromper sur les affaires de grande valeur ? » — Encore une fois, tous en convinrent. — « De quoi s'agit-il donc, dis-je, sinon de ce que personne, volontairement, ne tend vers ce qui est mauvais, ni **[358d]** vers ce qu'il pense être mauvais, et qu'il n'est pas, semble-t-il, dans la nature de l'homme de vouloir tendre vers ce qu'il pense être mauvais, au lieu de tendre vers ce qui est bon[351] ; lorsqu'il est contraint de choisir entre deux maux, personne ne choisit le pire, s'il est en son pouvoir de choisir le moindre. » — Sur tous ces points, nous fûmes unanimes. — « Et alors ? dis-je, y a-t-il quelque chose que vous appelez crainte et frayeur ? S'agit-il de la même chose que ce que j'appelle moi crainte et frayeur ? C'est à toi que je m'adresse, Prodicos. Ce que vous appelez frayeur et crainte, moi je l'appelle une certaine anticipation d'un mal[352]. » — Protagoras et Hippias furent d'avis que l'expression convenait bien à la crainte et à la frayeur, tandis que Prodicos reconnut qu'il convenait à la crainte, **[358e]** et non à la frayeur. — « Mais, Prodicos, dis-je, cela n'a aucune importance ; voici le point crucial : si ce que nous avons dit précédemment est vrai, y aura-t-il un homme pour aller vers ce qu'il craint, alors qu'il est en son pouvoir d'aller vers ce qu'il ne craint pas ? Ou bien est-ce impossible au vu des points accordés jusqu'ici ? Car ce qu'il craint, nous avons reconnu qu'il pensait qu'il s'agissait d'un mal ; et personne ne va vers ce qu'il pense être mauvais, ni ne le prend de son plein gré. » — **[359a]** Tous furent d'accord là-dessus.

— « Cela posé, Prodicos et Hippias, dis-je, c'est à Protagoras que voici de justifier de l'exactitude de sa première réponse — enfin, pas de sa toute première réponse, car il a commencé par dire qu'aucune des cinq parties de la vertu n'était semblable à l'autre, et que chacune avait une capacité spécifique ; non, je ne parle pas de cela, mais de ce qu'il a dit juste après[353]. En effet, il a dit ensuite que quatre de ces parties étaient assez [**359b**] proches les unes des autres, mais que l'une d'entre elles, le courage, était très différente des autres, et que je pouvais m'en rendre compte par la preuve suivante : "Tu trouveras en effet, Socrate, des hommes très impies, très injustes, très intempérants et très ignorants, qui sont pourtant très courageux ; tu peux te rendre compte par là même que le courage est très différent des autres parties de la vertu." J'ai aussitôt été très étonné de cette réponse, et je m'en étonne encore plus après toute la discussion que j'ai eue avec vous. Je lui demandai donc[354] s'il disait des hommes [**359c**] courageux qu'ils étaient audacieux ; il acquiesça, et ajouta qu'ils étaient hommes à ne pas reculer. Te souviens-tu, Protagoras, dis-je, d'avoir fait cette réponse ? » — Il le reconnut. — « Allons ! dis-je, réponds-nous donc, devant quoi les hommes courageux ne reculent-ils pas ? Devant ce qui arrête les lâches ? — Non, dit-il. — Devant d'autres choses, donc ? — Oui, dit-il. — Les lâches vont-ils vers les choses qui inspirent la confiance, et les gens courageux vers les choses redoutables ? — C'est ce que disent les gens, Socrate, dit-il. — Ce que tu dis est vrai, dis-je ; mais [**359d**] ce n'est pas cela que je te demande, je te demande devant quoi tu déclares, toi, que les gens courageux ne reculent pas. Devant des choses redoutables, qu'ils savent devoir redouter, ou devant des choses qui ne le sont pas ? — Tu as déjà démontré, dans ce que tu viens de dire, que la première hypothèse était impossible. — Tu dis vrai, sur ce point encore, dis-je ; de sorte que, si la démonstration est correcte, personne ne se confronte à ce qu'il juge être redoutable, puisque nous avons découvert que se laisser vaincre par soi-même n'est qu'une marque d'ignorance. » — Il l'accorda. — « En vérité, tous, lâches et courageux, vont vers ce qui leur inspire confiance, et en ce sens, les lâches et les [**359e**] courageux vont vers les mêmes choses.

— Pourtant, Socrate, dit-il, il y a une totale opposition entre ce que vers quoi vont les lâches et ce vers quoi vont les gens courageux. Les uns se précipitent au combat, les autres ne veulent pas y aller. — Est-il beau d'aller au combat, dis-je, ou est-ce laid ? — C'est beau, dit-il. — Si c'est beau, d'après ce que nous avons reconnu tout à l'heure, c'est également bon ; car nous avons reconnu que toutes les actions belles sont bonnes. — Ce que tu dis est vrai, et c'est ce que j'ai toujours pensé pour ma part ! — Tu as raison, dis-je. Mais quels sont ceux, [**360a**] dis-tu, qui ne veulent pas aller au combat, alors qu'il est beau et bon d'y aller ? — Les lâches, fit-il. — Si c'est beau et bon, dis-je, n'est-ce pas aussi agréable[355] ? — C'est du moins ce que nous avons accordé, dit-il. — Et est-ce en connaissance de cause que les lâches ne veulent pas aller vers le plus beau, le meilleur et le plus agréable ? — Là aussi, si nous accordons ce point, nous détruisons ce que nous avons précédemment accordé. — Et l'homme courageux ? Ne va-t-il pas vers le plus beau, le meilleur et le plus agréable ? — Il est nécessaire de l'accorder, dit-il. — [**360b**] Les hommes courageux, d'une manière générale, n'éprouvent donc pas des craintes laides, quand ils ont peur, ni des audaces laides ? — C'est vrai, dit-il. — Et si elles ne sont pas laides, ne sont-elles pas belles ? » — Il le reconnut. — « Et si elles sont belles, elles sont également bonnes ? — Oui. — Est-ce que les lâches et les fous, au contraire, éprouvent des craintes laides et des audaces laides ? » — Il le reconnut. — « Et éprouvent-ils des audaces laides et mauvaises pour une autre raison que par ignorance et manque de connaissance ? — Non, c'est pour cette raison, dit-il. — Quoi donc ? [**360c**] Appelles-tu lâcheté ou courage ce qui fait que les lâches sont lâches ? — Je l'appelle lâcheté, bien sûr, dit-il. — Et les lâches ne nous sont-ils pas apparus lâches par leur ignorance des choses redoutables ? — Si, tout à fait, dit-il. — C'est par cette ignorance qu'ils sont lâches ? » — Il le reconnut. — « Mais ce par quoi ils sont lâches, n'as-tu pas reconnu qu'il s'agissait de la lâcheté ? » — Il en convint. — « Donc l'ignorance des choses redoutables et des choses qui ne le sont pas serait la lâcheté ? » — Il fit un signe d'assentiment. — « Or le courage [**360d**] est le contraire de la lâcheté ? — Oui, dit-il. — Et le savoir en matière de choses redoutables et de choses non redoutables est bien le contraire de l'ignorance à leur propos ? » — Là encore, il hocha de la tête. — « Et cette ignorance est lâcheté ? » — Il fit un nouveau signe d'assentiment, avec beaucoup de réticence. — « Donc le savoir en matière de choses redoutables et non redoutables est le courage, puisqu'il est le contraire de l'ignorance en ces matières[356] ? »

À ce point, il ne consentit plus à acquiescer de la tête, et il garda le silence[357]. — Je lui dis alors : « Qu'est-ce qu'il y a, Protagoras ? Tu ne réponds ni par oui ni par non à ma question ? — Achève tout seul !, dit-il. — [**360e**] Laisse-moi te poser encore une seule question, dis-je : crois-tu toujours, comme au début, qu'il y a des hommes qui peuvent être à la fois très ignorants et très courageux ? — Il me semble, Socrate, que tu veux jouir de ta victoire sur moi[358] en continuant à m'assigner le rôle du répondant ; je vais donc te faire ce plaisir : d'après ce que nous venons d'accorder, j'affirme que cela me paraît impossible.

— En vérité, dis-je, si je te pose toutes ces questions, c'est uniquement parce que je veux examiner ce qu'il en est de la vertu, et ce que cela peut bien être, la vertu[359]. Car je le sais, c'est seulement si ce point [**361a**] était rendu manifeste que nous y verrions clair sur le sujet sur lequel nous avons toi et moi tenu chacun un long discours, moi pour dire que la vertu ne s'enseignait pas, toi pour dire qu'elle s'enseignait[360]. Il me semble que la conclusion à laquelle vient d'aboutir notre conversation nous accuse et se moque de nous, tout comme un homme, et qu'elle nous dirait, si elle pouvait prendre la parole : "Comme vous êtes étranges[361], Socrate et Protagoras ! Toi qui disais tout à l'heure que la vertu ne peut pas s'enseigner, maintenant, tu consacres tous tes efforts à te contredire toi-même : tu essaies [**361b**] de démontrer que toutes choses [362] — justice, sagesse, courage — sont science, et c'est la meilleure manière pour faire apparaître que la vertu peut s'enseigner ; car si la vertu était autre chose que science, comme Protagoras essayait de le dire, il est clair qu'elle ne pourrait s'enseigner ; mais, en fait, si elle s'avère être tout entière science, Socrate, comme tu cherches à le montrer, il sera étonnant qu'elle ne puisse s'enseigner. Quant à Protagoras, qui soutenait tout à l'heure[363] qu'elle pouvait s'enseigner, [**361c**] il semble maintenant s'évertuer au contraire à manifester qu'elle est quasiment tout, sauf science, de sorte qu'elle serait ce qui s'enseigne le moins[364]." Pour ma part, Protagoras, quand je vois ce terrible bouleversement, mon seul désir, c'est d'y voir plus clair ; je voudrais qu'à l'issue de ce débat nous parvenions à savoir ce qu'est la vertu, et que nous examinions à nouveau si elle s'enseigne ou si elle ne s'enseigne pas, car j'ai bien peur que ton Épiméthée ne nous ait souvent [**361d**] abusés et égarés dans cette enquête, tout comme il nous a négligés dans la répartition des capacités, à ce que tu dis. Dans le mythe, j'ai d'ailleurs préféré Prométhée à Épiméthée ; je me règle donc sur lui, et c'est en prévision [365] de la conduite de toute ma vie que je me soucie de tout cela. Et si tu le voulais bien, comme je te le disais en commençant, je trouverais très agréable de poursuivre cet examen avec toi. »

— Protagoras me répondit : « Pour ma part, Socrate, je rends hommage à ton ardeur et à ta manière de mener les discussions. [**361e**] Car, entre autres défauts que je ne pense pas avoir, je crois être le moins envieux des hommes ; la preuve en est que j'ai dit à ton propos, à bien des gens déjà, que de tous les hommes que je rencontre, c'est toi, de beaucoup, que j'admire le plus, surtout parmi les gens de ton âge ! Et je t'affirme que je ne serais pas étonné que tu deviennes l'un des hommes les plus en vue, pour ce qui est du savoir. Mais si tu veux bien, remettons cette discussion à une autre fois ; pour l'heure je dois retourner à d'autres [**362a**] occupations. — Eh bien, dis-je, c'est ce qu'il faut faire, si c'est ton avis. Pour ma part, voilà un bon moment que j'aurais dû partir, comme je l'ai dit d'ailleurs[366], mais je suis resté pour faire plaisir à notre beau Callias. »

Après ce dernier échange, nous nous sommes séparés.

NOTES
de la traduction du *Protagoras*

1. Les deux sous-titres (« les sophistes » et « genre probatoire ») ne remontent pas à Platon lui-même. La classification des dialogues de Platon remonte à Pomponius Atticus qui, au IIIᵉ siècle avant J.-C., adopta le classement tétralogique proposé par Dercyllide. Le titre reprend en général le nom de l'interlocuteur principal ; les deux sous-titres indiquent respectivement le sujet du dialogue et son caractère. Cf. Diogène Laërce, *Vies et opinions des philosophes*, III, 49 : le classement traditionnel des dialogues de Platon implique une première division entre exposition et recherche. L'exposition se divise en théorique et pratique. Le genre théorique lui-même se divise en physique et en logique. Le genre pratique regroupe les genres éthique et politique. Quant à la recherche, elle se divise en exercice et controverse. L'exercice regroupe la maïeutique et la critique, alors que la controverse regroupe la probation et la réfutation. *Euthydème* est l'unique dialogue réfutatif, *Protagoras* est l'unique dialogue probatoire. Il s'agit d'une « mise à l'épreuve » : « Socrate essaie de mettre Protagoras à l'épreuve pour voir s'il est à la hauteur de ses prétentions » (L. Brisson, « Diogène Laërce, *Vies et doctrines des philosophes illustre*, livre III : Structure et contenu », in *Aufstieg und Niedergang der römischen Welt*, Berlin, De Gruyter, 1992, Band 36.5, p. 3700, dont je reprends la traduction pour la terminologie de la division des dialogues).

2. Littéralement, la fleur. Nous avons ici une allusion nette à la relation d'amour qui lie Socrate et Alcibiade, rendue célèbre par la dernière partie du *Banquet* (212d sq.-223b). Dans le *Gorgias* (481d), Socrate déclare qu'il aime Alcibiade et la philosophie. La phrase suivante développe une plaisanterie relative à la pédérastie. Il est suggéré qu'Alcibiade a passé l'âge d'être aimé (*erōúmenos*). Au moment du dialogue, Alcibiade a dix-sept ans et Socrate en a trente-sept. En effet, un jeune homme cesse d'être un *erōúmenos*, « un aimé », pour devenir un amoureux (*erastḗs*) dès

que sa barbe se met à pousser (cf. K.J. Dover, *L'Homosexualité grecque*, trad. S. Saïd, Grenoble, La Pensée sauvage, 1978, p. 103-116, et M. Foucault, *Histoire de la sexualité*, II, *L'Usage des plaisirs*, Paris, Gallimard, 1984, p. 214-269). Pour l'analyse de la relation entre Socrate et Alcibiade, cf. J. Lacan, *Le Séminaire, VII, Le Transfert*, 1991, p. 151-213. — Plus généralement, pour les relations entre Socrate et les jeunes hommes, voir *Charmide* 155c-e, *Banquet* 216d, *Alcibiade* 103a-104d. Pour le *Charmide*, on se reportera à M.-F. Hazebroucq, *La Folie humaine et ses remèdes. Platon*, Charmide *ou de la modération*, Paris, Vrin, 1997.

3. Homère, *Iliade*, XXIV, v. 348 ; *Odyssée*, X, v. 279.

4. Il est difficile de déterminer de quelle aide il s'agit. Peut-être est-il fait allusion à la puissance politique précoce d'Alcibiade (cf. Xénophon, *Mémorables*, I, 2, 12 sq.).

5. Tous les sophistes présents dans les dialogues de Platon sont des étrangers (*Hippias majeur* 281b, *Ménon* 80e, *Euthydème* 271c). L'étranger (*xénos*) est aussi l'hôte ; il est ici riche, puissant et itinérant : il n'est pas inscrit dans une cité déterminée, cf. *infra*, 316d. Pour une étude sur le thème de l'étranger chez Platon, cf. É. Benveniste, *Le Vocabulaire des institutions indo-européennes, II. Pouvoir, droit, religion*, Paris, Éditions de Minuit, p. 341, et H. Joly, *Platon et la question des étrangers*, Paris, Vrin, 1992.

6. Abdère est une ville côtière de Thrace.

7. Sur Protagoras, cf. Introduction, p. 15-17. Les rapports entre Socrate et Protagoras sont d'emblée présentés comme des rapports étroits, qui l'emportent sur les rapports de séduction (Socrate et Alcibiade) — ce que ne contrediront ni le *Protagoras* lui-même ni l'attitude de Socrate à l'égard de Protagoras dans le *Théétète*.

8. Littéralement, « beaucoup dit et beaucoup entendu ».

9. On ne sait rien de plus de cet Hippocrate, qui n'apparaît dans aucun autre dialogue.

10. Ici se trouve introduit Protagoras le sophiste, qui enseigne son savoir moyennant finances. Pour les sophistes, leurs engagements et leur rapport à l'argent, cf. *infra*, note 163. Pour l'analyse sociale de l'émergence des sophistes, cf. G.B. Kerferd, *The Sophistic Movement*, Cambridge, Cambridge University Press, 1981, chapitre III.

11. Cf. Introduction, p. 7, note 2.

12. Sur Callias, cf. Introduction, p. 11.

13. De même dans *Euthydème* (275b), il s'agit de mettre Clinias à l'épreuve.

14. Hippocrate de Cos, fondateur de la plus importante école de médecine grecque, contemporain de Socrate. Platon ne cite nommément Hippocrate que deux fois : ici même et dans le *Phèdre* 270c.

15. Polyclète et Phidias, célèbres sculpteurs. Phidias (490 ?-430 ?) dirigea la construction du Parthénon dont il sculpta les

plus belles statues. Dans le *Ménon* (91d), Socrate prétend que Protagoras, à lui seul, s'est plus enrichi que Phidias et que « dix autres sculpteurs mis ensemble ». Cf. Xénophon, *Mémorables*, I, 4, 3.

16. Pour ce type de raisonnement qui culmine avec la reconnaissance de Protagoras comme sophiste, cf. *Gorgias* 447c-d, 449a-454b, *Euthyphron* 13d-e sq. Cette procédure vaut à Socrate les railleries de Critias dans les *Mémorables*, I, 2, 37 ; Calliclès (*Gorgias* 490d-491a) refuse de s'y soumettre. Le sens de ce protocole s'enracine ici dans le terme qu'Hippocrate s'apprête à prononcer : « sophiste ». Sur l'évolution des termes *sophós*, *sophía*, cf. G.B. Kerferd (1981A), chapitre IV, p. 24-41, et A. Capizzi, « Interprétations de la sophistique », in B. Cassin (dir.), *Positions de la sophistique*, Paris, Vrin, 1986, p. 167-168 : c'est au Ve siècle qu'apparaît le terme *sophistḗs*, qui est la forme substantive du verbe *sophízesthai* : « le *sophistḗs* est l'homme *sesophisménos*, expert d'une technique ; "sophiste" désigne chaque artisan, chaque inventeur, chaque maître, du médecin à l'astronome, du devin au musicien-poète. » Le terme change ensuite et Protagoras est le premier des « nouveaux » sophistes. C'est dans ce contexte que Socrate, en entendant que Protagoras est un sophiste, peut demander quel genre de sophiste il est, c'est-à-dire quelle technique précisément il enseigne.

17. Pour une réaction semblable, cf. *Euthydème*, 275d et 297a. Elle s'explique par l'ambivalence à l'égard des sophistes, qui sont à la fois très riches, très puissants et suspects (cf. *Protagoras* 316c-d, *Ménon* 91c, Aristophane, *Nuées*). Calliclès lui-même (*Gorgias* 520a) parle des sophistes comme de vauriens. Avoir le projet de devenir sophiste est donc une intention difficile à assumer pour un citoyen de bonne famille. Hippocrate ne sourcille pas à l'idée de prendre des cours auprès d'un sophiste, mais manifeste de la gêne, en revanche, lorsque l'analogie mise en place par Socrate l'amène à admettre que s'il prend des cours, c'est pour devenir sophiste à son tour.

18. Cf. H.-I. Marrou (*Histoire de l'éducation dans l'Antiquité, I, Le Monde grec*, Paris, Éditions du Seuil, 1965 [6e édition], p. 75-78) sur ces trois axes de l'éducation ; à l'école primaire, l'enseignement était divisé en trois parties, chacune rapportée à son spécialiste : le *paidotríbēs* était responsable de l'éducation physique et des activités sportives, le *kitharistḗs* de l'éducation musicale et le maître d'écriture (*grammatistḗs*) apprenait à lire, à écrire, il enseignait l'arithmétique, et ses élèves devaient lire et mémoriser les écrits des grands poètes, comme Homère ou Hésiode, choisis pour la sagesse morale qu'ils manifestaient (pour la présentation par Protagoras de ces trois instances éducatives, cf. *infra*, 325d-326a). Sur l'enseignement du maître d'écriture, et sur le fait qu'il ne se réduisait pas à apprendre à lire et à écrire, cf. *infra*, 325e-326a. La suggestion immédiate de Socrate – l'enseigne-

ment du sophiste prendrait place dans la série traditionnelle *grammatistḗs, kitharistḗs, paidotríbēs* — délivre momentanément Hippocrate de l'embarras où il se trouve ; elle permet à l'entretien d'avancer, de ne pas s'interrompre sur un point traumatique. D'où l'empressement, reconnaissant, d'Hippocrate à acquiescer. Cette suggestion, d'autre part, à laquelle Socrate lui-même n'adhère pas, va dans le sens de ce qu'un sophiste lui-même suggérerait de sa fonction, dans sa prétention propre à assumer une position essentielle dans l'éducation des jeunes gens : le sophiste lui-même se donne comme le relais de cette éducation primaire traditionnelle (cf. *infra*, 328a-c). Sur l'enseignement du sophiste envisagé comme un enseignement de culture générale, qui relaie les enseignements existants pour un enfant à partir de quatorze ans, cf. G.B. Kerferd (1981A, chapitre III, p. 17). Pour un concept de culture générale et la distinction entre un enseignement en vue de l'acquisition d'un art et un enseignement plus « général », cf. Aristote, *Les Parties des animaux*, I, 1, 639a sq. Enfin, sur la différence entre l'enseignement de la vertu et tout autre enseignement, cf. *Hippias majeur* 283a-c, *Gorgias* 514a, Xénophon, *Mémorables*, IV, 2, 2.

19. « Professionnel » traduit ici le terme de *dēmiourgós*. Comme le note L. Brisson (1975, p. 17), le terme de *dēmiourgós* signifie aussi bien « le héraut homérique, qui officie durant les sacrifices et qui sert aux repas, que les divers maîtres de la parole, et que tous les spécialistes qui exercent un art libéral ou un artisanat quelconque ». — J'ai ici traduit par « technique » le terme de *tékhnē*, que je traduis également par « art » : ainsi l'« art politique » traduit l'expression « *tékhnē politikḗ* » (cf. *infra*, 319a).

20. « Particulier » (ou « profane ») traduit le grec *idiṓtēs*, que M. Trédé et P. Demont ont choisi de rendre par « non-spécialiste ». L'*idiṓtēs* désigne ici celui qui n'a pas de *tékhnē*, à la différence du *dēmiourgós*. Par ailleurs, *ídion* (ce qui appartient en propre à un individu) s'oppose à *koinón* (ce qui relève de la communauté). Pour l'opposition entre l'apprentissage d'une compétence technique et l'éducation propre à un homme libre, cf. Xénophon, *Mémorables*, II, 7, 4-5.

21. On notera que c'est Socrate qui introduit ici le mot « âme » (cf. *Euthydème* 296a). Ce terme doit ici être compris comme un terme général (par rapport à celui d'intellect, par exemple), qui s'oppose au corps. Pour l'idée que c'est l'âme (des jeunes gens) que l'enquête a en vue, cf. *Lachès* 185e ; pour la hâte d'Hippocrate à se rendre auprès de Protagoras, sans avoir la moindre idée de qui il est, cf. l'attitude de Lachès dans *Lachès* 200b, et celle d'Anytos dans *Ménon* 92b-c.

22. Cf. *supra*, note 16.

23. Cf. *supra*, 310e. Pour la même expression (*deinòs légein*), cf. *Ménon* 95c, et *Apologie* 17b, où elle qualifie Socrate. — Le terme *deinós*, qui signifie « habile », « maître en » dans son usage

présent, est aussi souvent associé au sophiste, lorsqu'il signifie « redoutable », « effrayant », « terrible » — « formidable » dans tous les sens du terme. Le *Protagoras*, où le terme *deinós* est fréquemment employé (cf. par exemple *infra*, 341b, son analyse par Socrate), illustre cette connexion à de nombreuses reprises. Pour une réflexion précise et approfondie sur le concept de *deinótēs*, cf. Y. Brès (1991) ; pour la mise en relation des deux adjectifs *deinós* et *sóphos*, qui caractérise le plus souvent les sophistes, d'une manière à la fois ironique et péjorative, cf. *Théétète* 149d, 154d, 173b, mais aussi pour leur opposition, Hérodote (V, 23) et Aristophane (*Les Grenouilles*, v. 968, et *L'Assemblée des femmes*, v. 245).

24. Pour cette expression, qui signifie littéralement « la réponse a encore besoin d'une question », cf. *Banquet* 204d, et *République* V 449c, VII 524b.

25. Voici un moment stratégique et typique de l'entretien dialectique, qui s'arrête du fait de l'aporie (littéralement, le « manque de passage, l'im-passe »), dans laquelle se trouve l'interlocuteur. Pour des points d'arrêt, des impasses de ce type dans les entretiens dialectiques, cf. *Euthyphron* 11b, *Ménon* 80b.

Aristote (*Métaphysique*, M, 4, 1078b28) reconnaît à Socrate deux découvertes, le discours inductif, qui est ici en question, et la définition générale. Sur ces questions, cf. R. Robinson, *Plato's earlier Dialectic*, New York, Ithaca, 1941. Ici c'est l'usage du modèle de la *tékhnē* pour l'*epagōgḗ* qui est en cause. C'est que la prétention sophistique à parler sur tout sujet ne cadre pas avec la nécessaire détermination de l'objet de la *tékhnē*. Hippocrate n'est pas à même de répondre à cette objection déguisée, qui repose sur les présupposés socratiques de la notion de *tékhnē*. Pour l'explication de ce passage, cf. également O. Gigon (1948, p. 112-113).

26. Le fait de confier son corps est ici méthodiquement opposé au fait de confier son âme. Sur la primauté de l'âme sur le corps, cf. *Alcibiade* 130e, et *Phédon* 80a sq. Pour la suite immédiate — c'est de ce qui arrive à l'âme que dépendent tout bien et tout mal —, cf. également *Charmide* 156e, *Euthydème* 292d-e, et *Apologie* 29e, où Socrate reproche aux Athéniens de ne pas se soucier d'améliorer leur âme.

27. Socrate reprend sa précédente esquisse (cf. *supra*, 312c) de définition du sophiste. Le sophiste est caractérisé comme négociant (*kapēlos*) et la comparaison est infamante, puisque, comme le note P. Vidal-Naquet (1983, p. 302), de tous les agents de la vie sociale, c'est le négociant qui est le moins estimé (cf. *Lois* XI 919d-e). Dans le *Sophiste*, la seconde définition du sophiste sera centrée sur le commerce (224d).

28. Le maître de gymnastique, comme le médecin, a une compétence en diététique.

29. Littéralement, « à qui se trouve le désirer ».

30. C.C.W. Taylor (1991, p. 68) traduit pour sa part « dans un récipient autre que celui dans lequel les produits ont été vendus » — ce qui entraîne une difficulté, comme il le reconnaît lui-même, dans la mesure où l'enseignement n'est vendu dans aucune sorte de récipient. Taylor invoque toutefois l'usage d'*állos*, qui présupposerait selon lui un récipient actuel, dont l'autre est distinct. Toutefois, cette interprétation paraît compromise par la suite du texte, qui manifeste que l'expression « dans des récipients distincts » s'oppose proleptiquement avec : « avant de les absorber dans son corps ».

Pour une interprétation qui s'accorde avec la mienne, cf. O. Gigon (1948, p. 113-115) qui renvoie, pour la même image d'un enseignement représenté comme un objet matériel, aux *Dissoì lógoi*, VI, 2, et à Gorgias, Pseudo-Aristote, de MXG 980b8-11. Sur cette image de l'âme comme contenant du savoir, cf. Platon, *Banquet* 175d-e. Plus généralement, pour la comparaison du *lógos* à une nourriture, cf. *Phèdre* 227b, 237a, et *République* VIII 571d.

31. Comme le remarque O. Gigon (1948, p. 116), ce passage comporte principalement deux parties, qui correspondent à deux tons distincts de Socrate : d'abord polémique (contre les sophistes), puis protreptique (visant Hippocrate).

32. *Anakoinōsṓmetha*. Dans ce terme apparaît la notion de communauté (*koinón*), essentielle à la démarche dialectique. Sur l'émergence de cette notion de commun, cf. M. Detienne, *Les Maîtres de vérité dans la Grèce archaïque*, Paris, Librairie François Maspero, 1967, p. 81-103. Ce terme réapparaît dans le dialogue en 319e, 330b, 338e, 358a. Pour cette dimension de communauté dans l'entretien dialogué, cf. également, par exemple, *Lachès* 196d, 197e et 201b.

Pour le lien entre amitié (*philía*) et communauté, cf. également *République* IV 424a, et *Critias* 112c. Platon fait allusion au proverbe « Entre amis tout est commun » dans la *République* V 449c, ainsi que dans le *Lysis* 207c, le *Phèdre* 279c et les *Lois* V 739c. Pour le lien entre égalité et amitié, cf. *Lois* VI 757a.

33. Sur Hippias, voir Introduction p. 12-13. Cf. également *infra*, 337c-338b et note 231.

34. Sur Prodicos, voir Introduction, p. 11-12.

35. Nous trouvons ici la première mention de l'accord entre les interlocuteurs qui est nécessaire à la progression de l'entretien dialectique.

36. La maison de Callias devait être précédée par une cour intérieure entourée par un espace à colonnades, qui permet de se promener à l'abri de toute intempérie et de se protéger du soleil. Pour une description du même genre, cf. par exemple *Lysis* 206e-207a. — Il faut chercher l'inspiration de ce passage dans une pièce perdue d'Eupolis, intitulée *Les Flatteurs*.

37. Sur Périclès et ses rapports avec Protagoras, voir Introduction, p. 20 et *infra*, note 83.

38. Sur Charmide, cf. Introduction, p. 13. Philippidès appartient à une famille athénienne illustre ; quant à Antimoiros de Mendée, dont, au demeurant, on ne sait rien de plus, il est le seul disciple nommément connu de Protagoras.

39. Orphée, personnage mythologique, pour certains fils du roi de Thrace Œagre et de la Muse Calliope, le plus célèbre des poètes et des musiciens ; il est ici évoqué comme l'enchanteur légendaire, à l'origine du mouvement de l'orphisme. Apollon lui avait offert une lyre, et les Muses lui avaient appris à en jouer ; il charmait les animaux et jusqu'aux arbres et aux rochers qui se déplaçaient pour le suivre. — Pour l'emploi du même verbe « charmer » (*kēleîn*), cf. *infra*, 328d, où Socrate reste « sous le charme » de Protagoras, et *Euthydème* 290a. Si le sophiste est donc présenté comme un charmeur, ce qualificatif s'applique également à Socrate : ainsi Glaucon, dans la *République* II 358b, déclare que Thrasymaque a succombé au charme de Socrate, comme à celui d'un serpent. Sur les effets érotiques de la sophistique, cf. encore *Ménon* 70a : Gorgias, dès son arrivée à Larissa, en Thessalie, aurait « transporté d'amour pour son savoir les chefs des Aleuades » (dont Aristippe, précise Socrate, qui est l'amant de Ménon) « et l'élite des autres Thessaliens » ; cf. *Euthydème* 276d, *Phèdre* 257b.

Pour le caractère itinérant des sophistes, mis en relief dans ce passage, on se reportera au *Timée* 19e.

40. On notera ici le caractère comique de la description, qui indique un respect poussé à l'extrême pour la personne de Protagoras. Pour l'image du chœur, cf. *Euthydème* 275b.

41. *Odyssée*, XI, v. 601. Platon adapte ici les formules qui figurent dans l'*Odyssée* lorsque Ulysse, descendu dans l'Hadès, évoque les ombres des héros morts. Platon compare ici Hippias à Héraclès, comme il comparera plus loin (*infra*, 315d) Prodicos à Tantale. Sur ce passage, cf. M. Gagarin (1969). — Sur cette comparaison des sophistes aux damnés de l'Enfer, voir la réaction violente d'Aelius Aristide (cité in *Protagoras*, trad. P. Demont et M. Trédé, 1993, p. 230-231). Dans les œuvres de Protagoras, dont Diogène Laërce (IX, 55) recense les titres, figure un écrit *Sur ce qui se passe chez Hadès*.

42. Sur Éryximaque, cf. Introduction, p. 14.

43. Pour Hippias, spécialiste des choses célestes, qui ici « rend des arrêts », comme un juge rend des arrêts de justice, cf. également *Hippias majeur* 285c. On pensera également au chef d'accusation de Socrate dans l'*Apologie de Socrate* (19c) ; cf. également le passage des *Nuées* (v. 360-1485), où Aristophane se moque de Socrate en le traitant d'« observateur des choses célestes et de bavard » et y qualifie également Prodicos de « *meteorosophistès* ». Sur l'intérêt d'Hippias et des autres sophistes pour les sciences, cf. G.B. Kerferd (1981A, p. 39).

44. *Odyssée*, XI, v. 583. Il s'agit d'un jeu de société, qui

consiste à donner à des personnages présents des équivalents homériques, cf. *Phèdre* 261d, 269a, et la note 330 de L. Brisson dans l'édition GF-Flammarion du dialogue.

45. Sur Pausanias et Agathon, cf. Introduction, p. 14-15.

46. Le terme d'*idéa* a ici son sens courant d'aspect, d'apparence extérieure.

47. Le second Adimante fut également impliqué dans le sacrilège de 415 et fut accusé de trahison après la défaite finale d'Athènes en 404.

48. Cf. Diogène Laërce, IX, 50. La touche est probablement ironique : à cause du timbre très grave de sa voix, on ne parvenait pas à entendre le sophiste que l'on venait écouter. Le spécialiste des distinctions parle de manière indistincte !

49. Sur Critias, cf. Introduction, p. 13-14.

50. On remarquera le professionnalisme de Protagoras qui, d'emblée, interroge les nouveaux arrivants sur les modalités de l'entretien qu'ils escomptent.

51. M. Narcy traduit « faire parler de soi dans la cité » (*Théétète*, GF-Flammarion, Introduction, p. 39). Pour l'insistance sur l'origine illustre du garçon qu'on présente au sophiste, cf. *Euthydème* 275a-b.

52. On ne peut qu'être frappé par le jeu de mots — anticipé : *promētheî*, du verbe *promēthéomai*, est l'adjectif qui est à l'origine du nom propre Prométhée. L'adjectif *promēthḗs* signifie : « qui s'inquiète d'avance », par suite prévoyant, prudent ; littéralement, Prométhée signifie donc le prévoyant. À la fin du dialogue (361d), Socrate énoncera clairement qu'il préfère Prométhée à Épiméthée (« celui qui réfléchit après coup » — c'est-à-dire trop tard).

53. Pour l'association entre *phtónos* et *dusméneia*, cf. *Phèdre* 253b, et *République* VI 500c. Pour une étude précise, on peut se reporter à H. Mills (1985, p. 1-12) et L. Brisson (1996).

54. Sur Simonide, cf. Introduction, p. 47.

55. Iccos de Tarente est un athlète célèbre, mentionné également dans les *Lois* VIII 839e-840a, où il est vanté pour sa tempérance (*sōphrosúnē*). Quant à Hérodicos, Platon le mentionne également dans le *Phèdre* (227d). Originaire de Mégare, ville située à quelque trente ou quarante kilomètres d'Athènes, il s'est ensuite établi à Sélymbrie, qui était une ville de Thrace sur la Propontide. Socrate l'évoque précisément au livre III de la *République* (406a-c). À travers lui, et son souci de l'art médical, Platon critique la gymnastique qui était pratiquée à son époque, qui ne s'intéressait qu'au corps. Il faut prendre garde à ne pas confondre cet Hérodicos avec Hérodicos, frère de Gorgias et médecin lui aussi (cf. *Gorgias* 448b).

Dans ce passage, Protagoras se fait pour ainsi dire l'historien de la sophistique, et cette histoire lui permet de se donner la position inédite de celui qui revendique au grand jour son statut de sophiste. Pour cette chaîne d'une tradition sophistique cachée, voir O. Gigon (1948, p. 118-121), qui nous renvoie également à Plutarque, *Périclès*, 4, où l'on apprend que Damon avait dissimulé sa sophistique sous le nom de musique. Clément d'Alexandrie (*Stromates*, VI, 15/DK, B, VI) témoigne qu'Hippias reconnaissait une tradition similaire à celle que Protagoras présente ici. Le parallèle est frappant, malgré les différences qui ne permettent pas d'envisager le texte du *Protagoras* comme la source de ce texte de Plutarque. G.B. Kerferd (1981A, p. 22) renvoie également au *Théétète* (149a) et à l'*Apologie* (33c-34b).

56. Agathoclès et Pythoclide sont des musiciens célèbres : Pythoclide, célèbre joueur de flûte, qui passait également pour un bon politique, est mentionné en *Alcibiade* 118c, comme celui qui, avec Anaxagore, rendit Périclès savant. Agathoclès passait pour avoir été le maître de Pindare. Platon mentionne Agathoclès dans le *Lachès* (180d) : Nicias y témoigne que Socrate lui a adressé Damon, disciple d'Agathoclès, pour qu'il enseigne la musique à son fils. — La *mousikḗ* est l'art des Muses et renvoie « à toute culture de l'esprit, artistique ou scientifique, par opposition à la gymnastique, culture du corps » (*Phédon*, GF-Flammarion, note 43).

57. Pour le terme de *panoûrgos*, cf. M. Detienne et J.-P. Vernant, *Les Ruses de l'intelligence-La* mêtis *des Grecs*, Paris, Flammarion, 1974, p. 42. Le renard, qui incarne la ruse, désigne également le coquin (*panoûrgos*) ; cf. Hésychios, s.v. Alopos, Aristote, *Histoire des animaux*, I, 1, 488b20, et Pindare, *Pythiques*, II, 77. Dans le *Ménon*, Socrate qualifie Ménon, par deux fois, de *panoûrgos* (80b, 81e). Sur la réprobation des sophistes, cf. Xénophon, *Sur la chasse*, 13, et Isocrate, *Sur l'échange*, XV, 168. Dans le *Ménon* (80b), Platon déclare que Socrate, dans une ville étrangère, serait « vite traduit en justice comme sorcier ».

58. Cette expression revient à dire « je touche du bois ».

59. Plus tard, Protagoras fut néanmoins poursuivi pour impiété, quelque quinze années plus tard que cet entretien. Il s'enfuit pour échapper à une condamnation à mort, et on brûla publiquement ses livres (cf. Diogène Laërce, IX, 52, Hésychios, « Vie de Protagoras », Scolie à la *République* de Platon, 600c, Sextus Empiricus, *Adversus mathematicos*, IX, 55-56, Cicéron, *De la nature des dieux*, I, XXIV, 63). Pour discussion de cette attitude de Protagoras, qui aurait toujours admis et revendiqué son statut de sophiste, ce qui entre en contradiction avec son bannissement final d'Athènes et sa mort violente lors de son voyage pour la Sicile, voir O. Gigon, *op. cit.*, p. 120-121. Sur l'utilisation par les anciens de la poésie comme moyen de dissimulation, cf. *Théétète* 180d.

60. Littéralement dans la *tékhnē*, dans l'art. Sur l'âge qu'attint Protagoras et la longueur de sa carrière, cf. *Ménon* 91e. Dans l'*Hippias majeur* (282d-e), Hippias fait allusion à la différence d'âge qui le sépare de Protagoras. Ce passage, joint avec le témoi-

gnage du *Ménon*, fournit les meilleurs éléments pour fixer les dates de Protagoras, cf. Introduction, p. 7-8.

61. Ou bien, comme le note C.C.W. Taylor (1991, p. 70), « traiter de ces problèmes en présence de tous ceux qui sont ici ». Mais dans ce cas, la suite (358a) est difficilement compréhensible : si Protagoras a déjà associé Hippias et Prodicos à l'entretien, pourquoi Socrate va-t-il proposer de le faire ?

62. C'est le terme d'*erastḗs* qui figure ici dans le grec, cf. *supra*, note 2. Pour une même évocation des réactions amoureuses au savoir des sophistes, cf. *Euthydème* 276d, *Phèdre* 257b.

63. Ici s'achève la mise en scène de la « rencontre » dialectique. On notera l'absence de Gorgias, que L. Brisson (*Phèdre*, GF-Flammarion, note 366) explique par le fait que Gorgias est essentiellement un rhéteur — même si Socrate le qualifie de *ho Leontînos sophistḗs* dans l'*Hippias majeur* (282b).

64. Littéralement, « désire te fréquenter ».

65. Cette question vise à mieux déterminer l'activité sophistique, en cherchant à préciser l'objet de son enseignement. Comme précédemment (cf. *supra*, 312e, où Hippocrate a achoppé sur la même question), une telle démarche de la part de Socrate vise nécessairement à mettre en évidence l'indétermination de l'éducation sophistique. C'est que Socrate travaille exclusivement sur le modèle de la *tékhnē*, qui n'est pas adapté pour l'activité sophistique — même si Protagoras ne le récuse pas (cf. *supra*, 316d). Sur les présupposés liés au modèle de la *tékhnē*, cf. les deux objections que Socrate va adresser à Protagoras, qui prétend enseigner la vertu (*infra*, 319b-320c), ainsi que sur le fait que la pratique inductive mise en œuvre par Socrate, reposant sur l'analogie de la *tékhnē*, enveloppe également un rapport déterminé aux discours, cf. également Introduction, p. 18.

66. Zeuxippe d'Héraclée était un peintre connu ; Orthagoras de Thèbes est un musicien illustre.

67. Cf. la question que Socrate pose à Gorgias (en *Gorgias* 455d). — Pour la mise en place d'une série d'exemples similaires, cf. *Ménon* 90b sq.

68. L'art de poser les bonnes questions et de donner aux bonnes questions les bonnes réponses, tel est l'art dialectique (cf. *Cratyle* 390c).

69. Dans un instant, Protagoras déterminera l'objet de son enseignement comme « la manière de bien délibérer dans les affaires privées [...] ainsi que dans les affaires de la cité », à l'exclusion des disciplines qu'enseignaient les autres sophistes : l'arithmétique, l'astronomie, la géométrie, la musique et peut-être également la physique. Pour l'énumération des disciplines mathématiques : géométrie, astronomie, calcul, musique, cf. *République* VII 522c-531c. Pour une liste similaire, cf. *Théétète* 145a. Dans la *République*, Platon forge une alternative à l'éducation sophistique, une éducation proprement philosophique, desti-

née, elle, aux futurs dirigeants de la cité — à la différence de l'éducation sophistique, qui est accessible à n'importe qui, pourvu qu'il rétribue les services rendus.

Henri Joly (*Le Renversement platonicien* ; Lógos, Epistēmē, Pólis, Paris, Vrin, 1964, p. 131-132) souligne bien le caractère encyclopédique du savoir sophistique (théologie, cosmologie, ontologie générale, questions juridiques et politiques et même technologie). Sur l'importance de ces quatre disciplines pour la constitution ultérieure du *quadrivium*, cf. W. Jaeger (1934, I, p. 365). Protagoras, d'après notre passage, critiquerait cet enseignement « technologique », en prétendant dispenser, pour sa part, et apparemment à la différence de tous les autres sophistes, une formation de type « économico-politique », correspondant aux structures complémentaires de l'*oikeía* et de la *pólis*. G.B. Kerferd (1981A, p. 38) remarque que certaines références (*Ménon* 91a-b, *Gorgias* 520e, *République* X 600c-d, Xénophon, *Mémorables*, I, 2, 15) suggèrent que le programme annoncé par Protagoras n'était pas seulement le sien, comme il le présente ici, mais aussi celui d'autres sophistes. Protagoras, en tout état de cause, le présente comme étant exclusivement le sien.

À en croire Aristote (*Métaphysique*, B, 2, 997b32), Protagoras s'est toutefois soucié de géométrie au moins assez pour réfuter les géomètres sur le fait que le cercle et la règle sont tangents en un point.

70. L'*euboulía*, le bon conseil, la capacité de bien délibérer. Cf. *Alcibiade* 125e, où Alcibiade répond par l'*euboulía* à Socrate qui lui demande comment il appelle la science relative aux communautés politiques. En raison de la composition du terme luimême, O. Gigon (1948, p. 121) suggère de mettre le concept d'*euboulía* en rapport d'une part avec le concept d'*euthumía*, qui semble avoir été central pour l'éthique de Démocrite, d'autre part avec le concept d'*eudaimonía*. Dans la *République* (IV 428b), Platon définit l'*euboulía* comme une certaine science. Sur l'*euboulía*, cf. également Aristote, *Éthique à Nicomaque*, VI, 10 ; elle figurera dans la liste des vertus stoïciennes : c'est une des vertus secondaires, définie comme « la science qui examine quelles actions faire et comment les faire d'une manière utile » (Diogène Laërce, VII, 93). Voir également Diogène Laërce, III, 98-99, où le fait de bien délibérer (*euboulía*) figure parmi les cinq variétés du bonheur. Sur la détermination que Protagoras donne ici de son enseignement, cf. *République* X 600c.

71. Protagoras répond ici à la question que Socrate posait à Hippocrate un peu plus tôt (312d-e). Cf. *Ménon* 71e, où Ménon déclare qu'il est facile de répondre que la vertu d'un homme « consiste à être capable d'agir dans les affaires de sa cité et, grâce à cette activité, de faire du bien à ses amis, du mal à ses ennemis, tout en se préservant soi-même de rien subir de mal ». Cf. encore *Ménon* 78a-d, 90d et 91a, et, pour une version plus brève, *Gorgias*

520e, Xénophon, *Mémorables*, I, 2, 15, et Isocrate, *Sur l'échange*, XV, 285. Sur l'engagement que prend Protagoras, cf. encore *Lachès* 186c, et *Euthydème* 273e. — Dans le *Gorgias* (515a-b), Socrate défie Calliclès de lui donner un seul exemple de citoyen qu'il a amélioré.

Les compagnons de Socrate le fréquentaient, à en croire Xénophon (*Mémorables*, I, 2, 45-48, ainsi que IV, 1, 2-3), pour une raison très voisine : pour devenir des hommes de bien, et devenir capables de faire leur devoir privé, comme leur devoir public de citoyen ; voir également *Apologie* 36c, pour le service que Socrate estime avoir cherché à rendre à chacun.

72. « Politique » signifie littéralement « de la cité ». Le terme de *tékhnē politikḗ* est attesté, probablement pour la première fois, chez Démocrite, cf. Plutarque, *Adversus Colotem*, 32, 1126A/B CLVII. On notera que c'est Socrate qui introduit l'expression d'art politique (*tékhnē politikḗ*), comme il l'a fait précédemment (312c) avec le concept d'âme, comme il le fera tout à l'heure avec le terme de vertu (319e). Socrate infléchit bien l'enquête en lui donnant une telle détermination : dans l'*Hippias majeur* (283c) et l'*Euthydème* (285a-d), l'engagement sophistique n'implique pas comme ici l'art politique mais l'amélioration des hommes. Dans l'*Euthydème* (291c), l'art politique (*politikḗ tékhnē*) est identifié à l'art royal (*basilikḗ tékhnē*) ; Platon développe cette thèse dans le *Politique* 258e-259c. Dans le *Gorgias* (464b-c), Socrate appelle « politique » « l'art qui s'occupe de l'âme », et lui assigne pour parties la justice et la législation.

On peut également comprendre, pour le membre de phrase qui suit, « rendre les citoyens hommes de bien » (cf. C.C.W. Taylor, 1991, p. 71). La distinction que nous ferions pour notre part entre le fait de produire des hommes politiques et le fait de produire de bons citoyens était bien moins nette, dans l'Athènes du ve siècle avant J.-C., en raison du jeu de la démocratie directe : chaque citoyen mâle adulte était membre de l'assemblée délibérative suprême et pouvait, par tirage au sort, se trouver investi de diverses charges exécutives. Pour plus de détails, voir *ibid.*, p. 72, qui renvoie à A.W.H. Adkins (1973, p. 3-12).

73. L'enseignement sophistique est annoncé par une sorte d'engagement, ou de promesse, des sophistes à l'égard de leurs futurs disciples qui doit décrire le but visé (transmettre la vertu, produire un homme de bien) et les conditions optimales sous lesquelles atteindre ce but. Cf. *Euthydème* 273d. Le savoir d'Euthydème et de Dionysodore « est un savoir qui fait l'objet d'une promesse d'enseignement (*epággelma*) et c'est un savoir qui s'exhibe sous la forme d'une démonstration-échantillon (*epídeixis*) » (*Euthydème*, trad. M. Canto, GF-Flammarion, Introduction, p. 30) ; voir *infra*, note 92, sur l'*epídeixis*. Pour l'usage du même terme ou de termes de la même racine, qui désignent la promesse et l'engagement, cf. *Euthydème* 273e, *Gorgias* 447c, *Ménon* 95c,

Lachès 186c, *Sophiste* 223a, 234b, et *République* VII 518b. De même, cf. Aristote, *Rhétorique*, II, 1402a25, *Réfutations sophistiques*, 11, 171b18-35, et Xénophon, *Mémorables*, I, 2, 7. Sur la valeur performative d'une telle promesse, voir l'Introduction de M. Canto à l'*Euthydème*, p. 30. Pour la manière affirmative et nette dont Protagoras présente l'objet de son enseignement, cf. *Ménon* 91a.

74. On notera le glissement sur le signifiant, de la *tékhnē* (l'art) au *tékhnēma* (tour de métier) ; ce terme réapparaît en 327b, et je dois la traduction choisie à une suggestion de J. Brunschwig. C'est la racine *tékhnē* qui est ici soulignée. Pour L. Brisson (1993, p. 78), Socrate reprend de cette manière le terme de *máthēma* que Protagoras a employé en 318e. Dans l'attitude de Socrate s'exprime, une fois de plus dans les textes platoniciens, le scandale que l'on puisse se proposer d'enseigner la vertu, cf. *Ménon*, trad. M. Canto, GF-Flammarion, Introduction, p. 47-48.

75. Pour cette même position de Socrate, cf. *Ménon* 95d.

76. Le caractère avisé (*sophós*) des Athéniens est une prémisse fondamentale de l'argumentation de Socrate — quoique vraisemblablement ironique, puisqu'elle est *adressée* à Protagoras, qui ne peut qu'y adhérer : elle vise donc à une prise de pouvoir de Socrate sur Protagoras, une capture, et n'est pas issue d'une authentique conviction personnelle ; on y opposera en effet le passage du *Ménon* (71a), où Socrate évoque « le dessèchement du savoir » qui s'est produit à Athènes.

77. L'assemblée (*ekklēsía*), c'est le peuple assemblé : tous les citoyens athéniens avaient théoriquement non seulement le droit, mais également le devoir, d'assister aux séances de l'*ekklēsía*, pendant lesquelles on examinait tant les affaires sacrées, celles qui concernait la vie intérieure, que les affaires de politique extérieure. Le vote se faisait à main levée, sauf dans les cas graves ; les votes d'ostracisme se faisaient à bulletins secrets. « Détenteurs de la souveraineté, les Athéniens pouvaient se constituer en *ekklēsía* partout où ils se trouvaient. C'était là le fondement de la démocratie athénienne » (C. Mossé, *Les Institutions grecques*, Paris, Armand Colin, 1991, p. 49). Sur les institutions athéniennes, on se reportera à M.H. Hansen, *La Démocratie athénienne à l'époque de Démosthène. Structure, principes et idéologie*, trad. S. Bardet, Paris, Les Belles Lettres, 1993.

78. C'est encore le terme de *dēmiourgós*, que je traduis ici par spécialiste (cf. *supra*, note 20). — Sur le fait qu'on s'adresse au spécialiste, et non pas à l'orateur, pour les questions techniques, cf. *Gorgias* 455b sq.

79. Dans la mesure où la démocratie directe ne peut fonctionner sans discontinuer, elle déléguait une partie de son pouvoir à un corps, la *Boulē*, dont les membres étaient élus démocratiquement et qui constituait le seul organe représentatif du peuple. Les prytanes présidaient les séances de la *Boulē* des Cinq-Cents : cha-

cune des dix tribus, représentée par cinquante membres, exerçait à tour de rôle la prytanie pendant un dixième de l'année. Pendant le temps de leur « mandat », ces bouleutes jouissaient du privilège de loger au foyer commun, le Prytanée. — On se rappelle que, dans l'*Apologie* (36d-37a), Socrate déclare mériter d'être nourri au Prytanée.

80. Le texte présent constitue un témoignage capital sur la pratique de la démocratie athénienne, que l'on rapprochera de la manière dont Périclès caractérise ses compatriotes, dans le célèbre éloge qu'il adresse aux guerriers morts pendant la première année de la guerre du Péloponnèse (Thucydide, *La Guerre du Péloponnèse*, II, 40, 1-2). Ici s'achève la première partie du raisonnement de Socrate : « les Athéniens sont avisés ». Or ils tolèrent en politique l'avis de n'importe qui — alors que dans tous les autres arts ils ne tolèrent que l'avis du spécialiste. Il est donc manifeste qu'ils considèrent qu'il n'y a pas là matière à enseignement.

L'hypothèse non retenue par Socrate, dans le cas où existe effectivement un art politique (cf. *supra*, 319a), c'est que tout le monde soit compétent, expert dans l'art politique. C'est bien entendu cette possibilité que Protagoras va exploiter dans le mythe, et dans le discours qui lui fait suite. Reste à se demander pourquoi Socrate n'envisage pas cette hypothèse. Il faut croire cette fois que c'est le concept de *tékhnē* lui-même, tel que Socrate le considère, qui interdit cette hypothèse : pour Socrate, le concept de *tékhnē* ne semble pas pouvoir impliquer que tout le monde puisse posséder une *tékhnē*. En d'autres termes, il serait nécessaire, pour une *tékhnē* donnée, qu'il y ait ceux qui la possèdent et ceux qui ne la possèdent pas. Sur ce point, G. Vlastos, *Introduction*, in C.J. Classen (éd.), *Sophistik*, Darmstadt, Wissenschaftliche Buchgesellschaft, 1976, p. 274.

Sur la critique socratique de la démocratie et le tirage au sort des officiels de la cité, cf. Xénophon, *Mémorables*, I, 2, 9 ; pour la mise en doute de la sincérité de la prémisse « les Athéniens sont avisés », prémisse plus convenue que convaincue, cf. Xénophon, *Mémorables*, III, 5, 13. — Pour un débat proche, voir encore, dans les *Mémorables* (IV, 2, 6 sq.), le débat entre Socrate et Euthydème. Dans *Alcibiade* (106c sq.), Socrate soutient que c'est à tort qu'un profane se lève pour donner ses conseils en matière politique, dans la mesure où il existe un art politique que Platon cherchera à fonder sur une science véritable portant sur l'intelligible.

81. Dans cette seconde objection, Socrate reprend la division entre public et privé que proposait Protagoras dans la définition qu'il donnait de sa compétence (cf. 319a).

82. Le terme de vertu (*aretḗ*) est lancé, et, une fois de plus, c'est à Socrate que l'on doit cette initiative, comme précédemment pour ceux d'âme et d'art politique. Pour l'évolution du sens

du mot *aretḗ*, les traductions choisies et le sens socratique et platonicien de l'*aretḗ*, cf. Introduction, p. 34, et C.C.W. Taylor (1991, p. 74). Pour la présentation des vertus spécifiques, voir *Ménon* 73d-74a ; pour la question de la vertu totale, et le problème de l'unité de la vertu, voir *infra*, à partir de 329d. Sur les différentes listes platoniciennes des vertus, voir L. Brisson (1993).

Sur la question de savoir s'il existe des hommes de valeur, parmi les contemporains ou leurs prédécesseurs, « qui aient su transmettre également à autrui cette vertu en laquelle eux-mêmes excellaient », ou bien « si cette vertu est une chose qui ne peut se transmettre à un homme ni qu'un homme puisse recevoir d'autrui », cf. *Ménon* 93a-94e, où Socrate mentionne, outre Périclès, Thémistocle, Aristide, ainsi que Thucydide. Probablement se borne-t-il ici à l'exemple de Périclès en raison des liens qui unissent Protagoras à Périclès, qui lui demanda de venir établir les lois de la colonie de Thourioi. Cf. encore *Apologie* 20a-b, *Alcibiade* 118d-119b, et *Lachès* 179a, 190c sq., et *Euthydème* 306d, 307a1. Sur la difficulté d'assigner des maîtres de vertu, cf. surtout *Ménon* 96c sq., mais également *Lachès* 185e sq.

Comme le note C.C.W. Taylor (1991, p. 75), Protagoras ne fait pas de distinction entre le fait d'être un homme de valeur et celui d'être un bon citoyen (cf. *infra*, 324a1 et 325a2, où il utilise de manière interchangeable les expressions « excellence politique » et « vertu de l'homme » [*ándra* — c'est-à-dire citoyen mâle]). Sur ce point, cf. *Ménon* 93a-94d, *Apologie* 20b. Un tel fait trouve son fondement dans la démocratie athénienne elle-même, qui est une démocratie directe. Mais le dialogue se poursuit ensuite par le traitement de la vertu (ce qui fait qu'un homme est un homme de valeur), plus que sur l'excellence politique (qui garantit le bon citoyen). Socrate n'emploie jamais le terme d'*aretḗ politikḗ*.

83. Périclès (495 ?-429 ?) est le plus célèbre des hommes politiques athéniens du ve siècle avant J.-C. Il a été l'élève d'Anaxagore et l'ami de Protagoras, d'Hérodote et de Phidias. Il fut stratège de 463 jusqu'à sa mort en 429 : il concentra tous les pouvoirs dans l'Assemblée du peuple, et fonda la puissance maritime de la cité ; il travailla à affermir la domination politique et culturelle d'Athènes : on parle du « siècle » de Périclès. Il mourut, au début de la guerre du Péloponnèse, de l'épidémie de peste qui devait décimer le quart de la population d'Athènes. G.B. Kerferd (1981A., p. 15) lie étroitement l'émergence des sophistes à l'influence de Périclès.

Dans le *Phèdre* (270a sq.), Socrate présente Périclès comme celui qui, selon toute vraisemblance, « fut, de tous les orateurs, le plus accompli ». Dans l'argument présent, Socrate le présente comme détenteur de la vertu, mais incapable de la transmettre ; dans l'*Alcibiade* (118c-d), il lui refuse cette sagesse et en donne pour preuve le fait que précisément il n'a su rendre sages ni ses fils ni Clinias. Alors que Platon lui reconnaît une *sophía* dans le *Phèdre* (270a) et dans le *Ménon* (94b), il est violemment critiqué par Socrate dans le *Gorgias*, pour n'avoir pas amélioré ses concitoyens (515d-e) et s'être montré plus soucieux de procurer aux citoyens richesses et plaisirs que d'enseigner le bien à leurs âmes (517b-c, 519a, 455d-e).

84. Xanthippe et Paralos sont les deux jeunes fils que Périclès perdit en 429, à huit jours d'intervalle, lors de la grande épidémie de peste qui s'abattit sur Athènes peu après le début de la guerre du Péloponnèse (cf. Xénophon, *Mémorables*, III, 5, et Plutarque, *Vie de Périclès*, 24, 5). Ils avaient été déchus de leur citoyenneté par la loi votée en 451/450 qui réservait la citoyenneté aux enfants légitimes de père et de mère athéniens, car leur mère n'était pas athénienne : elle fut d'abord mariée avec Périclès, dont elle eut ces deux fils, puis, à la dissolution de ce mariage, elle épousa Hipponicos ; de ce fait, Callias est le demi-frère des deux fils de Périclès. Dans l'*Alcibiade* (118d-e), Platon les traite d'imbéciles. Aristote (*Rhétorique*, II, 15, 1390b27-31) confirme leur mauvaise réputation.

85. Pour cette même expression, cf. *République* VI 498c.

86. Les termes *autómatoi* et *peritúkhōsin* renvoient tous deux à l'idée que l'acquisition de la vertu est laissée au hasard, au hasard d'une rencontre heureuse ou d'un développement spontané — je dois ma traduction par « au petit bonheur » à une suggestion de J. Brunschwig. Pour un usage fréquent de ce terme, dans le sens de « spontané », cf. Hésiode, *Les Travaux et les jours*, v. 118, et Platon, *Politique* 271d-e, 272a, ainsi que *Théétète* 180b-c. Pour une analyse de l'*autómaton*, cf. R. Brague, *Le Restant*, Paris, Vrin, 1978, p. 192-193. Pour une autre occurrence de l'*autómaton*, cf. *infra*, en 323c. Pour cet argument sur les pères et le nécessaire souci qu'ils ont de l'éducation de leurs fils, cf. *Ménon* 95d.

87. Alcibiade qualifie son propre frère de fou furieux (*Alcibiade* 118e). Quant au Clinias de l'*Euthydème*, il s'agit du petit-fils d'Alcibiade l'Ancien, le fils de son second fils, Axiochos. Alcibiade l'Ancien avait un fils aîné, qui s'appelait Clinias, et qui mourut à la bataille de Coronée ; ce Clinias eut lui-même deux fils, le cadet, Clinias, oncle du Clinias de l'*Euthydème*, et Alcibiade qui était l'aîné.

88. Ariphron est le frère de Périclès ; ils étaient tous deux les tuteurs d'Alcibiade et de Clinias (cf. Plutarque, *Alcibiade*, I, 1). Comme le père d'Alcibiade, qui appartenait à la famille des Eupatrides, périt en 446 à la bataille de Coronée, Alcibiade, qui avait alors quatre ans, ainsi que son frère Clinias, furent confiés à la tutelle de Périclès, qui était son proche parent. Cf. *Alcibiade* 104c, et Xénophon, *Mémorables*, I, 2, 40. Ce deuxième pan de la seconde objection que Socrate adresse à Protagoras sur la possibilité d'enseigner la vertu met en évidence que Périclès ne put pas

plus faire enseigner la vertu à ses pupilles qu'il ne put lui-même l'enseigner à ses fils.

89. Il y a ici une ambiguïté. Qui ramène Clinias à qui ? Est-ce Ariphron qui ramène Clinias à Périclès, ou Périclès qui ramène Clinias à Alcibiade ? L'incise « incapable d'en tirer quoi que ce soit » laisse plutôt penser que c'est Ariphron qui ramène Clinias à Périclès.

90. Ici s'achève le raisonnement de Socrate, dont la deuxième partie développe la phrase : « les plus savants et les meilleurs d'entre les citoyens se révèlent incapables de transmettre aux autres la vertu qu'ils possèdent », alors même qu'ils leur apprennent tout ce qu'ils peuvent leur apprendre. Les deux objections sont bien choisies, puisqu'elles sont adressées à Protagoras, qui est l'ami de Périclès et qui est favorable, comme lui, à la démocratie. À l'issue de ces deux objections, le thème de l'enquête est lancé : Socrate prétend que la vertu ne peut pas s'enseigner. C.C.W. Taylor (1991, p. 75) est d'avis que la spécification de vertu politique est ici implicite. C'est donc à cette question : « La vertu peut-elle s'enseigner ? », que Protagoras va répondre. Pour ces arguments (et leurs contraires) sur le même débat, cf. *Dissoì lógoi*, VI, 3 sq. — on s'accorde d'ordinaire à penser que cet ouvrage est antérieur à la rédaction du *Protagoras* ; toutefois, sur le rapport de Platon et de Protagoras aux *Dissoì lógoi*, voir C.C.W. Taylor (1991, p. 78-79).

C.C.W. Taylor (1991, p. 75) rappelle que Protagoras prétendait enseigner la *tékhnē* politique, selon le terme de Socrate. Socrate ici parle d'*aretḗ* (implicitement *politikḗ*, d'après C.C.W. Taylor), ce qui souligne le lien entre *tékhnē* et *aretḗ*. On possède une *tékhnē* au plein sens du terme quand on la pratique bien, et quand on est, en conséquence, à même de l'enseigner.

91. Sur cette question (la vertu peut-elle ou non s'enseigner ?), cf. l'*incipit* du *Ménon* et *Euthydème* 273e. La prétention sophistique à transmettre la vertu repose sur leurs prétentions éducatives, dans le registre des affaires humaines, éthiques et politiques. Il s'agit là d'un débat « académique et scolaire », qui s'énonce à peu près en ces termes : « Peut-on transmettre à autrui, de la même façon qu'on transmet n'importe quel contenu de connaissance, des qualités intérieures à l'être humain et qui semblent le définir ? » (cf. *Ménon*, trad. M. Canto, GF-Flammarion, note 1). Alors que, dans le *Ménon*, le questionnement porte sur l'étude de la nature de la vertu, sans laquelle on ne peut répondre à la question de savoir si la vertu s'enseigne ou non, le *Protagoras*, comme l'*Euthydème*, aborde directement la question de la possibilité d'enseigner la vertu et, dans le *Protagoras* comme dans l'*Euthydème*, « la question de savoir si la vertu s'enseigne semble se confondre avec l'étude de la nature de la vertu » (*Ménon*, trad. M. Canto, Introduction, p. 50). En revanche, « l'intérêt de la critique systématique de l'enseignement de la

vertu proposée dans le *Ménon* tient au fait que la propriété de s'enseigner ne semble pas donnée comme partie intégrante du concept de vertu ». Cf. *Ménon* 71a, où Socrate évoque le « dessèchement du savoir » caractéristique de la situation d'Athènes. Si l'envie prenait à Ménon de poser sa question, chaque Athénien lui répondrait de la manière suivante : « Étranger, sans doute me tiens-tu pour un bienheureux, de croire que je sais si la vertu s'enseigne ou si elle advient d'une autre façon ! Mais moi, je suis si loin de savoir si la vertu s'enseigne ou ne s'enseigne pas que j'ignore absolument ce que peut bien être la vertu » (*Ménon* 71a). De même, 71b : « Si je ne sais pas ce qu'est la vertu, comment pourrais-je savoir quoi que ce soit d'elle ? »

Pour une analyse de l'adjectif *didaktós,* cf. J. Barnes (1991, p. 574-589) et J. Brunschwig (1991, p. 591-602). Cf. aussi L. Bodin (*Lire* Protagoras, Paris, Les Belles Lettres, 1975, p. 56, note 2) qui remarque qu'en 326e Protagoras joue sur l'amphibologie du *didaktón* : « chose qui fait l'objet d'un enseignement » et « chose qui peut se communiquer par l'enseignement ».

92. Nous trouvons dans ces quelques lignes trois occurrences du verbe *epideíknunai* qui signifie « montrer », « faire montre de », « faire la démonstration de ». Pour le sens de l'*epídeixis*, « démonstration », au sens de « discours d'apparat », et de « conférence publique », cf. *Gorgias* 447a, 447c, *Ménon*, trad. M. Canto, note 132, et *Euthydème*, Introduction, p. 31 : il s'agit de faire une « démonstration » (*epídeixis*), c'est-à-dire de « donner un échantillon, une exhibition d'une doctrine ou d'un savoir », ce qui correspond à une démarche publicitaire ; les sophistes montrent à leur public ce qu'ils sont capables d'enseigner, en choisissant un sujet qui avait la faveur du public ou en acceptant de répondre aux questions qui leur étaient posées. B. Cassin, qui traduit *epideîxai* par « faire montre devant nous » (1995, p. 295), précise, plus radicalement, qu'il s'agit « du verbe qui caractérise chez Platon la discursivité sophistique ». L'*epídeixis* diffère tant de la *deîxis* que de l'*apódeixis* : « La *deîxis* est l'acte, et l'art, de montrer sans paroles, avec son index tendu [...]. L'*epídeixis* doit donc dire l'art de "montrer" (*deiknumi*) "devant" (*epí*), en présence d'un public, de faire montre ou étalage de. Elle diffère ainsi de l'*apódeixis*, qui dit l'art de montrer "à partir de" (*apó*) ce qui est montré, en ne faisant fonds que sur l'objet à montrer : "démontrer", en logique, en mathématiques, en philosophie » (*Ibid.*, p. 196). Sur l'*epídeixis*, voir également G.B. Kerferd (1981A, chapitre IV, p. 28-29). Sur la manière dont Socrate parvient à différer ou à déjouer les *epídeixeis* sophistiques, cf. *Euthydème* 274d-e, *Gorgias* 461c-e, mais aussi *Hippias majeur* 286c, *Hippias mineur* 364c, *Ion* 530d.

93. On retrouve ici, pour le choix d'une méthode d'exposition, l'opposition entre *mûthos* et *lógos,* qui « peut être interprétée non seulement comme l'opposition : discours vérifiable/discours invérifiable, mais aussi comme l'opposition : discours narratif (ou

plus simplement récit)/discours argumentatif. Alors que la première opposition se fonde sur un critère externe, la seconde dépend d'un critère interne : l'organisation de son développement » (L. Brisson, *Platon, les mots et les mythes*, Paris, Librairie François Maspero, 1982, p. 139). M. Dixsaut (*Phédon*, GF-Flammarion, note 45) comprend en revanche que Protagoras, ici, opère une « assimilation délibérée » et une « négation de toute différence possible entre les deux termes » : Protagoras demande « si on préfère qu'il démontre un *mûthos* ou qu'il raconte un *lógos* ». Sur le *mûthos* adressé aux petits enfants, cf. *République* II 377a, et *Politique* 268e. Pour le fait d'« exposer en détail par un discours » (*lógōi diexélthō*), cf. *infra*, 342a, *Alcibiade* 114b, où il est opposé au questionnement dialectique.

94. Sur la dimension d'agrément du mythe, cf. *Timée* 26b, *Phédon* 110b.

95. Pour la même expression, cf. *Phèdre* 259b. Pour une traduction du mythe de Protagoras, comme de sa reprise par Aelius Aristide, ainsi que de nombreuses analyses, on se reportera à B. Cassin, *L'Effet sophistique*, Paris, Gallimard, 1995, p. 295-324, et, plus particulièrement, p. 215-236.

96. *Heimarménos*, et, *infra*, 321c : *hē heimarménē hēméra*. Cf. *Ménexène* 243e ; *Phédon* 115a ; *Gorgias* 512e.

97. Cf. pour ce passage Hésiode, *Les Travaux et les jours*, v. 61a-b.

98. Gaia et Ouranos eurent pour enfants Japet et Cronos. Japet et Clymène engendrèrent Épiméthée et Prométhée ; Zeus fut, comme on sait, le seul enfant de Cronos et de Rhéa qui survécut à la voracité paternelle, et Zeus et Maia engendrèrent Hermès. Épiméthée et Prométhée, frères ennemis, le premier maladroit et oublieux (« celui qui comprend après coup »), le second habile et prévoyant (« celui qui réfléchit à l'avance »), peuvent être compris comme le double versant d'un seul personnage « comme la *promētheía* chez l'homme n'est que l'autre aspect de son ignorance radicale du futur » (M. Detienne et J.-P. Vernant [1974, p. 25]).

Pour une analyse structurale du mythe de Protagoras, cf. l'étude minutieuse de L. Brisson (« Le mythe de Protagoras. Essai d'analyse structurale », *Quaderni urbinati di cultura classica*, n° 20, 1975, p. 10-37).

99. « Répartir en bon ordre » traduit l'hendiadys verbal « *kosmêsai te kaì neîmai* ».

100. *Emēkhanâto*, de *mēkhanḗ* : « il leur machine », « il leur bricole ». *Pásēi mēkhanēi* : « par tous les moyens ». B. Cassin (1995, p. 296) traduit « arrange ». Le terme de *mēkhanḗ* était associé au sophiste, cf. M. Detienne et J.-P. Vernant (1974, p. 50).

101. Verbe qui signifie être vêtu plutôt que nu, cf. *Gorgias* 523c.

102. Littéralement, « il leur arrangea un expédient [une commodité, une facilité] ».

103. B. Cassin propose de traduire *autophuễs* par « qui poussait sur eux ». — Dans la phrase suivante, en 321b, L. Brisson (1975, p. 13, note 28), suivant Ast, exclut *thrixìn kaì* et donne la justification de son choix.

104. Sur la providence, cf. Hérodote, III, 107-109. Il s'agit de sauvegarder les espèces, de les prémunir contre les destructions réciproques : cf. *supra*, 321a, et *infra*, 321d, mais aussi, pour l'usage du même terme, *infra*, 356e. Les arts apparaissent comme le moyen qui permet d'aider l'humanité dont l'existence est menacée. Sur le rapport entre l'art et le salut de la vie, dans un contexte différent, cf. Platon, *Politique* 299e-300a.

105. J'emprunte cette traduction à J. Brunschwig (*Études sur les philosophies hellénistiques*, Paris, PUF, 1995, p. 5) : « C'est qu'il n'est "pas précisément sage", et donc "pas sage du tout", selon la riche ambiguïté de l'expression grecque *ou pánu ti sophós* (Platon, *Protagoras* 321b).» L. Brisson (1975, p. 25, note 74) rapproche cette expression de l'adjectif « *hemartínoon* » « maladroit » qui qualifie Épiméthée chez Hésiode, alors que Prométhée est présenté comme « souple et subtil » (*Théogonie*, v. 511).

106. *Áloga*. « *Tà áloga* désigne ceux qui sont privés de *lógos*, les "bêtes". On notera les difficultés qui s'attachent à cette caractérisation » (B. Cassin, 1995, p. 297, note 2). B. Cassin choisit de traduire littéralement « ceux qui ne parlent pas », « en raison de l'importance de la thématique discursive » et je la suis dans ce choix. On trouve également le terme d'*álogos* pour qualifier les animaux, cf. Xénophon, *Hieron*, 7, 3, Démocrite, 68B164 d'après Sextus Empiricus, *Adversus mathematicos*, VII, 117, Aristote, *Éthique à Nicomaque*, VII, 6, 1149a10 (*alógistoi*), III, 4, 1111b12. Pour l'analyse du statut de l'animal, entre l'homme et le dieu, cf. F. Wolff, « L'animal et le dieu : deux modèles pour l'homme (Remarques pouvant servir à comprendre l'invention de l'animal) » (à paraître).

Ce qualificatif d'*álogos* est étonnant à ce moment du mythe : en effet, si les animaux sont caractérisés comme *áloga*, cela laisse supposer que l'homme, lui, est *logikós* — à ce titre, il aurait une capacité, l'aptitude au *lógos*, et le reste du mythe serait contradictoire, qui souligne l'absence de nature originelle de l'homme, oublié dans la répartition d'Épiméthée, et l'émergence du *lógos*, postérieure au don du feu (cf. *infra*, 321b). Soit, donc, le mythe est contradictoire par ce point, soit le *lógos* n'est pas une capacité suffisante pour composer une nature, soit, encore, il y a une sorte de prolepse de Protagoras, qui anticipe pour des raisons narratives une caractéristique qui ne sera acquise pour l'homme qu'à partir du supplément technique qu'apportera Prométhée à sa vacance de nature originelle — c'est cette troisième solution qu'il faut considérer, je pense, puisque Protagoras précise dans la suite de son récit que l'homme, « grâce à l'art » (on peut également comprendre « conformément à l'art » ou « artificiellement »), put accéder au langage articulé. En raison des difficultés que pose ce membre de phrase (*eis tà áloga*), il est possible, comme me le suggère J. Brunschwig, d'envisager de le supprimer en suivant le manuscrit B.

Nous devons à Aelius Aristide, dans son *Contre Platon*, un *remake* du mythe de Protagoras ; dans cette version du mythe, c'est la rhétorique qui tient lieu des deux dons que reçoit l'homme, originairement démuni, dans le mythe initial : don prométhéen du savoir technique accompagné du feu, don par Zeus de la Vergogne et de la Justice (cf. *infra*, 321d et 322c). Dans la version d'Aelius Aristide, c'est bien le *lógos* qui marque la différence entre l'homme et l'animal, mais également entre l'homme et l'homme, puisque, contrairement à la Vergogne et à la Justice dans le mythe de Protagoras, la rhétorique ne sera pas répartie d'une manière égalitaire (cf. B. Cassin, 1995).

107. Le thème de la fabrication de l'homme par modelage ainsi que d'ailleurs le thème d'un oubli dans la répartition des capacités ont été la matière de plusieurs fables d'Ésope, où l'on retrouve souvent d'ailleurs le personnage de Prométhée. Cf., par exemple, les fables 100, 102, 105, 108, 109, 240, trad. D. Loayza, GF-Flammarion, 1995. Sur l'importance de la tradition de l'homme originairement démuni, cf. Introduction, p. 23-24.

108. Pour le rapport entre le mythe du *Protagoras* et le mythe du *Politique*, et la différence du rapport entre hommes et animaux dans ces deux textes, cf. Introduction, p. 25-26. Aristote manifeste clairement son désaccord avec ce tableau : « Ceux qui disent que l'homme ne jouit pas d'une constitution heureuse et qu'il est le moins bien doté des animaux — il est, selon eux, sans chaussures, nu, sans armes défensives — raisonnent incorrectement » (*Parties des animaux*, IV, X, 687a23, trad. J.-P. Dumont).

109. Pour cette expression, qui traduit le grec « *éntekhnon sophían* », cf. B. Cassin (1995, p. 298, note 1). La coordination par *te kaí* dans l'expression « *Hephaístou te kaí Athēnâs* » semble suggérer qu'Héphaïstos et Athéna sont ici inséparables ; frère et sœur, ils sont effectivement tous deux des « divinités à *mêtis* ». J.-P. Vernant (« Prométhée et la fonction technique », *Mythe et pensée chez les Grecs*, Paris, Librairie François Maspero, 1965, p. 190-191) et L. Brisson (1975, p. 11) ont noté la tripartition fonctionnelle qui structure le monde des dieux : Zeus, le souverain, Héphaïstos et Athéna, qui sont des dieux de la « fonction productrice », Héphaïstos étant le détenteur de l'art du feu et Athéna la déesse qui préside à de nombreux autres arts, les gardiens enfin.

110. *Sophía* (sous-entendue) *politikḗ*. Celle-ci fera l'objet d'un don supplémentaire dont Zeus prendra l'initiative ; cf. Hésiode, *Théogonie*, 96 : c'est par Zeus qu'il y a des rois.

111. Sur le feu, et son utilité, cf. Xénophon, *Mémorables*, IV, 3, 7, dans le cadre d'une conversation avec Euthydème sur la *sōphrosúnē* à l'égard des dieux et d'un discours de gratitude à l'égard des dieux qui ont pris le soin de fournir à l'homme ce

dont il avait besoin — à tel point qu'Euthydème se demande si les dieux ont un autre *érgon* que le fait de s'occuper les hommes. À cet égard, Protagoras apparaît on ne peut plus opposé à Socrate, qui, dans ce texte des *Mémorables*, fait l'éloge de la providence des dieux, et la découvre centrée sur les hommes. Sur ce point, voir Introduction, p. 23-24.

112. Le texte est très peu insistant sur le châtiment de Prométhée. Pour cette ellipse, ou ce manque d'intérêt, cf. Y. Brès (1991, p. 447) et Annexe I, p. 227. — Sur le statut de cette dotation *in extremis*, et ses implications sur l'anthropologie de Protagoras, cf. Introduction, p. 23-27.

113. Pour d'autres occurrences de la *theía moíra* chez Platon, cf. *Phèdre* 230a, *Apologie de Socrate* 33c, *Ion* 534c. Cf. l'étude de J. Souilhé, « La *theía moíra* chez Platon », in *Philosophia perennis*, Ratisbonne, éd. G.E. Geyser, 1930.

114. On a pu se demander s'il fallait supprimer ce membre de phrase, en considérant que ce passage entrait en contradiction avec l'agnosticisme de Protagoras que les témoignages antiques attestent (cf. Diogène Laërce, IX, 51 : à cause du début de son livre *Sur les dieux*, « il fut expulsé par les Athéniens, qui brûlèrent ses livres en place publique, après les avoir collectés par voie de héraut auprès de chacun de ceux qui en avaient acquis » [trad. J. Brunschwig, Le Livre de Poche, à paraître]). On se reportera également au *Théétète* 162d-e ; Philostrate, *Vie des sophistes*, I, 10, 1 ; Hésychios, « Vie de Protagoras », Scolie à la *République* de Platon 600c ; Sextus Empiricus, *Adversus mathematicos*, IX, 56 ; Cicéron, *De la nature des dieux*, I, XII, 29, et I, XXIV, 63, Eusèbe, *Préparation évangélique*, XIV, 3, 7. Cette phrase sert même de point d'ancrage à ceux qui récusent l'attribution du mythe à Protagoras — cf. L. Brisson (1975, p. 8, note 3) qui renvoie, pour l'analyse de ce passage, à C.W. Mueller, « Protagoras über die Götter », in *Hermes* 95, 1967, et donne un résumé de la discussion sur ce membre de phrase. Je pense pour ma part, comme L. Brisson, qu'il ne faut pas prêter une attention excessive à cet aspect : il s'agit ici en effet d'un mythe, d'une histoire racontée par un homme âgé à des hommes plus jeunes. Sur le statut de ce membre de phrase litigieux, cf. également, pour la même position, G.B. Kerferd (1981A, p. 168) et Annexe I, p. 227. J'ai donc gardé ce membre de phrase, d'autant plus qu'il se justifie d'un point de vue textuel : le premier effet du don du feu et du savoir technique qui lui est lié est, avant même la constitution du langage, celle de la religion ; enfin (cf. G.B. Kerferd, *op. cit.*.), Protagoras n'entend pas ici engager une polémique contre les vues traditionnelles des dieux, mais plutôt présenter la religion comme un phénomène humain positif, qui est amené à assumer une fonction importante dans les sociétés humaines. Plus généralement, sur le rapport entre la sophistique et la religion, cf. *ibid.*, chapitre XIII, qui porte sur la religion et les dieux, et

W. Jaeger, « Wesen und Ursprung der Religion », in C.J. Classen (1976, p. 44 sq.).

115. Plusieurs traductions sont possibles pour ce datif du substantif *tékhnē* : « selon l'art », comme le propose H. Joly (1964, p. 113) ; « grâce à l'art », qui insiste sur le bénéfice du don récent dont l'homme a été gratifié ; ou encore « artificiellement », qui est une suggestion de J. Brunschwig. On trouve la même réunion de la religion et de la langue chez Lucrèce (*De natura rerum*, V, 71-75).

116. Il s'agit ici de l'agriculture qui est donc présentée comme un art : comme dans *Euthydème* (291e), la *geōrgía* est définie comme l'art « qui procure la nourriture qui vient de la terre ». Mais l'agriculture n'était pas unanimement considérée comme un art, cf. P. Vidal-Naquet, « Une civilisation de la parole politique », in *Le Chasseur noir*, 1981, p. 32, et « Étude d'une ambiguïté : les artisans dans la cité platonicienne », p. 307-308. Si les artisans et les agriculteurs composent, dans la *République*, la troisième caste, celle des producteurs, et les catégories inférieures du prologue du *Timée* et du *Critias*, ce n'est plus le cas dans les *Lois*, où les artisans, distincts des *geōrgoí*, sont installés dans la cité de manière à lui être utiles. Il semble pourtant que Platon, lorsqu'il observe que le travail agricole doit être confié aux esclaves (*Lois* VII 806d-e), marque une différence, qui traverse le terme même de *geōrgós*, entre « celui qui possède la terre », qui est citoyen, et ne saurait être en même temps artisan, et « celui qui la cultive ». Deux systèmes de valeurs s'affrontent chez Platon : « Un système en quelque sorte officiel, public, qui lie l'affirmation du citoyen à la possession, à la mise en culture de la terre, et qui donne priorité au *geōrgós* sur le *dēmiourgós*, et un système dissimulé, mais qui affleure dans le *Timée*, dans les *Lois*, et qui fait de la fonction artisanale, celle de Prométhée, d'Héphaïstos, le centre de l'activité humaine, l'activité modèle par excellence » (P. Vidal-Naquet, *op. cit.*, p. 308). Cf. encore J.-P. Vernant et P. Vidal-Naquet (1965, II, p. 22, et « Prométhée et la fonction technique », p. 197-201). Pour le contraste qui sépare l'exposé du *Protagoras* du tableau qui décrit l'âge de Zeus, dans le *Politique* (274b sq.), cf. Introduction, p. 25-26.

117. Selon C.C.W. Taylor, cette dispersion signifie que les hommes vivaient en petits groupes, qu'il identifie à des familles, cf. *Lois* III 680e, et Aristote, *Politique*, I, 2. Derrière le terme de cité (*pólis*), il faut entendre bien entendu la chaîne sémantique *pólis* (cité), *polítēs* (citoyen), *tékhnē/aretḗ politikḗ* (art/vertu politique).

Une grande communauté de termes relie le mythe de Protagoras aux textes du fragment de *Sisyphe* (que l'on attribue à Critias ou à Euripide) et des *Suppliantes* d'Euripide (cf. G.B. Kerferd, 1981A, p. 142) : avant l'instauration de la loi, la vie des hommes est qualifiée de bestiale, la guerre qualifie les rapports entre les hommes et les animaux. Le même verbe signifie « se rassembler » dans le texte de Diodore de Sicile, attribué à Démocrite, et dans le mythe de Protagoras, où figure également le verbe, inhabituel, qui signifie « articuler ». L'expression « disséminés et dispersés » est utilisée pour l'homme primitif dans le mythe de Protagoras, chez Diodore, et dans un passage tardif d'Isocrate (*Panégyrique*, 39), où elle renvoie aux Grecs, qui vivaient sans lois, « disséminés et dispersés », avant l'intervention d'Athènes.

118. *Dēmiourgikḗ tékhnē*. Pour ce terme de *dēmiourgós*, cf. *supra*, note 18.

119. C'est dire que la chasse se rattache à l'art politique, cf. P. Vidal-Naquet, « Bêtes, hommes et dieux chez les Grecs », in *La Grèce ancienne, III, Rites de passage et transgressions*, Éditions du Seuil, 1990, p. 21 et 26.

120. Sur *aidṓs* et *díkē*, voir Introduction, p. 21-33 et Annexe II.

121. Comme le note G.B. Kerferd (1981A, p. 140), Protagoras, comme Platon, et plus tard Aristote, assigne pour point de départ logique aux sociétés humaines l'impossible autosuffisance de l'homme individuel. La *philía* apparaît ici nettement comme un concept politique, et sa tonalité affective se trouve immédiatement liée à l'émergence d'une solidarité politique (cf. J.-C. Fraisse, *Philía – La notion d'amitié dans la philosophie antique*, Paris, Vrin, 1974, particulièrement p. 87-93). P. Pachet (*République* IV 424a, note 1) souligne que les habitants de la cité « sont *phíloi* les uns pour les autres, c'est-à-dire qu'ils sont, non pas "amis", mais liés par un lien d'entre-appartenance ». Sur un tel lien, que l'on peut rapprocher du concept d'*homónoia* chez Démocrite et Antiphon, cf. É. Benveniste (1969), « Phílos », p. 335.

On notera l'émergence conjointe de la cité et de l'ordre. Il est dit précédemment que les hommes fondaient des cités pour se protéger contre les animaux, mais ces cités n'étaient pas *effectivement* fondées : *aidṓs* et *díkē* n'ordonnent pas des cités qui existaient déjà, mais fondent la cité en tant qu'ordre politique. On peut hésiter pour le verbe « être » présent dans la phrase grecque entre le sens existentiel et le sens attributif. B. Cassin (1995, p. 299) choisit le sens existentiel : « Afin qu'existent les structures des cités et les liens de l'amitié, qui font tenir ensemble. » Mais on peut également comprendre : pour qu'*aidṓs* et *díkē* « soient [les facteurs de] l'ordre des cités et les liens d'amitié qui rassemblent les hommes ». Cf. la traduction proposée par L. Brisson (1975, p. 20) : « Afin qu'ils soient les principes organisateurs des cités et les liens unificateurs de l'amitié. » La place de « *eîen* » en tête de phrase engage plutôt à favoriser le sens existentiel. La syntaxe de la phrase est complexe : deux expressions sont fortement coordonnées par un « *te kaí* » : « *aidȭ te kaì díkēn* », « *kósmoi te kaì desmoì* [...] », sans qu'un parallèle (*aidȭ* associé à *kósmoi*, *díkēn* associé à *desmoì*) ni un chiasme (*aidȭ* associé à *desmoì*, *díkēn* à *kosmoì*) ne paraissent recherchés. On pourrait également comprendre que le génitif *philías* ne se rapporte pas à *desmoí*, mais à *sunagōgoí* ; l'expression *sunagōgoì philías* serait alors en facteur commun — ce qui donnerait cette fois : « Pour constituer l'ordre des cités et les liens qui produisent de l'amitié entre les hommes. » Sur le rapport entre la *philía* et l'administration des cités, voir *Alcibiade* 127b.

122. *Idiṓtēs*, cf. 312b, et *infra*, note 20.

123. Ce passage pose un problème. Si l'attribution de la Vergogne et de la Justice, comme l'a demandé Zeus, se fait à tous les hommes, comment peut-il y avoir une telle exception ? Comment un homme, doté comme les autres « de Vergogne et de Justice », peut-il se montrer « incapable de prendre part à la Vergogne et à la Justice » ? Pour ce point, cf. C.C.W. Taylor (1991, p. 86), qui se demande si l'on doit comprendre « tous » strictement ou, de manière plus lâche, « tous ou presque tous », G.B. Kerferd (1981A, p. 134), et Introduction, p. 27-33. Cette contradiction peut être contrée de plusieurs manières : 1. Zeus intègre la possibilité d'un échec dans la répartition d'Hermès ; en cas d'échec, il faudra éliminer celui qui n'aura pas eu part à l'*aidṓs* et à la *díkē*. 2. Le discours instaurateur de Zeus, en tant qu'il est instaurateur, n'est pas soumis au principe de non-contradiction, et la dernière clause, qui est logiquement contradictoire avec l'énoncé de la modalité de la répartition, n'est là, en fait, que pour renforcer l'instauration de la loi. 3. Plus simplement, si la répartition est bien faite, et si un homme se trouve être incapable d'y prendre part, pour un motif non précisé, Zeus ordonne qu'il soit mis à mort, ce qui renforce la teneur de sa parole instauratrice. 4. Cette clause s'inscrit dans la continuité de la logique du don, que Protagoras reprend, en la modifiant de l'ancienne tradition hésiodique (cf. Introduction, p. 23-27 et Annexe I) : un don se refuse ou s'accepte ; or *aidṓs* et *díkē* sont un don ; Zeus ordonne que celui qui le refuse soit mis au ban de la cité et condamné à mort.

Certains commentateurs ont établi un lien entre le mythe et le discours de Protagoras et son relativisme, par exemple A.E. Taylor (*Plato : the Man and his Work*, London, Methuen and Co, 1937, p. 244-246) . le mythe attesterait la liaison existant « entre la moralité et la loi, c'est-à-dire entre la moralité et le système de conventions et de traditions incarnées dans les usages d'une communauté civilisée ». Quant à l'argument selon lequel la vertu peut s'enseigner, il dépendrait de l'identification du bien (*goodness*) aux traditions actuelles d'un état civilisé donné et existant. De fait, le critère dernier de la moralité ne serait autre que le modèle de respectabilité courant dans une société donnée (cf. également P. Friedländer, 1964, p. 14, et l'Introduction de G. Vlastos à la traduction de *Protagoras* par B. Jowett, p. XVII, note 37). Une telle interprétation s'accorde mal avec la conception de l'origine et de la fonction de la vertu que Protagoras établit (S. Moser et G.L. Kustas [1966, p. 20]) — en l'occurrence l'universalité des critères de la justice et de l'injustice, du bien et du mal. D'ailleurs, la mention de vertus telles que justice, sagesse, courage (qu'on a certes pu lire comme les signes d'une appropriation platonicienne) ne renvoie pas seulement à une cité spécifique, mais à l'organisation harmonieuse de telle ou telle cité. De fait, le relativisme n'est pas explicite, et la présence de la doctrine du relativisme dans un dialogue plus tardif, le *Théétète*, ne doit pas servir de pierre de touche à l'interprétation du *Protagoras*. Pour une critique d'une interprétation relativiste des arguments présents de Protagoras, cf. G.B. Kerferd (1953, p. 45).

124. Sur l'expression d'excellence politique (*aretḗ politikḗ*), cf. W. Jaeger, *Paideia*, I, 1934, p. 146. La *politikḗ aretḗ*, excellence politique, signifie également la qualité de citoyen, comme la *tékhnē politikḗ*, introduite par Socrate (*supra*, 319a), signifie l'art d'être bon citoyen.

125. Est-ce « l'excellence politique », ou « le conseil » qui exige sagesse et justice? C.C.W. Taylor (p. 87) soutient pour sa part qu'il s'agit du conseil, et je le suivrai ici. L'expression « sagesse et justice » (*sōphrosúnē te kaì dikaiosúnē*) relaie la précédente, « Vergogne et Justice » (*aidōs te kaì díkē*), ces deux dernières vertus étant la « base naturelle » des suivantes (cf. J.P. Maguire, 1977, p. 111).

J'ai choisi de traduire, comme l'ont fait M. Trédé et P. Demont, *sōphrosúnē* par sagesse. La traduction par « bon sens » (B. Cassin, 1995, p. 301 ; cf. C.C.W. Taylor, p. 85, qui propose « soundness of mind » et « good sense ») est tentante, mais pose un problème dès qu'il faut traduire le verbe *eû phroneîn*, qui apparaît par la suite (333d). De même, si *sōphrosúnē* est excellemment rendue par « bon sens », il est difficile en français de rendre, à partir de cette traduction, les adjectifs voisins *áphrōn* et *sṓphrōn*. De plus, la traduction de *sōphrosúnē* par sagesse fonctionne bien, plus loin, dans l'argument qui vise à identifier la *sophía* et la *sōphrosúnē* (cf. *infra*, 332a-333b). Il est bien connu par ailleurs que *sōphrosúnē*, pour reprendre une expression de G. Vlastos, est « le désespoir du traducteur », et je n'y fais pas exception. B. Cassin (1995, p. 301, note 2) souligne le chiasme qui existe entre « justice et sagesse » et, précédemment, « Vergogne et Justice » : elle y voit « quelque chose comme leur intériorisation par chacun. La *dikaiosúnē* est à la fois la perception et la mise en application de la *díkē* ; la *sōphrosúnē* est la qualité de ce qui est "sain" de corps comme d'esprit, donc la sagesse au sens de "bon sens", "prudence", "tempérance", "modération", "juste mesure". » — Pour plus de précisions encore, cf. J.C.B. Gosling et C.C.W. Taylor, *The Greeks on Pleasure*, Oxford, Clarendon Press, 1982, p. 67 : Platon se serait tout d'abord tenu dans une relative proximité avec les thèmes et les arguments socratiques ; c'est ainsi que la *sōphrosúnē* du *Charmide* et du *Protagoras* n'est pas comprise dans le sens de la « maîtrise des appétits », de la « maîtrise de soi », qui est son sens prédominant dans les dialogues platoniciens de la maturité, par exemple dans le *Gorgias* et dans la *République*, où elle sera définie, mais dans son sens premier de « bon sens », qui, dans le *Protagoras*, se trouve identifiée avec la *sophia* (cf. *infra*, 332a-333b) — identification que l'on retrouve dans le témoignage de Xénophon (*Mémorables*, III, 9, 4) : il est donc hautement probable que le traitement de la *sōphrosúnē* dans le *Charmide* et dans le *Protagoras* soit proprement socratique. Comme le note C.C.W. Taylor (1991, p. 123), il est frappant qu'il ne soit même pas fait mention de la maîtrise des appétits dans le *Charmide*, qui a pourtant la *sōphrosúnē* pour objet. Dans la *République* (IV 430e), la *sōphrosúnē* est définie comme « une sorte d'ordre et d'empire sur les plaisirs et les passions, s'il faut en croire l'expression populaire assez étrange [...] : "être maître de soi" ». Cf. encore *Phèdre* 237e-238a, *Ménon* 73b, *Phédon* 82a-b, *Banquet* 209a, et, dans une perspective différente, *Lois* IV 710a. Aristote (*Rhétorique* 1366b13-15) définit la *sōphrosúnē* comme une « vertu par laquelle les gens se comportent comme la loi leur enjoint de se comporter relativement aux plaisirs corporels », et dont le contraire est l'*akolasía* ; voir également *Éthique à Nicomaque*, III, 13, 1118a1-3. Sur la *sōphrosúnē*, on peut consulter, plus généralement, C.J. de Vries, « *Sōphrosúnē* en grec classique », *Mnémosyne*, série III, 11, 1943, p. 81-101 et l'ouvrage de H.F. North, Sōphrosúnē-*Self-Knowledge in greek Literature*, New York, Cornell University Press, 1968.

126. « Abuser » traduit le verbe grec *apatâsthai*. Pour le lien entre *apátē* et sophistique, cf. M. Detienne (1967, p. 111-123), et B. Cassin (1995, p. 302, note 1), qui remarque que ce terme apparaît au moment où il est précisé que l'homme injuste doit au moins feindre qu'il est juste, sous peine de passer pour un fou (cf. *infra*, note 130). Pour d'autres occurrences du même terme dans notre dialogue, cf. *infra*, 337b et 361d. Il est tout à fait notable que ce terme, comme l'expression *deinòs légein* (cf. *supra*, note 22), figure à propos de Socrate au début de l'*Apologie* (17b).

127. Pour ce même exemple des flûtistes, cf. par exemple *Euthydème* 279e, *Ménon* 90e, *République* X 601d. La traduction par « flûte » ne rend pas bien compte de la réalité de l'*aulós*, qui est un instrument, comportant généralement deux tuyaux et produisant des sons par la vibration d'anches.

128. Je traduis ainsi le verbe *noutheteîn* qu'il est difficile de traduire par « réprimander ». Quel sens y aurait-t-il en effet à réprimander un fou ?

129. Dans le domaine de la *tékhnē*, le mensonge est une aberration, alors qu'il est nécessaire, exigé dans le cas du savoir politique (cf. Introduction, p. 28). Comme B. Cassin (1995, p. 222), je traduis *phánai* par « affirmer » (*kaì phasin pántas deîn phánai*), pour le distinguer de *légein*, dire : le premier signifie proférer, purement et simplement, le second est lié à la vérité et à la possibilité de dire la vérité (*talēthê légein*, 323b).

130. La phrase est ambiguë ; comme le note C.C.W. Taylor (1991, p. 88), elle peut se comprendre des deux manières suivantes : soit « il est nécessaire qu'un homme, quel qu'il soit, prenne part à la justice, d'une manière ou d'une autre, ou qu'il soit sinon banni ou mis à mort », soit « il est nécessaire qu'un homme, quel qu'il soit, prenne part à la justice, d'une manière ou d'une autre, car, sinon, il ne pourrait pas vivre en communauté ». Dans le cas de la première interprétation, l'homme injuste doit taire son injustice sous peine d'être banni et mis à mort ; dans la seconde interprétation, il ne pourrait qu'être fou, puisqu'il énoncerait quelque chose de faux — ce qui s'accorde avec ce qui suit (327 d). Dans le cas de la première interprétation, que je retiens, il s'agit d'un écho direct de la loi que Zeus demande à Hermès d'établir en son nom. On notera le parallèle syntaxique entre ce passage et le précédent, 323a : *ḕ mḕ eînai póleis/ḕ mḕ eînai en anthrṓpois*.

Les difficultés qui s'attachent à la compréhension de cette dernière phrase disparaissent, comme le souligne G.B. Kerferd (1981A, p. 144), lorsque l'on réalise que la position de Protagoras enveloppe la double affirmation que tous les hommes ont part à la justice et qu'ils y ont part à un degré inégal.

131. Sur l'opposition entre nature et hasard d'une part, art de l'autre, cf. *Lois* X 889a sq.

132. Cf. les termes de l'interrogation au début du *Ménon* (70a). Il s'agit donc ici de l'opposition entre ce qui procède de la nature et ce qui procède de l'exercice. Les sophistes du ve siècle étaient en général opposés à l'idée que la vertu puisse être acquise par nature. Sur le savoir qui s'enseignerait et n'adviendrait pas aux hommes par l'effet du hasard, cf. *Euthydème* 282c.

133. Aristote (*Physique*, II, 4-6) distinguera nettement entre la fortune (*túkhē*) et le hasard (*autómaton*) que Platon semble utiliser ici comme des synonymes (cf. également *Ménon* 99a).

134. Il est en effet absurde de reprendre quelqu'un sur ses qualités naturelles (laideur, petitesse, faiblesse), puisqu'elles ne sont pas réformables.

135. Nous avons ici un *modus ponens*, où Protagoras reprend la prémisse de Socrate et la retourne. Si l'on punit, dit Protagoras, c'est que l'on pense que la vertu peut s'enseigner. Or l'on punit — le raisonnement tire argument de l'universalité de la pratique de la justice. Donc l'on pense que la vertu peut s'enseigner. Deux remarques néanmoins : 1. on pourrait, sans croire que la vertu puisse s'enseigner, faire craindre la punition pour dissuader de pratiquer l'injustice. 2. De quelle vertu s'agit-il, pour que l'on prétende qu'elle peut s'enseigner par la médiation de la punition ?

Sur le traitement platonicien de la punition, cf. Platon, *Lois* IX 862c-863a sq., et *Lois* XI 933e-934b, ainsi que *Gorgias* 476a-479e et 525a-d, *Lois* V 735d-e. Voir M.M. Mackenzie, *Plato on Punishment*, Berkeley and Los Angeles, University of

California Press, 1981, T.J. Saunders, « Protagoras and Plato on Punishment », in G.B. Kerferd, « The sophists and their legacy », in *Hermes*, 44, 1981, p. 129-14, C.C.W. Taylor, 1991, p. 90-96, G. Vlastos, *Socrates, Ironist and moral Philosopher*, Cambridge, Cambridge University Press, 1991, trad. française par C. Dalimier, Paris, Aubier, 1994, p. 260-263, et O. Gigon (1948, p. 134-135).

De nombreuses et frappantes similitudes existent entre la théorie protagoréenne de la punition (d'après ce passage ainsi qu'*infra*, 325a-b) et l'exposé de la théorie platonicienne telle qu'elle ressort de deux passages des *Lois* (IX 862c-863a2, et XI 933e-934b). Les dernières phrases de ce deuxième passage sont étonnamment proches du texte du discours de Protagoras. On retrouve la même exploitation de la fameuse formule populaire « ce qui est fait est fait », le même terme rare (*agénēton*), la même utilisation de la terminologie médicale ; dans les deux cas, on estime que le fait même du crime ne suffit pas à rendre compte de la punition, que l'on justifie, en revanche, par la considération de l'avenir, la dissuasion de celui qui a commis le crime, comme de ceux qui pourraient assister au châtiment (cf. T.J. Saunders, 1981, p. 130). Or cette théorie de la punition va à l'encontre d'une orthodoxie populaire selon laquelle on punit en raison des faits passés. Saunders soutient pour sa part que nous disposons là, dans ces douze lignes de Protagoras, de la théorie de Protagoras sur la punition, que Platon devait reprendre en son nom propre dans les *Lois*, comme l'attestent clairement les passages cités. Des différences séparent néanmoins le traitement protagoréen du traitement platonicien de la punition : la théorie platonicienne, armée du paradoxe socratique selon lequel « nul n'est méchant volontairement », va plus loin dans l'exploration du registre de la maladie et de la médication, et elle dépasse les punitions, relativement brutales, de Protagoras. Dans le *Gorgias* (cf. 476 sq. et, dans le mythe, 525b), punir revient à infliger de la souffrance; c'est à partir du *Sophiste* (229 sq.) que Platon dégage la valeur thérapeutique et éducative de la punition où l'éducation (*paideía*) se divise en *nouthetētikḗ* (admonestation) et *élegkhos* (réfutation), et prétend guérir l'ignorance qui est *dóxa sophías* (T.J. Saunders, 1981, p. 139-140). En lui accordant un rôle social utile, Protagoras s'oppose sur la question de la punition au sophiste Antiphon, qui la considérait comme un méfait social et lui reprochait d'être trop peu naturelle (c'est la position de T.J. Saunders, *op. cit.*, p. 135-136). Sur le contexte juridique et l'interrogation juridique sur la punition, cf. également l'*Hélène* de Gorgias, Plutarque, *Périclès*, 36, et, probablement, selon Gigon, les fragments 68 B 257-260 de Démocrite.

136. Ici ainsi que *supra* (323c), comme le note M. Narcy (*Le Philosophe et son double*, Paris, Les Belles Lettres/Vrin, 1984, note 33), la frontière apparaît assez floue entre l'*epídeixis* et l'*apódeixis*.

137. « Hommes de valeur » traduit : *oi ándres oi agathoí.* — Protagoras s'attache maintenant à la seconde objection de Socrate (cf. *supra*, 319e).

138. Littéralement, « les matières pour lesquelles il y a des maîtres ». Sur le rapport entre l'enquête sur la vertu et la problématique de l'enseignement, cf. *Ménon* 89a sq.

139. On remarque que Protagoras comble son interlocuteur : devant choisir entre un mythe et un discours suivi, il a choisi le mythe pour finir par tenir également un discours suivi.

140. La piété (*hosíotēs*), qui forme couple avec la dévotion (*eusébeia*) [*Euthyphron* 12e-13b], fait l'objet de l'*Euthyphron.* Elle est présentée comme vertu directrice ici même, (*infra*, 329c, 359b), ainsi que dans le *Lachès* (199d). La piété n'apparaît pas en revanche dans le *Ménon* (74a) ; Socrate la mentionne en 78d, en l'associant à la justice dans la définition de l'action vertueuse ; en *Euthyphron* (11e-12e), où la piété est présentée comme une partie de la justice. Dans le *Protagoras* (330b) comme dans le *Gorgias* (507b), elle est présentée comme une vertu distincte de la justice : l'homme agit avec justice lorsqu'il fait ce qu'il doit faire à l'égard des hommes, avec piété lorsqu'il fait ce qu'il doit faire à l'égard des dieux.

Nous éprouvons une grande difficulté à définir l'*hosiótēs.* Cf. H. Jeanmaire (1945, p. 72) : « Si l'homme qui se conduit justement à l'égard de ses semblables est *díkaios,* l'homme qui se conduit justement à l'égard des dieux, qui a accompli tous ses devoirs à leur égard, est *hósios.* L'homme *hósios* est celui qui a donné aux dieux tout ce qui leur revient, et qui, en conséquence, est pur et sans tache. » Pour L. Brisson (1975), il ne fait aucun doute que l'*hosiótēs* est parallèle à l'*aidȭs.* Mais cette dernière, contrairement à l'*hosiótēs,* a perdu toute connotation religieuse. On peut consulter encore M.A.L.H. Van der Valk (1942) ; É. Benveniste (1960, p. 16-53).

141. Le passage qui débute ici et se poursuit jusqu'en 326e brosse le tableau de l'éducation selon Protagoras. On ne peut le rapprocher de celui que propose Calliclès (*Gorgias*, 483d sq.) qu'à condition de marquer de nombreuses différences. Trois grandes étapes éducatives sont ici distinguées : le premier, où l'enfant, dès qu'il sait parler, est confié à « sa nourrice, sa mère, son pédagogue et son père », où l'éducation se fait dans le cadre de la maison et de la famille ; le second, où l'enfant va à l'école et entre en contact avec les trois instances de l'enseignement primaire : le maître d'écriture, le cithariste et le pédotribe (cf. *supra*, 312b, et note 18) ; le troisième où il est enfin à l'école de la cité. Pour le commentaire de tout ce passage (325c-326e), cf. Introduction, p. 29-31.

142. Cf. *République* VII 538c-d.

143. Littéralement, « les lettres » (*tà grámmata*). Le paradigme des lettres et des sons, associés aux *tékhnai* appropriées, la *tékhnē*

grammatikḗ et la *mousikḗ*, sert chez Platon de manière récurrente à la présentation de la dialectique, comme art de l'assemblage des formes entre elles, cf. *Sophiste* 253a-b, 261d, et *Philèbe* 17b-18e ; voir également *Politique* 277e-278d. Pour l'éducation par la médiation des textes des grands poètes, qui font autorité dans l'enseignement, cf. Introduction, p. 17-30 et 48-49, et l'*excursus* sur Simonide, 339a sq.

144. On notera que le terme de contrainte est récurrent dans tout le passage (325d, 325e, 326a-b, 326c-d). À chaque stade, on trouve mention d'un enseignement spécifique, d'un enseignement éthique et civique qui lui est corrélatif, et de la *mímēsis* comme de la contrainte qu'ils impliquent.

145. Les « louanges » (*épainoi*) s'appliquent à la vertu ou au mérite, et les « éloges » (*egkṓmia*) s'appliquent aux actes.

146. Le verbe *enteínō* peut signifier transposer sous une forme plus étendue (cf. *Phédon* 60d, *Philèbe* 38e), mais également « étaler, déployer », cf. L. Brisson (1982, p. 58).

147. Sur le rapport à la musique, voir *République* III 398d-402a, particulièrement 401d, et *Lois* II 673a. Sur l'importance de la musique et sa fonction dans la définition d'une éducation, voir le programme éducatif des *Lois* VII 808c-813c, et plus particulièrement 812b-813b. — O. Gigon (1948, p. 137) renvoie, pour le statut éducatif de la gymnastique, à Xénophon (*Mémorables*, 3, 12) et à Diogène Laërce (II, 91), d'où il ressort qu'Aristippe de Cyrène, tout comme Protagoras, a reconnu la valeur de la gymnastique pour l'enseignement de la vertu.

148. G.B. Kerferd (1981A, p. 145) note que cette phrase est ambiguë : Protagoras parle de « ceux qui ont le plus de moyens » — il pourrait s'agir des plus puissants ou des plus influents socialement. Or il ajoute immédiatement : « Ce sont les plus riches qui ont le plus de moyens. » Mais on peut également comprendre : « Ceux qui peuvent le plus [le faire]. »

149. *Parádeigma*. Pour l'usage de ce même terme, cf. *infra*, 330b.

150. Le *grammatistḗs* est le spécialiste des lettres (*grámmata*) : c'est celui qui apprend aux enfants à lire et à écrire (cf. par exemple *Charmide* 159c). Pour une étude de la « figure obsédante » du *grammatistḗs* dans l'œuvre de Platon, cf. H. Joly (1986, p. 105-136). On comparera ce traitement de l'apprentissage du lire et de l'écrire à l'élaboration platonicienne de la « question scolaire » au livre VII des *Lois* (810e sq.).

151. Voici le « petit atelier graphique » (H. Joly, 1986, p. 111) que Platon élabore et qui va servir de « paradigme à l'éducation politique ». L'interprétation dépend ici du sens que l'on accorde au terme *grammḗ*. Si « *grammḗ* » signifie « tracé des lettres », le passage signifie que les maîtres d'école préforment les lettres, esquissent leur tracé pour guider les élèves, et que ces derniers doivent écrire en en suivant les contours. C'est le choix de

B. Cassin (1995, p. 305) : la cité « fait tout simplement comme les professeurs d'écriture qui esquissent les lettres avec le stylet pour ceux des enfants qui ne sont pas encore capables d'écrire, leur donnent la tablette ainsi préparée, et les forcent à écrire en suivant le tracé des lettres ». Mais il est également possible de comprendre que « *grammḗ* » signifie « ligne » — c'est son sens habituel, en géométrie, par exemple —, auquel cas l'élève doit faire son exercice d'écriture entre des lignes que le maître d'école trace pour le guider. E.G. Turner (1965, p. 65-67) privilégie cette interprétation, en se fondant sur la découverte d'une tablette qui présente un exercice qui devait être copié entre des lignes horizontales. H. Joly (1985, p. 111) comprend de même que les élèves doivent « écrire selon le tracé des lignes d'écriture ». C.C.W. Taylor, P. Demont et M. Trédé suivent également l'interprétation de E.G. Turner.

152. La même expression (*árchein kai árchesthai*, commander et être commandé) sera utilisée par Aristote (*Politique*, VI, 2, 1317b2) pour caractériser la démocratie.

153. « Redressement » traduit le grec *euthûnai*. Les magistrats à Athènes étaient tenus, à la sortie de leur charge, qui durait un an, à une sévère reddition de comptes. L'idée d'un redressement, d'une correction, poursuit la métaphore précédente du bâton tordu et recourbé que l'on redresse (325d).

154. Pour l'utilisation du même terme *epitḗdeuma*, cf. *Banquet* 210c.

155. Cette divulgation est solidaire d'un processus acquis de démocratisation : les choses de la justice et de la loi ne sont pas réservées. La publicité l'a emporté sur l'ésotérisme. Pour le traitement platonicien de la genèse de la justice, cf. *République* II 358e sq.

156. Comme le note G.B. Kerferd (1981A, p. 146), on trouve un faible écho dans la *République* (III 415a-c) de cette idée que les capacités et le talent naturels ne sont pas héréditaires : quelquefois les enfants naissent avec des capacités distinctes de celles de leurs parents.

157. *Dēmiourgòn toútou toû prágmatos*. On trouve ici un exemple de l'extension possible du terme de *dēmiourgós*, comme dans *Gorgias* (453a), où la rhétorique est dite ouvrière de persuasion.

158. Phérécrate est un auteur comique, dont la pièce *Les Sauvages* a été montée aux Lénéennes de 421/420. Les Lénéennes étaient des fêtes en l'honneur de Dionysos, où avaient lieu des concours entre auteurs comiques. Phérécrate était le rival d'Aristophane. Ce passage fait anachronisme (cf. Introduction, p. 7-8). Il est vrai que Platon ne recule pas devant de tels anachronismes (cf. *Banquet* 193a1-3).

159. Le terme de chœur (*khorós*) fait ici synecdoque : il désigne le drame tout entier. En effet, les personnages mention-

nés par Platon ne sont pas des choreutes, mais bel et bien les acteurs. Eurybate et Phrynondas sont des personnages proverbialement horribles ; Aristophane (*Thesmophories*, v. 861) mentionne Phrynondas.

160. Sur Socrate qui ne trouve aucun maître de vertu, cf. également *Ménon* 89e. Sur la possibilité de conclure de l'inexistence de maîtres et d'élèves de vertu à l'impossibilité d'enseigner la vertu, cf. *ibid.*, et l'Introduction de M. Canto, dans l'édition GF-Flammarion, p. 51-53. Sur le fait que les maîtres de vertu abondent, cf. la position du démocrate Anytos (*Ménon* 92e). Sur la position intermédiaire, entre aristocratie et démocratie, que soutient Protagoras, voir Introduction, p. 35.

161. Sur cette comparaison de l'apprentissage de la vertu à celui de la langue maternelle, cf. B. Cassin (1995, p. 224-225), et M. Narcy, Introduction au *Théétète*, GF-Flammarion, p. 118-119. Sur ce point et sur la nécessité corrélative de lire cette comparaison en liaison avec la suite du texte, cf. Introduction, p. 29-31. Pour cette comparaison, cf. encore *Dissoì lógoi*, VI, 11-12. Sur la difficuté à désigner celui qui lui a appris le grec, cf. *Alcibiade* 111a ; à propos de « savoir le grec » (*hellēnízein epistâsthai*), cf. *Charmide* 159a. Le terme grec que je traduis : « enseigner le grec » est *hellēnízein*, qui signifie littéralement « parler grec [correctement] ». C'est chez Aristote (*Rhétorique*, III, V, 1407a) que l'on trouve le premier emploi technique du terme d'*hellēnismós*, qui deviendra un concept important de la rhétorique, puis de la grammaire.

162. « Homme de bien » traduit *kalòs kagathós*, littéralement, avec crase, « bel et bon » : *kalós* renvoie à la beauté qui constitue l'un des traits les plus marquants du mérite personnel ; l'addition *kagathós* permet d'exprimer l'idéal complet de la personnalité humaine. D'origine aristocratique, l'idéal du *kalòs kagathós* finit par exprimer la « vertu civique ». Pour l'analyse de cette même expression, K.J. Dover, *Greek popular Morality in the Time of Plato and Aristotle*, Oxford, Blackwell, 1974, p. 41-45. Sur la prétention des sophistes à éduquer les hommes, cf. également par exemple *Hippias majeur* 282b sq., *Gorgias* 519c, *Ménon* 91b sq. De fait, les sophistes étaient souvent représentés comme des chasseurs de jeunes gens de bonne famille, dont ils prétendaient faire l'éducation moyennant un salaire élevé, cf. *Euthydème* 272d, et la première définition du sophiste (*Sophiste* 223b et 231d). — « Plus que personne » traduit le grec *diapherónitōs tôn állōn anthrṓpōn*, que nous pouvons rapprocher de l'*epággelma* d'Euthydème et de Dionysodore qui pensent « pouvoir transmettre » la vertu « mieux que personne et au plus vite » (*Euthydème* 273d).

163. Sur le salaire élevé mais justifié de Protagoras, cf. *infra*, 179a, et *Théétète* 167d. Dans l'œuvre platonicienne, les deux discours de Protagoras (celui qu'il tient ici en son nom propre et celui que Socrate prononce pour lui dans le *Théétète*) « s'achèvent

tous deux sur une exaltation du métier de sophiste et sur la justification du prix élevé des leçons de Protagoras » (M. Narcy, *Théétète*, GF-Flammarion, Introduction, p. 120). Dans l'*Hippias majeur* (281b-283b), Protagoras apparaît comme le premier à demander un salaire. Voir également Diogène Laërce, IX, 52, Philostrate, *Vie des sophistes*, I X, 4 ; Hésychios, « Vie de Protagoras », Scholie à la *République* de Platon, 600c ; *Ménon* 90d, 91b ; *Sophiste* 223a. D'après M. Detienne (1967, p. 105-119), c'est Simonide le premier qui revendiqua un salaire pour son métier de poète ; sur le lien entre Simonide et la sophistique, cf. *supra*, 316d. Sur le fait que Socrate, lui, ne se fait pas payer, à la différence des sophistes, cf. *Apologie* 19e (il irait même au contraire jusqu'à payer celui qui voudrait bien l'écouter), *Euthyphron* 3e ; dans le *Lachès* (186c), Socrate déclare qu'il n'a pas les moyens de s'offrir les services des sophistes. Pour les rapports de Socrate à l'argent et leur justification, cf. Xénophon, *Mémorables*, I, 2, 5-9, 60-61, I, 6, 3-5, et précisément I, 6, 11-15). Pour les mêmes associations de la sophistique et de l'argent, de l'enseignement philosophique et de l'amitié, qui implique la gratuité, cf. Aristote, *Éthique à Nicomaque*, IX, 1, 1164a22-23. Sur la gratuité de l'enseignement de Socrate, cf. encore M. Canto, in B. Cassin (1986, p. 47-48). Pour les rapports des sophistes à l'argent, cf. encore M. Austin et P. Vidal-Naquet, *Économies et sociétés en Grèce ancienne*, Paris, Armand Colin, 1992, p. 230 : Protagoras faisait payer cent mines pour son cours (Diogène Laërce, IX, 52), Prodicos faisait payer cinquante mines pour une leçon résumée (*Cratyle* 384b), alors que le salaire journalier moyen était d'une drachme. Sur le scandale qu'a représenté la rétribution de l'enseignement des sophistes, qui prétendaient enseigner la vertu, traditionnellement comprise comme l'objet d'un don gratuit, cf. l'Introduction de M. Canto de l'*Euthydème*, GF-Flammarion, p. 32 et p. 22. Pour une analyse conceptuelle précise du rapport des sophistes à l'argent, cf. F. Wolff (1982, p. 14-23).

164. Polyclète (cf. *supra*, 311c, et note 15) est mentionné dans les *Dissoì lógoi* (VI, 8) pour avoir enseigné à son fils l'art de faire des statues.

165. Ici s'achève la première partie du dialogue. Nous retrouvons le terme d'*epídeixis* (cf. *supra*, note 92), que j'ai choisi de rendre ici par « performance ». Sur le charme de Protagoras, cf. *supra*, 315b. Platon compare souvent les sophistes à des magiciens et à des thaumaturges (cf. *Sophiste*, 235a-b, *Politique* 291c et *Ménexène* 235a-c), pour les orateurs cette fois. Socrate est qualifié de magicien par Ménon (80b).

166. Socrate va s'engouffrer dans cette faille. Sur le petit détail, dans les mêmes termes, cf. *Euthyphron* 13a. Cf. encore *infra*, 329a, *Banquet* 201c, *République* I 339b, ainsi que *Charmide* 154d.

167. *Dēmēgóros* : il s'agit d'un orateur populaire, qui flatte le

peuple, d'un démagogue, cf. *Gorgias* 466a-b, 494d, 520b ; *Lois* X 908d.

168. On rejoint ici la critique platonicienne de l'écriture, présente dans la Lettre VII (341c, 344c sq.), mais surtout thématisée dans le mythe de Theuth (cf. *Phèdre*, 275d, à propos de la ressemblance entre l'écriture et la peinture — à cette différence que les écrits sont condamnés à ce statut, ce qui n'est pas le cas des hommes doués de *lógos*). Cf. encore *Phèdre* 278a, où Socrate rapproche le discours écrit des « discours débités par les rhapsodes, lesquels sont prononcés sans examen préalable ni volonté d'instruire, leur seul but étant la persuasion », et *Timée* 19b. Voir également *infra*, 347e, et note 291. On trouve dans ce passage une double métaphore pour les discours des orateurs : soit des livres (c'est-à-dire des rouleaux de papyrus, faits de feuilles de papyrus collées entre elles), soit des vases en cuivre. Sur les vases que l'on fait résonner, pour en éprouver le son, cf. *Hippias majeur* 301b.

169. Sur l'opposition *makrós*/*brakhús*, macrologie/brachylogie, voir *infra*, note 216.

170. Littéralement, « combler cela dans mon âme » — c'est-à-dire probablement combler la brèche que ce point a ouvert en mon âme. On notera la grande couleur métaphorique de ce passage. L'idée de remplir l'âme renvoie à *supra*, 314a sq. Cf. encore *Banquet*, 175d-e, et *infra*, note 30, commenté par J. Lacan (1991, p. 90).

171. Socrate, sans toucher au reste de l'exposé, s'attaque aux quelques points que Protagoras a laissés indéterminés (cf. Introduction, p. 35, note 3). J.P. Maguire (1977, p. 104-108) émet le soupçon que tous ces points sont introduits subrepticement par Platon lui-même dans la bouche de Protagoras, dont le propos initial est l'enseignement de l'*euboulía*, Protagoras ne se souciant pas lui-même des vertus particulières qui composent la vertu. J.P. Maguire isole un certain nombre d'équivalences : 1. la prudence ou jugement correct/droit (*euboulía*) (318a) = 2. l'art politique (*tékhnē politikḗ*) (322b) [l'équivalence est faite par Socrate et Protagoras l'accepte] = 3. le fait d'être bon citoyen (319a) = 4. vertu (319e2) [équivalence opérée par Socrate] = 5. sagesse/savoir politique (312d5) = 6. excellence politique (*aretḗ politikḗ*) (322e) [= *aidṓs* et *díkē*, en 323a] = 7. justice et sagesse (323a) = 8. justice et le reste de l'excellence politique (323a) = 9. justice, sagesse et piété (325a, cf. 323e) = 10. vertu humaine (*ándros aretḗ*) (325a). Il montre que les six premiers termes équivalents forment une série compatible avec la notion d'*euboulía*, définie en 318a par Protagoras ; que les termes suivants opèrent le passage entre les préoccupations de Protagoras et le point que Socrate veut atteindre, c'est-à-dire l'unité des vertus morales dans le savoir (*sophía*). Un traité *Sur les vertus* figure toutefois à la liste des traités de Protagoras chez Diogène Laërce (Diogène Laërce, IX, 55) ce qui compromet peut-être l'hypothèse de Maguire.

Sur les rapports de partie, cf. *Euthyphron* 12a, 12d, *Lachès* 190c, 198a ; *Ménon* 78d-79e, 89a ; sur la question de l'unité de la vertu ou de l'identité des vertus, voir Introduction, p. 35-46. Pour C.H. Kahn (1976A, p. 23), Socrate se borne à suggérer des sens différents sous lesquels l'unité des vertus peut être comprise, sans formuler aucune thèse qui viendrait déterminer le sens de l'unité. Quand bien même nous prendrions littéralement la définition de la vertu suggérée par la suite — la science ou l'art qui mesure les plaisirs et les peines —, la relation logique entre les différentes vertus demeure indéterminée dans le dialogue. Pour l'élaboration d'une telle théorie, voir en revanche *Phédon* 68b-69c, 82a-d, 83e, où la distinction entre vertus populaires et vertus philosophiques se trouve précisée, et, bien entendu, le livre IV de la *République*. Sur l'unité-pluralité de la vertu, voir les *Lois* XII 963c-964a. Platon y parle de la vertu comme d'un cas d'unité dans la pluralité, cf. 964a : « Conçois qu'il te faudra me dire aussi comment, tout en étant quatre, elles sont une, et demande-moi, quand tu m'auras montré leur unité, de te dire à mon tour par où elles sont quatre. »

172. Ici se trouve ouvert le débat sur la partition des vertus. P. Friedländer (1964, 15A2) a indiqué qu'Aristote (*Meteorologica*, 388a sq.) se sert des deux mêmes exemples pour illustrer l'opposition entre homéomères et non homéomères.

173. Socrate introduit la thèse que G. Vlastos (1971, p. 232) appelle « la thèse de la biconditionnalité » ; le deuxième membre de l'alternative représente la position que Socrate va soutenir. Cette thèse de la biconditionnalité préfigure l'*antakolouthía* stoïcienne des vertus entre elles.

174. Sur le rapport entre courage et savoir, cf. *Lachès* 194d sq., et *Lois* XII 963e.

175. Ici, Protagoras, parce qu'il est sophiste, c'est-à-dire professionnel de la *sophía*, rejoint donc une position platonicienne ; cf. *infra*, 352d.

176. Je traduis *dúnamis*, qui pourrait se traduire également « pouvoir », ou « puissance », par « capacité », que je préfère à « propriété » pour sa portée dynamique, importante dans la comparaison avec les sens. Pour le rapport entre vertu et *dúnamis*, tout à fait décisif pour la suite de l'enquête, déjà présent dans le *Charmide* (168b, 168d), et suggéré dans le *Lachès* (189e-190d), cf. Introduction, p. 39-42.

À la suite de C.C.W. Taylor (p. 110), je prends très sérieusement en compte l'analogie des parties du visage. De même que les organes (l'œil, les oreilles) ne sont pas de simples dispositions qui permettent l'acte de voir, mais des parties permanentes de la personne qui lui permettent de réaliser de tels actes, de même les vertus seraient des parties permanentes de la personne qui lui permettraient de réaliser des actes de justice, dans le cas de la vertu de justice. T. Penner (1973) parle de *motive-forces*, plutôt que de tendances. C.C.W. Taylor critique donc G. Vlastos (1971, p. 229, note 20) qui considère que la capacité, ou le pouvoir, d'une vertu particulière est cette vertu elle-même, conçue comme une « qualité dispositionnelle qui se manifeste dans l'action ». Pour C.C.W. Taylor, en effet, la vertu est « l'état permanent qui est dans l'homme, comme l'œil est dans l'homme ; son pouvoir est la capacité de bien agir qu'il lui donne, comme le pouvoir de l'œil est la capacité de voir que donne l'œil ».

177. Que signifie ici « tel » (l'œil n'est pas *tel que* les oreilles) ? Cette expression apparaît ici assez vague. Protagoras pointera à juste titre *infra*, 331d, cette imprécision : Socrate oscille en effet entre un « tel » consécutif et un « tel » comparatif (je suis redevable à P. Hoffmann pour cette dernière remarque).

178. On trouve dans la suite du texte un certain nombre d'expressions qui expriment la thèse de la similarité : en 329d, 330a-b, 349c, 331b, 333b (cf. G. Vlastos, 1971, p. 228, qui souligne le très grand flottement terminologique du passage).

179. C'est-à-dire : si le rapport des vertus entre elles ressemble au modèle fourni par le visage et ses parties.

180. La liste des vertus est ici close : science (qui équivaut donc ici à *sophía*, savoir), justice, courage, sagesse, piété, dont on retrouve la mention dans le *Lachès* (199d). Platon ne reconnaîtra que quatre vertus cardinales, cf. *République* IV 427e : le savoir, le courage, la tempérance, la justice. Sur ce point, cette réduction de cinq vertus à quatre, et sur l'instauration aux ve et ive siècles des schèmes canoniques (quatre éléments, cinq sens, quatre affects primordiaux), voir O. Gigon (1948, p. 105). K.J. Dover (*Greek popular Morality in the Time of Plato and Aristotle*, 1974, p. 66) remarque que l'on trouve dans l'*engkṓmion* une énumération des différentes vertus : dans son essai sur le roi spartiate Agésilas, Xénophon énumère la piété, la justice (*dikaiosúnē*), la tempérance (*sôphrosúnē*), le courage, ainsi que le savoir (*sophía*). K.J. Dover renvoie également à l'*egkṓmion* d'Éros dans le *Banquet* (195b-197b). Pour la même série, cf. également *Alcibiade* 121d.

181. Socrate amorce ici l'enquête sur la qualité (*poîón ti*) de chacune des parties de la vertu qui va se développer en quatre arguments : sur la justice et la piété (330c-332a), sur la sagesse et le savoir (332a-333c), sur la justice et la sagesse (333c-334c), sur le courage et le savoir (349b-361a).

182. Le terme grec pour « chose » est ici *prâgma*. Sur les différents sens de *prâgma*, cf. P. Hadot (1980). Il ne s'agit pas du tout ici à mon sens d'une idée platonicienne, d'un *eîdos*.

183. Il s'agit ici d'un procédé dialectique : Socrate opère un rassemblement (Socrate et Protagoras) par rapport à un tiers imaginaire. Plus exactement, Socrate modifie la situation dialectique où Protagoras et Socrate sont des interlocuteurs distincts, en en créant une nouvelle, où Protagoras et Socrate ne sont plus qu'un interlocuteur (ce qui réalise la requête de Socrate qu'ils

examinent ensemble la qualité de chacune des parties de la vertu), face à un interlocuteur imaginaire. Pour la même mise en place d'une troisième personne anonyme, cf. par exemple *Hippias majeur* 286d sq., *Ménon* 74d, etc. — Sur ce point, cf. M. Canto, in B. Cassin (1986), p. 42-43.

184. Socrate prépare ici la discussion du point précédent : qu'aucune des cinq parties de la vertu n'est telle qu'aucune autre. La manière dont il procède, une fois reconnu le fait que la justice est quelque chose, en demandant si la justice est elle-même juste ou injuste, puis, une fois reconnu le fait que la piété est quelque chose, si la piété n'est pas elle-même chose pie, a donné lieu au débat de la *self-predication.* Pour le même procédé, cf. *Euthydème* 301b-c : « Le Beau n'est-il pas beau, et le Laid n'est-il pas laid ? [...]. En ce cas alors, le Même n'est-il pas même ? et l'Autre n'est-il pas autre ? » Est posée la question de la possibilité pour une forme d'être prédiquée d'elle-même. Pour ce problème, on fait communément appel (cf. J.P. Sullivan, 1961, p. 14) au texte du *Banquet* (211a). Sur la question, voir L. Brisson, *Parménide*, GF-Flammarion, Annexe II, « Les interprétations "analytiques" du *Parménide* de Platon. Participation et prédication chez Platon ». Mais ni justice ni piété ne sont des formes dans le *Protagoras,* et l'enjeu me paraît moins métaphysique que stratégique (cf. Introduction, p. 57-59).

Pour l'analyse du même passage (« Cette chose que vous venez d'appeler justice, est-elle elle-même juste, ou est-elle injuste ? »), cf. *Banquet* 201e-202b, où Diotime enseigne à Socrate la théorie des intermédiaires (*metaxú*) : l'amour n'est ni beau ni bon, sans pour autant être nécessairement laid et mauvais, ce qui apparaissait à Socrate comme la conséquence immédiate de la première négation. L'alternative stricte entre juste et injuste, pie et impie, que Socrate présente ici, pourrait donc manifester son ignorance sur l'existence des intermédiaires. On notera toutefois avec C.C.W. Taylor (1991, p. 113) que la présentation des paires « juste/injuste », « pie/impie » comme des alternatives exhaustives repose sur une absence de distinction entre contraire et contradictoire. Cette distinction n'échappe pourtant pas à Socrate, cf. *infra*, 346d ; Simonide n'écrit pas : « tout est beau, où le laid n'est pas venu se mêler », « comme il dirait qu'est blanc tout ce à quoi le noir n'est pas venu se mêler ». Socrate traite manifestement cette opposition entre juste et injuste, pie et impie, comme une opposition entre contradictoires, et non comme une opposition entre des contraires.

185. On remarquera la manière dont Socrate en revient, bien entendu, à la situation duelle des personnes dans ce contexte — mais on peut reconnaître à ce procédé un effet de capture ; on notera également les marques déterminées des personnes dans le texte et le recours insistant aux pronoms personnels de première personne : « moi », « toi » ; cf. *infra*, 331b, la redondance des

signes de première personne : « Pour ma part en effet, je dirais moi-même pour mon propre compte. » — Socrate desserre, pour des raisons stratégiques, l'union fictive qu'il avait scellée avec Protagoras en les affrontant, Protagoras et lui-même, à un interlocuteur anonyme, et rend Protagoras à la nécessité de son jugement propre, face au même interlocuteur anonyme.

186. Le *psêphos* était un caillou servant à voter que l'on déposait dans l'urne (*hudría*) : un caillou blanc, plein, non percé, pour l'acquittement, ou noir et percé, pour la condamnation. Pour l'utilisation d'une expression voisine (en l'occurrence *súmpsēphos* et *epipsēphízōn*), cf. par exemple *Lachès* 184d, *Gorgias*, 476a.

187. Cf. *supra*, 330b.

188. Littéralement, « est-ce là ton *lógos* ? ». Un *lógos* doit être assumé, par celui qui l'énonce, comme par celui qui lui donne son accord. Cf. dans la phrase suivante : « il faudrait bien que je le reconnaisse ». Le verbe *homologeîn* est le verbe de l'accord dialectique, qui est absolument nécessaire au cours de l'entretien dialectique. Si l'interlocuteur ne donne pas son accord à ce que l'autre interlocuteur lui propose, l'entretien doit prendre un autre cours. Nous avons un exemple d'arrêt dialectique par défaut de l'accord de Protagoras *infra*, 332a. Sur l'entretien dialectique, qui progresse par la médiation de l'accord de l'interlocuteur, cf. Xénophon, *Mémorables*, IV, 6, 15.

189. Pour ce type de jugement, « la piété est juste », « la justice est chose pie », ainsi que pour « la justice est juste » et « la piété est chose pie », S. Peterson Wallace a proposé l'appellation de « prédication paulinienne » que G. Vlastos a reprise (1971, p. 254, note 87, et p. 252-259). Cf. L. Brisson (« Participation et prédication chez Platon », in *Revue philosophique*, 1991, p. 557-569) : on distingue entre des énoncés à prédication ordinaire (par exemple, « Socrate est sage », qui équivaut à « Socrate participe de la sagesse ») et des énoncés à prédication paulinienne, par référence à l'hymne de la charité (Saint Paul, Épître aux Corinthiens, I, 13, 1 sq.) : « La charité est longanime ; la charité est serviable ; elle n'est pas envieuse ; la charité ne fanfaronne pas, ne se rengorge pas [...]. » ce qui équivaut à : tous les *items* qui sont charitables sont également longanimes, serviables, etc. De fait, un énoncé « la justice est chose pie » équivaut à : « tous les *items* qui *instancient* la justice sont également pieux ».

Pour une présentation et une critique de l'interprétation de G. Vlastos, qui repose sur l'introduction de la prédication paulinienne, cf. C.C.W. Taylor (1991, p. 118-120). Pour une interprétation de ce passage, qui se distingue tant de l'accusation de sophisme adressée à Socrate — D. Gallop (1961), C.C.W. Taylor (1976) —, que du registre d'interprétation *via* la prédication paulinienne (G. Vlastos), en rendant compte du contexte démonstratif du passage — en l'occurrence de la spécificité de l'*hoîon* et de l'insistance portée sur le concept de capacité (*dúna-*

mis) —, cf. J. Wakefield (1987). D. Gallop et C.C.W. Taylor soutiennent que Socrate utilise les quatre prémisses (« la justice est juste », « la piété est pie », « la justice est chose pie », « la piété est juste ») pour établir simplement que la piété et la justice partagent deux capacités (être pie et être juste) et sont, de fait, semblables — ils tiennent compte du rejet que Protagoras va opérer de l'argument de Socrate. J. Wakefield note que les interlocuteurs semblent reconnaître quelque chose de la force de l'argument (cf. la manière dont Protagoras et Socrate reconnaîtront ce point comme acquis : cf. *infra*, 333b et 349d) ; pour une autre interprétation, selon laquelle Socrate forcerait alors l'argument, cf. *infra*, note 205.

C.C.W. Taylor et D. Gallop ne parviennent pas, en revanche, à rendre compte du fait que Socrate ne considère que deux propriétés, ni plus, ni moins, ni du fait qu'il choisisse précisément les propriétés « juste » et « pie » qui l'exposent aux problèmes de la *self-predication.* Après tout, comme le suggérait D. Gallop (1961, p. 92), Socrate aurait pu éviter des complications inutiles sans sacrifier à la force de l'argument en usant de l'argument suivant : « La justice est noble ; la piété est noble ; de ce fait, la justice et la piété sont semblables. » Pourquoi exprimer alors en cinquante lignes ce que Socrate aurait pu exprimer en deux ou trois lignes ? Les erreurs d'interprétation de D. Gallop et de C.C.W. Taylor résultent, déclare J. Wakefield, du fait qu'ils ont considéré le choix des caractères « pie » et « juste », parmi les autres caractéristiques de la piété et de la justice, comme arbitraire. Ceux-ci ont été choisis par Socrate parce qu'ils sont les seuls capables d'assurer le type de ressemblance qu'il cherche à établir entre les vertus considérées. Socrate s'en prend ici à l'assertion précédente de Protagoras (cf. 330b : « Aucune des parties de la vertu n'est telle que la science, que la justice, que le courage, que la sagesse et que la piété. »), en mettant en place les notions de ressemblance (*hoîon*) et de capacité (*dúnamis*). Les natures des vertus sont intimement liées à leurs capacités : pour J. Wakefield, Socrate parle des vertus comme des « états mentaux déterminés qui disposent à l'action vertueuse correspondante » ; ainsi la justice est l'état mental unique qui est, par nature, la source de tous les actes et de tous les états justes. Si donc Socrate s'attache pour la justice à son caractère d'être juste, pour la piété à son caractère d'être chose pie, c'est que les vertus sont définies à partir de leurs capacités. Selon J. Wakefield, il s'agit de montrer que la justice est telle que la piété parce que 1. elle partage avec la piété la capacité d'être chose pie, et 2. qu'en vertu de cette capacité partagée la justice partage avec la piété la puissance de produire des actes et des états pies. Cette interprétation va dans le sens de la thèse de l'identité des vertus (sur ce point, cf. Introduction, p. 42-46).

J. Wakefield prend en considération de manière très précise le contexte de l'argumentation (la notion de ressemblance [*hoîon*] et ce rapport à la capacité [*dúnamis*]), et rend justice à l'analogie avec l'œil et les oreilles. Il présuppose à juste titre 1. que la justice n'est pas ici une Forme et 2. qu'il s'agit là plutôt d'une certaine psychologie — la justice étant l'état mental qui permet de rendre compte de la possibilité d'actions justes. Cf. *Ménon* 88a, où la tempérance, la justice, le courage, la facilité à apprendre, la mémoire et la générosité sont caractérisées comme des « réalités qui dépendent de l'âme » ; cf. encore en 88c, où la vertu est présentée comme « une des choses qui sont en l'âme ».

En revanche, J. Wakefield ne tient pas compte de l'alternative de départ que pose Socrate : « la justice est-elle juste, ou injuste ? », de son impact argumentatif mais également psychologiquement stratégique. Si l'hypothèse d'une « justice juste », d'une « piété pie » a pu susciter un débat complexe (et ici prématuré à mon sens) sur la théorie des Formes, elle peut apparaître comme une question stratégique, qui s'assure facilement une prémisse en jouant sur la proximité de la tautologie — c'est également le cas dans l'*Euthydème* 301b-c : Socrate demande à Dionysodore si le Beau n'est pas beau lui-même, le Laid laid, le Même même et l'Autre autre. Car, dit Socrate, « l'Autre, du moins, n'est sans doute pas même ? Eh bien moi, je n'aurais pas imaginé que même un enfant fût dans l'embarras en se rendant compte que l'Autre est autre. »

À cet égard, l'argument apparaît surdéterminé. 1. D'une part, l'argumentation de Socrate est une argumentation honnête, et elle s'articule à l'argumentation de la ressemblance (*hoîon*) et de la capacité (*dúnamis*). Sinon pourquoi effectivement ne pas aller au plus rapide et raisonner sur un autre prédicat commun, qui permettrait de conclure sans entrer dans le débat dit de la *self-predication* ? Les métaphores de l'œil et de l'oreille s'articulent bel et bien au fait que Protagoras a accordé que les parties de la vertu sont analogues aux parties du visage, et au discours organiciste de la *dúnamis* qui poursuit cette comparaison — ce qui se relie au contexte plus large d'un débat sur les vertus, puisqu'il est possible de parler de l'*aretḗ* d'un œil, où l'*aretḗ* est originellement une capacité. Il n'en demeure pas moins qu'au sein de cette argumentation honnête, Socrate procède à un glissement d'un sens comparatif à un sens consécutif du terme de l'*hoîon*. 2. D'autre part, si l'on rejette l'idée que Socrate est encore ignorant d'une théorie des intermédiaires que Diotime ne lui enseignera que plus tard, on constate qu'il y a, de la part de Socrate, de la suggestion et donc du pouvoir dans l'usage de l'alternative entre juste et injuste, puisqu'elle joue sur le scandale qu'il y aurait pour Protagoras à reconnaître que la justice est... injuste. Protagoras aurait dû remettre en cause la disjonction entre juste et injuste elle-même et donc la validité d'une question qui se pose en de tels termes (cf. sa timide tentative en 331c 1-3). Sur ce point, on se reportera à notre Introduction, p. 57-59. Pour d'autres analyses encore, cf. D. Savan (1964, résumé in C.C.W. Taylor, p. 117), R. Weiss (1985) et R.D. Mac Kirahan Jr. (1985).

190. Nous avons ici une autre expression pour l'accord : *sundokeî moi*, cf. par exemple *Euthydème* 289b.

191. Ce retournement est capital : la réplique de Socrate l'atteste, qui fuse immédiatement. C'est que la dialectique, comme il va le montrer, ne se fonde pas sur un « si tu le veux ». Il faut un investissement réel, total de la part de l'interlocuteur dialectique dans ce qu'il dit. Cf. encore *Gorgias* 495a et *Criton* 49a, et c-d.

192. Cette formule est celle du postulat. Mais ce postulat, joint à l'indifférence que manifeste Protagoras, défait la logique de l'assentiment médiateur de la progression du dialogue.

193. « Éprouver » traduit ici le verbe grec *elégkhō*, que l'on traduit également par « réfuter ». Sur *élegkhos*, voir L.-A. Dorion, (1990, p. 311-343) et son Introduction au *Lachès*, GF-Flammarion. Le terme *élegkhos* a connu une évolution très remarquable, de la honte, qui est sa signification chez Homère, à la réfutation, en grec ionien-attique. Chez Pindare, le terme prend le sens, qu'il conservera, « d'une épreuve, d'un test dont on s'attend à ce qu'il révèle la véritable nature ou valeur d'une personne » (L.-A. Dorion, 1990, p. 313). Dans la pratique juridique de l'*élegkhos*, l'accusateur cherche à prouver la culpabilité de l'accusé, en produisant des témoins, ou en s'en remettant à des vraisemblances. C'est alors l'expression « convaincre de » qui rend le mieux le verbe *elégkhô* (cf. par exemple Antiphon, III, 4, 3). Alors que, dans un procès, il n'y avait aucune communication entre les parties, l'accusateur prononçant son discours, puis l'accusé le sien, à l'issue de quoi chacun des deux avait droit à une seule réplique, L.-A. Dorion montre comment, dans l'*Apologie*, Socrate subvertit l'*élegkhos* juridique, en établissant un lien entre l'*élegkhos* et une certaine forme de questionnement : « Alors que les logographes n'avaient jamais présenté cette procédure comme un moyen efficace d'obtenir une preuve, l'*erṓtēsis* devient, avec Socrate, le seul moyen d'obtenir un *élegkhos* véritable, une preuve vraiment digne de ce nom » (1990, p. 339). Dans notre passage, il s'agit pour Socrate d'éprouver, par le questionnement dialectique, tant son interlocuteur que lui-même, puis, comme il le dit aussitôt, d'éprouver leur raisonnement — c'est-à-dire d'éprouver la valeur (intellectuelle, morale) tant des personnes que de l'argumentation. On notera avec L.-A. Dorion (1990, p. 319) que la discussion dialectique correctement menée partage avec le procès une caractéristique importante qui apparaît ici : « Les deux personnes qui s'affrontent parlent en leur nom propre et ne représentent qu'elles-mêmes. »

Pour d'autres textes importants sur l'*élegkhos* socratique comme subversion de la pratique juridique de l'*élegkhos* et la manière dont il intègre la fonction du témoignage au questionnement, cf. *Gorgias* 457d-458b, 471e-472c, 473e-476a, et *Euthydème* 295b.

194. Ce passage est très important pour la technique dialectique. La situation dialectique implique un investissement personnel duel, frontal, entier, sans concession réciproque — c'est-à-dire en somme une joute verbale. Un investissement personnel entier est requis : l'interlocuteur doit s'engager dans ce qu'il dit, ne rien concéder par commodité ou pour lâcher du lest. Il importe de bannir les « si », pour un échange dialectique de part en part assertif ou qui vise de part en part l'assertion. Un défaut dans l'investissement, une concession sont autant d'échappatoires qui faussent l'entretien. L'importance décisive pour l'entretien de la détermination des personnes (« ce ne sont pas des "si tu veux" et des "s'il te semble" que je souhaite éprouver, mais c'est toi et c'est moi ») semble à première vue s'opposer à l'idée exprimée au début du *Charmide* (161c) : peu importe que la définition à examiner soit de Critias, ou d'un autre, puisque « ce que nous avons à examiner, ce n'est pas effectivement de savoir qui a dit cela, mais de savoir si la définition est vraie ou non ». Cf. également *Euthyphron* 14e-15a.

195. C.C.W. Taylor (p. 121) note à juste titre que Protagoras, qui a adressé une objection bien ciblée à Socrate (sur l'imprécision du concept de ressemblance) demeure ici aussi imprécis que lui sur ce concept de ressemblance (cf. *supra*, 331b).

196. *Ou pánu* peut se comprendre soit « pas du tout », soit « pas exactement ». On sera sensible ici à l'habileté irrésistible, implacable de la question que Socrate vient de poser à Protagoras.

197. Nous assistons donc ici à l'abandon d'un point de l'entretien dialectique, dû au désaccord de Protagoras. L'entretien dialectique présuppose pour sa juste tenue et sa bonne marche que les interlocuteurs soient d'accord entre eux et satisfaits de ce qui se dit. Il sera très étonnant, vu l'abandon de ce point, que Socrate puisse plus loin (333b) déclarer : « Tout à l'heure, déjà, il nous est apparu que la justice et la piété étaient presque identiques. » — et que Protagoras ne le reprenne pas alors. Sur ce point, cf. *infra*, note 205 (C.C.W. Taylor revient sur ce point, p. 148-149).

L'argument précédent concernait la justice et la piété. L'argument qui va suivre concernera cette fois les rapports entre le savoir et la sagesse. Il peut se résumer de la manière suivante : le savoir (*sophía*) s'oppose à la déraison (*aphrosúnē*) ; la sagesse (*sōphrosúnē*) s'oppose à la déraison (*aphrosúnē*). Chaque opposé n'a qu'un seul opposé. La sagesse est donc identique au savoir. Pour un argument du même type, cf. *Second Alcibiade* (138c-139c).

198. *Aphrosúnē* s'oppose bien entendu à *sōphrosúnē*. Dans le *Lachès* (192c d), Socrate oppose *aphrosunē* et *phrónēsis*. Dans les *Mémorables* (III, 9, 4), Xénophon témoigne du fait que Socrate ne distinguait pas entre *sophía* et *sōphrosúnē*. Socrate affirmait egale-

ment que « la justice et toute autre forme de vertu étaient savoir » (*ibid.*, III, 9, 5) et posait la *manía* comme contraire du savoir (*sophía*). Il est clair qu'ici, Socrate joue sur la proximité entre *sophía* et *sōphrosúnē*. — Au caractère d'être raisonnable (*sṓphrōn*) s'oppose le caractère d'être déraisonnable (*áphrōn*) (cf. immédiatement *infra* 332b). Dans le *Gorgias* (507a), Socrate oppose à l'âme raisonnable (*sṓphrōn*), qui est bonne, l'âme opposée à celle-ci qui est mauvaise, qui est déraisonnable (*áphrōn*) et intempérante ou déréglée (*akólastos*). — Si je choisis de traduire *sṓphrōn* par « raisonnable », plutôt que par « sensé », c'est que Platon utilise un peu plus loin (333d) le terme *eû phroneîn*, que je traduis « être sensé ». Pour cette tresse sémantique entre les termes *sṓphrōn*, *phrónimos*, *eû phroneîn*, ainsi que *noûn ékhein*, cf. K.J. Dover (1974, p. 128). Une fois de plus (cf. *supra*, note 125), il me paraît important de traduire ici *sōphrosúnē* par sagesse (ou bon sens et non pas tempérance, modération ou contrôle de soi, qui n'est d'ailleurs pas le sens ici), sinon le jeu sur le rapprochement entre *sophía* et *sōphrosúnē* qui ont le même contraire n'est pas perceptible.

Sur le fait que Socrate et Protagoras n'entendent pas la même chose dans le terme de *sophía*, et que le raisonnement de Socrate est par là même abusif, cf. C.C.W. Taylor, 1991, p. 122 : *sophía* pouvait faire référence à l'excellence intellectuelle en général ou à des aspects plus particuliers, « sagesse », « savoir », « intelligence », « prudence ». Protagoras, pour sa part, n'entend pas le terme de *sophía* au sens étroit de la « prudence » : c'est pourquoi en 349d il donnera pour contraire du *sophós* l'ignorant, et non l'homme déraisonnable.

199. Le passage se fait ici du verbe au substantif, la *sōphrosúnē* déterminant le *sōphroneîn* (pour le passage de l'adverbe au substantif, cf. *infra*, 332d). Nous avons dans les trois exemples (la déraison, la force et la faiblesse) un simple datif : c'est par leur sagesse, grâce à leur sagesse qu'ils sont raisonnables ou c'est par leur bon sens qu'ils sont sensés. Il ne s'agit pas ici d'une logique de la participation qui fera dire qu'une action est juste par sa participation à l'Idée de justice. Je suis T. Penner (1973, p. 38, note 5) qui propose de traduire ce datif par « en vertu de » (*by virtue of which*) ; C.C.W. Taylor (1991, p. 126), en revanche, le traduit par « avec » (*with*), en le mettant en rapport avec le *metá*, plus génitif, qui figure en 332c dans l'exemple sur la rapidité et la lenteur et qui signifie moins la cause que l'accompagnement. Pour d'autres usages similaires du datif, Penner renvoie à *Euthyphron* 6d, et *Ménon* 72c. — Sur la connexion entre le fait d'agir correctement et le fait d'agir de manière utile, cf. Xénophon, *Mémorables*, III, 8, 3 et 7 ; IV, 6, 8.

200. Nous n'avons plus le datif comme précédemment, mais la préposition *hupó* suivie du génitif. C.C.W. Taylor (1991, p. 126) rappelle que la construction avec *hupó* est en règle géné-

rale causale et qu'on l'emploie dans le cas d'une action causée par des états mentaux.

201. Dans ces quelques lignes, nous avons un exemple d'*epagōgē*, où Socrate, à partir de trois cas (le beau, le bien, l'aigu), induit une conclusion universelle : « Il n'y a pour chaque chose qu'un seul et unique contraire. » Les exemples qu'il prend visent à établir de manière transversale qu'il n'y a qu'un seul contraire, pour reporter ce point, une fois accordé, à la situation de l'argumentation présente. — Pour l'explication logique de ce passage, cf. C.C.W. Taylor, 1991, p. 127 : les exemples considérés recouvriraient non pas des contradictoires, mais des « opposés polaires », c'est-à-dire des qualités « qui se situent à l'une des deux extrémités d'une échelle continue ». Ce qui fait que la phrase « chacun des contraires n'admet qu'un contraire unique » ne signifie pas : « chaque chose a un seul contradictoire », mais « pour chaque qualité à l'une ou l'autre extrémité de l'échelle, il existe une seule autre qualité polaire ».

202. Cf. *supra*, 332a.

203. Il est frappant de noter que Socrate regroupe en une seule thèse le fait que les parties de la vertu soient distinctes et qu'elles soient dissemblables « tant en elles-mêmes que dans leurs capacités spécifiques ».

204. Le terme grec que je traduis par « harmonieux » est ici *mousikôs*. La *mousikē* grecque est l'art des Muses : elle recouvre la culture de l'esprit, tant artistique que scientifique ; sur musique et dialectique, on peut consulter avec profit J. Lohmann, Mousikē *et* lógos-*Contributions à la philosophie et à la théorie musicale grecques*, trad. P. David, Trans-Europ-Repress, 1989. Sur l'emploi de ce terme de consonance et de dissonance dans le « métalangage » dialectique, cf. *Théétète* 154e, *Lachès* 188d sq. et 193e.

205. Socrate me semble ici réexploiter d'une manière retorse un point qu'il avait dit abandonner, cf. *supra*, 332a. Quant à Protagoras, qui n'admettait pas ce point, il l'admet maintenant, *e silentio*. Pourquoi ? 1. Nous retrouvons l'hypothèse de J. Wakefield : l'argument devait avoir une force particulière, à laquelle Protagoras commence par résister, puis finit par se soumettre dans un assentiment *e silentio*. 2. La manière de Socrate apparaît plus « éristique » que « dialectique » ; pour le détail de l'analyse, cf. Introduction, p. 57-59.

Pour tout ce passage (de 322a à 333b), cf. le commentaire de R. Robinson (1941, p. 22).

206. Nous avons affaire à une autre esquive de Protagoras, cf. précédemment 331c-d : la logique de l'investissement dialectique exige que l'on s'adresse à la personne présente, qui ne représente qu'elle-même — ou qu'au moins on sache à qui exactement on s'adresse, si elle parle au nom d'une autre personne ou d'une autre instance. La confusion et l'indétermination en la matière sont une des ressources de la sophistique — si, par exemple, une

personne tente de se défaire d'un accord qu'elle a donné, en prétendant qu'elle n'a pas alors parlé en son nom propre, sans pour autant avoir prévenu que c'était le cas. D'où la manière dialectique, qui repose, étape après étape, sur des points pour lesquels on a méticuleusement vérifié que l'on avait l'accord de l'interlocuteur. Cf. la requête de Socrate à Thrasymaque dans la *République* I 345c) : « Pour commencer, chaque fois que tu dis quelque chose, tiens-y-toi, et si jamais tu changes de position, fais le changement ouvertement et ne cherche pas à nous tromper. »

207. Sur ce point, cf. Introduction, p. 56-57. Nous trouvons ici une modification de ce que Socrate a énoncé *supra* (331d) — ce que j'ai proposé d'appeler la règle de l'investissement dialectique cf. *infra*, note 194. En deux occasions, précise G. Vlastos (1991, p. 159), Socrate tolère une infraction à la règle qui consiste dans le fait de « croire ce que l'on dit », c'est-à-dire de s'investir dans sa thèse — et il ne s'agit, précise G. Vlastos, que d'un pis-aller, d'ailleurs uniquement *pro tempore* : il s'agit de notre passage (dont on trouvera une analyse dans G. Vlastos [1983, p. 37-38]) et d'un dialogue qui se trouve au livre I de la *République* (349a sq.), avec Thrasymaque —, attitude d'exception si on la compare au *Gorgias* (495a).

208. On notera ici la présence du verbe *eû bouleúesthai*, qui fait écho au terme d'*euboulía* dans les affaires privées comme dans les affaires publiques, par lequel Protagoras a défini sa compétence (cf. *supra*, 318e-319a). — Sur le fait de pouvoir parfois être raisonnable en commettant une injustice, cf. *République* I 331c sq.

209. Jeu de mots sur les termes *eû práttein* et *kakôs práttein*, qui signifient agir bien contre agir mal, mais aussi réussir contre échouer.

210. Nous avons ici un risque de fracture du dialogue. — Je suis ici la leçon des manuscrits : littéralement, Protagoras « avait déployé ses troupes contre le fait de répondre ». L'autre conjecture d'éditeur (avec *parateínō*, et non plus *paratássō*) donnerait le sens suivant : « que l'interrogatoire le mettait au supplice ».

211. Il s'agit ici d'une opposition entre l'absolu et le relatif. Sur la connexion entre bon et utile, cf. le second argument, « lorsque les hommes agissent correctement et de manière utile, te paraissent-ils raisonnables en agissant de la sorte » (332a). — Comme le note C.C.W. Taylor (p. 133), le centre du discours de Protagoras réside dans la conception d'un bien relationnel. Protagoras développe en effet trois points dans son discours : 1. tout bien a une certaine utilité ; 2. le bien est relationnel, c'est-à-dire que « bon » doit s'entendre comme « bon pour un tel », « bon pour un autre » ; 3. la même chose peut être bonne pour un tel, et mauvaise ou non bonne pour un autre. C.C.W. Taylor qualifie de thèse relationnelle la conjonction des thèses 2 et 3. Cette longue réplique de Protagoras sur le bien n'a pas à être mise en relation avec le relativisme de Protagoras

énoncé par Platon dans le *Théétète* (« telle une chose t'apparaît, telle elle est »), puisque la thèse relationnelle n'a rien à voir avec le subjectivisme (que soutiennent G. Vlastos dans son introduction à B. Jowett, 1953, p. XVI, note 32, qui parle d'un « relativisme moral », et A.E. Taylor [1952, p. 251], pour lequel ce passage n'est évidemment rien d'autre que l'application à l'éthique du principe protagoréen de l'homme-mesure). Cf. encore P. Friedländer (1964, p. 15), et W. Nestle (1931, p. 15).

Pour S. Moser et G.L. Kustas (1966, p. 114), le relativisme a pour corrélat l'absence de tout standard universel, alors que, dans la longue tirade qui précède, Protagoras reconnaît clairement dans le profitable (*ōphélimon*) « un standard auquel recourir pour s'accorder en matière de morale ». À cet égard, la conception de Protagoras dans le passage précédent n'est pas plus relativiste que n'importe quelle conception utilitariste. Pour la réfutation d'une interprétation relativiste de ce passage, cf. encore G.B. Kerferd (1949, p. 24). Aucun autre témoignage ne fait état de la théorie du bien propre à Protagoras.

Pour une tentative de reconstruction de l'argument sur la justice et la sagesse, qui est ici abandonné, on se reportera à R.D. Mac Kirahan Jr. (1984, p. 19-24).

212. Pour une réaction similaire à une performance sophistique ou rhétorique, cf. *République* I 492b-c, *Euthydème* 276d, 303b, *Banquet* 198a, Isocrate, *Panathénaïque*, 281c et 288c.

213. On trouve le même terme dans la *République* (VI, 486d). Pour le rapport entre la mémoire et l'oubli, on se rappellera les termes de la critique de l'écriture (*Phèdre* 275a). Sur le fait d'alléguer une mauvaise mémoire de manière stratégique, cf. *Lachès* 189c, *Ménon* 71c. C'est une stratégie qui oblige les interlocuteurs, comme l'écrit M. Canto (*Ménon*, Introduction, GF-Flammarion, note 16), à « 1. faire des réponses courtes et motivées ; 2. formuler explicitement leurs opinions et donc a s'engager à les justifier au lieu de les faire dépendre d'une autorité ou d'une évidence trompeuse ». Sur le désir d'une réponse brève, cf. encore *Euthyphron* 14c.

214. C'est ce verbe qui a permis de former le substantif *suntomía*, la concision, qui est une des vertus de l'expression chez les stoïciens (cf. Diogène Laërce, VII, 59).

215. On a pu reconnaître ici une allusion au fameux thème de l'homme-mesure tel qu'il sera présenté dans le *Théétète* (152a). Mais Protagoras se défend ici simplement contre les exigences de Socrate, et l'on peut tout à fait l'approuver : il est sensé, en effet, de prétendre donner des réponses de longueur différente à des propos différents et qui, de ce fait, motivent des traitements différents. Exiger en tout sujet une même et seule concision peut apparaître comme une requête éristique, très sensible dans l'*Euthydème*, cf. Introduction, p. 55.

216. Sur l'opposition entre long et court et sur la prétention

sophistique à exceller dans les deux registres, cf. aussi *Gorgias* 267b, et surtout 449b-c. — Protagoras (Diogène Laërce, IX, 52) passait pour l'inventeur de la dialectique (alors aussi bien du discours court que du discours long, comme le note G.B. Kerferd, 1981A, p. 33), pour le premier donc à avoir développé la méthode socratique de l'argumentation. Cf. également *Dissoì lógoi*, VIII, 1, et VIII, 13. — O. Gigon (1948, p. 145) suggère que cette brachylogie va de pair avec l'idéal du laconisme (cf. *infra*, 342a sq.) et renvoie à Hérodote (III, 46).

Nous avons ici l'un des nombreux passages du *Protagoras* qui témoigne du caractère réglé de l'entretien dialogué et qui en exhibe les règles (cf. par exemple *infra*, 338a-b ; cf. également *Hippias mineur*, 363d-364e). La réplique que Protagoras va donner en réponse à Socrate manifeste de sa part une importante résistance à l'entretien dialectique : elle dénonce les modalités de capture — ou de neutralisation — propres à l'entretien dialectique, qui sont également ses modalités propres de pouvoir (cf. Introduction, p. 55-59). D'où l'attitude de Socrate qui va suivre : l'interlocuteur ne doit pas être contraint, sinon la discussion dialectique n'a pas de sens. — Mais Protagoras paraît ici se rebeller (non sans raison) contre le rôle ingrat du répondant, qui se borne à donner ou à retirer son accord à des positions qu'on lui suggère : il faut toujours affirmer ou refuser dans le cadre d'un choix préalable, impossible à remettre en cause, sans avoir la possibilité d'affirmer quelque chose de son propre cru.

217. « Contradicteur » traduit le grec *antilégōn*. Protagoras (cf. Introduction, p. 15-16) était l'auteur d'un ouvrage intitulé *Antilogies*. Dans le *Sophiste* (232b), le sophiste est présenté comme un contradicteur (*antilogikón*).

218. Dans la *République* (I 344d) c'est Thrasymaque qui cherche à partir « après avoir déversé dans les oreilles, comme un garçon de bains, son argument continu et abondant ». Mais les assistants ne le laissent pas faire, le contraignent à rester, pour qu'il rende compte de ce qu'il a dit. O. Gigon (1948, p. 145) marque l'opposition entre ce Socrate et celui du *Lachès* (194a), qui poursuit inlassablement l'enquête. En tout cas, ici, Socrate use quasiment de chantage et table sur l'effet qu'il va ainsi produire sur un public « dépendant ». — Sur les encouragements dispensés par Socrate ou par l'assistance en vue de la poursuite de l'entretien, cf. la longue réplique de Socrate en *Gorgias* 457e-458b et les interventions et exhortations du public (Chéréphon, Calliclès) en 458c-d.

219. La présence effective de Socrate est nécessaire au déroulement du dialogue, de par sa manière de faire avec les *lógoi*. L'insistance est ici portée sur le caractère unique de Socrate (cf. *Apologie* 20c, *Banquet* 215a-223b et particulièrement en 215d, et 221c-d).

220. *Philosophia* (le terme réapparaît *infra*, 342b). Pour le sens de ce terme, cf. M. Dixsaut (1985, p. 45-67).

221. Crison était un athlète originaire d'Himère en Sicile qui gagna l'épreuve de la course aux jeux Olympiques en 448, 444 et 440. Socrate évoque deux types de course : la course du long stade — le long stade, espace de douze *díauloi*, ou vingt-quatre stades, la plus longue carrière que parcouraient les lutteurs dans les jeux — et la course d'une journée. Dans ce passage, Socrate, par ses répliques, donne plutôt l'air d'un vieillard et paraît brosser le portrait de Protagoras comme celui d'un homme en pleine possession de sa force. Il est frappant de voir combien, au cours du dialogue, les âges effectifs de Socrate et de Protagoras paraissent s'inverser.

222. Pour la même distinction dans la bouche de Charmide, cf. Xénophon, *Mémorables*, III, 7, 4. Ici se trouve énoncée la différence fondamentale entre dialectique et rhétorique ; cf. *Gorgias* (519d sq.) et *Hippias majeur* 304a sq. Pour un jeu sur cette distinction, cf. *Alcibiade* 114b.

223. Je suis ici, comme A. Croiset, les manuscrits B et W. Une fois de plus, le propos concerne bel et bien les règles de l'entretien dialogué. La joute verbale entre Socrate et Protagoras est interrompue, et chacun des assistants prend successivement la parole au sujet des règles de l'entretien, cf. *supra*, 336d-e, 337a et 337d.

224. *Lógon te doûnai kaì déxasthai*, littéralement « donner et recevoir un argument », c'est-à-dire rendre raison (ou rendre compte), et, corrélativement, recevoir des comptes, cf. *Lachès* 187d, *République* VII 531e, *Théétète* 177b. « La première expression ("donnant un argument") désigne la tâche du répondant, c'est-à-dire de celui qui, dans un entretien dialectique, doit rendre raison (*didónai lógon*) de la position qu'il défend ; la seconde expression ("recevant un argument") renvoie quant à elle au role du questionneur, soit de celui qui examine la thèse que lui soumet le répondant » (L.-A. Dorion, *Lachès*, GF-Flammarion, 1997, note 88). L'attitude de Protagoras, qui consiste à « esquiver les arguments, refuser de se justifier » (*infra*, 336d), revient à faire obstacle à la démarche dialectique.

225. Il s'agirait donc d'une capitulation : Protagoras abandonnerait la partie en se reconnaissant vaincu — on notera le caractère agonistique de la discussion.

226. L'insistance est portée à nouveau sur le lien entre la parole-dialogue et le souci de la communauté : personne n'est censé faire cavalier seul.

227. Je traduis ainsi le terme *koinós*, qui réapparaît ici (pour les occurrences de *koinós* dans le dialogue, cf. *supra*, note 32). — « Neutre » traduit le grec *ísos*, qui signifie littéralement « égal ». Prodicos fait montre de son talent spécifique, la *diaíresis tōn onomátōn*, l'analyse de la signification des mots.

228. Pour la même distinction entre « discuter » (*amphisbētein*) et « disputer » (*erizein*), cf. *République* V 454a. Prodicos

énonce ici une caractéristique essentielle de la dialectique : la bienveillance règne sur la discussion, et la *philía* lie ses intervenants, sans agressivité ni hostilité, sans rivalité ni inimitié, cf. *Ménon* 75c sq.

229. Le terme grec que je traduis par tromperie est *apátē* ; sur la liaison entre *apátē* et sophistique, cf. *supra*, note 126.

230. J'ai choisi de traduire *diánoia* par pensée et *phrónēsis* par intelligence. Le terme de *phrónēsis* intervient *infra*, 352c.

231. Sur Hippias et sa position singulière et caractéristique par rapport à la nature, cf. H. Joly (1985, p. 313) et Introduction, p. 12-13. Dans la phrase suivante, la loi est qualifiée de « tyran des hommes » : il s'agit là de la déformation d'un célèbre vers de Pindare qui affirme la souveraineté de la loi, que cite Calliclès dans le *Gorgias* (484b) : « La loi, reine du monde, des êtres mortels et des dieux immortels. » Le *nómos basileús* pindarique est ici transposé en *nómos túrannos*. Nous savons qu'Hippias avait entamé des recherches sur le mot *túrannos* (cf. DK, B 9). Pour Hippias, à la différence de Calliclès (cf. *Gorgias* 482c-486c) et d'Antiphon (DK, 87, B, 44), c'est la nature qui est principe d'égalité, et ce sont les lois qui introduisent les inégalités entre les hommes. Sur la controverse *phúsis/nómos*, voir G.B. Kerferd (1981A, chapitre x).

232. C'est Athènes qui est ici qualifiée de « prytanée du savoir ».

233. L'arbitre (*diaitētḗs*) était chargé à Athènes de juger les procès privés.

234. Avant de renvoyer à une mesure, et à une juste mesure, le *méson* est originairement ce qui se trouve au milieu, au centre, et ce qui a, de fait, rapport avec le « commun » (cf. M. Detienne, 1967, p. 81-99) et *supra*, note 32.

235. Pour l'usage du même terme à propos du discours, cf. par exemple *Ménon* 70b, dans la bouche de Socrate à propos de Gorgias. Sur le sens de ce terme, cf. la traduction de M. Canto du *Ménon*, GF-Flammarion, note 10.

236. Pour cette expression, mais dans un sens positif, cf. *Banquet* (210d) : « l'océan immense du beau ».

237. Pour la même expression, cf. *Lois* VII 810e : « chemin frayé », « route ouverte » (cf. *Odyssée*, 3, v. 175 : « traverser en coupant, fendre "la mer"(*pélagos*) »).

238. Arbitre traduit ici *rhabdoûkhos*, littéralement « qui porte une baguette » : il s'agit à Olympie du juge des jeux gymniques. Sur la nécessité d'un arbitre, cf. *Lachès* 184d. L'épistate est à Athènes le président des prytanes, qui, le jour de son élection, présidait à la fois le Conseil (*boulḗ*) et l'Assemblée (*ekklēsía*).

239. Socrate cherche à démontrer qu'il serait absurde de s'en remettre à un arbitre. Il ne saurait y avoir de tiers, jugeant du dehors l'« échange » dialectique ; la seule extériorité y est celle du public, des assistants. Cf. M. Canto, in B. Cassin (1986, p. 41).

— Pour le rejet d'un arbitre dans l'entretien dialectique, cf. *Théétète* 173c.

240. *Hupékhein lógon* : rendre raison, rendre compte, fournir des explications ou donner des réponses. Cf. *supra*, note 224 ; cf. également 338e : « se justifier » (*dõsein lógon*).

241. Cette expression *apokrínesthai tò erōtṓmenon* (ou *to erōtethén*) est une expression technique : cf. *Théétète* 146e, *Gorgias*, 361e, *Criton* 49a, *Hippias majeur* 287e, Aristote, *Métaphysique*, G, 1007a 8-10. La pratique éristique, telle qu'elle est manifeste dans l'*Euthydème*, repose quant à elle sur le maintien de l'indétermination, celle-ci d'ailleurs n'étant pas exclusive d'une détermination apparente, seulement verbale, qui fait obstacle au déploiement d'une détermination réelle. Cf. *Euthydème* 296a, où Euthydème reproche à Socrate de « répondre plus qu'on ne lui demande », « de parler plus qu'il ne faut », au moment où Socrate, par les déterminations qu'il apporte, s'efforce de rendre caducs les sophismes que prémédite Euthydème.

242. Nous trouvons ici deux nouvelles occurrences du terme *koinón* : « c'est vous et moi qui lui demanderons alors ensemble » et « vous arbitrerez tous ensemble ». L'absence d'arbitre est liée à cette dimension commune de l'enquête, qui ne saurait connaître d'autorité extérieure, et que régule seulement la présence de Socrate (cf. *supra*, 335d).

243. Sur ce passage, cf. Introduction, p. 47-49. Je remercie J. Schneider pour l'aide qu'il m'a apportée sur cette exégèse des vers de Simonide. La « compétence en poésie » traduit l'expression : *deinós peri epõn*. Pour l'adjectif *deinós*, cf. *supra*, note 23 ; le terme *epê* a ici une valeur générale et désigne la poésie d'une manière générique ; dans d'autres occurrences, il désigne les vers épiques (hexamètres) ainsi que les vers élégiaques, distincts des vers lyriques (*Phèdre* 241e, *République* X 607a), des vers iambiques (*République* X 602b), des vers dramatiques et lyriques (*République* II 379a, *Hippias mineur* 368d, et *Ion* 534c). Cette déclaration de Protagoras et la longue exégèse des vers de Simonide qui suit sont importants pour l'histoire de la philologie. Cf. sur ce point R. Pfeiffer (1968, chapitre II, p. 32-35), et aussi G. Most (in B. Cassin, 1986, p. 233-245), pour lequel Platon a opéré (cf. notamment *infra*, 347b-348a) un blocage d'une herméneutique naissante, issue de la sophistique. Pour C.C.W. Taylor en revanche (1991, p. 141), Protagoras considérait la critique littéraire comme plus importante pour le développement de la faculté critique et pour l'usage exact du langage que pour la compréhension et l'appréciation de la poésie comme une fin en soi.

244. Toute cette discussion est importante pour statuer sur l'émergence de la philologie. Pour la discussion de tout ce passage, consulter la bibliographie in W. Donlan, « Simonides, Fr. 4 Dard P. Oxy. 2432 », *Transactions of the American Philological*

Association, vol. C, 1969, p. 77, note 13. On peut se reporter principalement à U. von Wilamowitz-Moellendorff, *Sappho und Simonides*, Berlin, 1913, p. 159, H. Gundert, « Die Simonides-Interpretation in Platons *Protagoras* », Heidelberg, EPMHNEIA : Festschrift Otto Regenbogen, 1952, p. 71-93, L. Woodbury, « Simonides on *Aretē* », TAPA 84, 1953, p. 135-63, et B. Gentili, « Studi su Simonide », *Maia* 16, 1964, p. 278-306, Daniel Babut, « Simonide moraliste », *Revue des études grecques*, LXXXVIII, 1975, p. 20-62, J. Svenbro, *La Parole et le marbre*, Lund, Studenlitteratur, 1976, p. 141-172. Voir également W. Jaeger, *Paideia*, I, p. 257, et II, p. 118.

Le passage présent du *Protagoras* est la seule source existante pour ce poème qui est ici cité presque en entier ; adressé à Scopas, fils de Créon, il dut être rédigé au moment où Simonide était l'invité d'une des familles aristocratiques de Thessalie, les Scopas. Comme le note C.C.W. Taylor (1991, p. 147-148), le poème présenté traite de thèmes courants dans la poésie des VIe et Ve siècles : l'impossibilité de la perfection, la distance infranchissable entre les dieux et les hommes, les vicissitudes inéluctables de la vie humaine et la nécessité de la modération en toutes choses. « Simonide pose ici le problème de la manière suivante : souvent, dit-il, le sort précipite l'homme dans un malheur auquel il ne saurait échapper et qui l'empêche de devenir parfait. Seuls les dieux parviendraient à la perfection, tandis que les mortels ne sauraient y prétendre s'ils sont touchés par le doigt du destin. Il n'appartient qu'à l'individu aimé des dieux, à celui qu'ils gratifient d'un sort heureux, d'atteindre à l'*aretē*. Voilà pourquoi Simonide loue l'homme qui, de par sa propre volonté, n'accomplit rien de bas. » Cf. les vers *infra* sur l'homme irréprochable.

245. Sur les rapports positifs de Socrate à la poésie, cf. Xénophon, *Mémorables*, I, 2, 56-58.

246. Pittacos (cf. C.C.W Taylor, 1991, p. 142) était le premier magistrat de Mytilène, sur l'île de Lesbos, à la fin du VIIe siècle avant J.-C. ; il était considéré comme l'un des sept sages. — Pour l'usage d'*esthlós*, cf. Théognis qui « conseille à son élève de ne jamais s'associer aux méchants (*kakoí*, *deiloí*) — car telle est la dénomination suggestive qu'il donne à tous ceux qui n'ont pas bénéficié d'une éducation aristocratique, par contraste avec les nobles (*agathoí*, *esthloí*) » (W. Jaeger, 1934, I, p. 241).

247. On peut tout à fait mettre en doute la contradiction que Protagoras exhibe dans le poème de Simonide. Pour la mise en évidence d'une contradiction qui n'est pas dans un texte poétique, cf. l'interprétation (par Socrate cette fois) des vers de Théognis dans le *Ménon* (95d sq.). Pour un autre exemple d'explication de textes poétiques, cf. *Hippias mineur* 364e, sur l'initiative d'Hippias, à propos d'un texte d'Homère, et la réponse de Socrate, en 369e-371d (où il parodie les exégètes d'Homère).

248. Cf. *Iliade*, XXI, v. 308-309. Pour la même idée, cf. la citation du *Banquet* 174d : « Quand on marche à deux, l'un suppléant l'autre. » Comme le note M. Gagarin (1969, p. 151), Socrate, qui s'identifiait à Ulysse en 315a-c, identifie ici Protagoras à Achille.

249. Socrate joue ici sur l'opposition entre le fait de « renverser » Simonide et celui de le « remettre d'aplomb ».

250. Cf. *supra*, 337a sq.

251. Ici Socrate restaure bel et bien le dialogue, en interrogeant Prodicos. Alors qu'il a été clairement fixé qu'il devait répondre aux questions de Protagoras (338e), et que cette discussion n'est pas close, Socrate reprend donc la place de questionnant dans un dialogue qu'il ouvre avec Prodicos. Il est vrai que Protagoras, qui devait interroger, vient de se livrer à une performance, en cavalier seul.

252. Ce passage est la paraphrase d'Hésiode, *Les Travaux et les jours*, v. 289-292. Pour un commentaire, cf. W. Jaeger (1934, I, p. 102-103).

253. Pour un tel emploi du terme *theîos*, cf. *supra* 316a (également à propos de Prodicos) mais aussi *République* I 331e (à propos de Simonide), *Phèdre* 234d, *Sophiste* 216c, *Lois* II 666d.

254. Pour la même déclaration d'obédience de Socrate à Prodicos, cf. *Ménon* 96d, *Cratyle* 384b, *Charmide* 163d.

255. Pour l'usage du terme *hupolambánein*, cf. *Euthydème* 295b-c, *Gorgias* 457e, *République* I 338d.

256. Le double sens de *deinós* est ici clairement déployé : un sens positif, qui équivaut à « formidable » ; un sens négatif, signifiant alors terrible. Cf. *supra*, note 23.

257. Le terme de *phōnē* signifie d'ordinaire « voix » ; chez Aristote, il signifie « vocable ». Ici il faut comprendre « langue », au sens de dialecte. Cf. *infra*, 346e, pour le même sens (« le dialecte de Mytilène »). — Dans tout ce passage, il s'agit bel et bien (cf. G. Vlastos, 1991, p. 190), d'une « effronterie », à laquelle Prodicos va donner (mystérieusement) son soutien, effronterie passagère que Socrate va annuler, d'une pirouette, un peu plus loin (341d).

258. À nouveau, nous assistons à une légère subversion des rôles, puisque Socrate, qui, normalement, devrait être interrogé, demande à Protagoras s'il a quelque chose à répondre (à Prodicos, en l'occurrence). Socrate est bel et bien en train de reprendre l'initiative dialectique — sans que Protagoras s'y oppose.

259. Littéralement, « venir en aide (*boētheîn*) à ton propre *lógos* ». Pour la même expression, cf. *Phèdre* 275e.

260. Comme le terme d'*ónoma*, que je traduis par « mot » et qui n'acquiert sa signification technique de « nom » que dans le *Sophiste*, le terme de *rhêma* n'est pas pris ici dans le sens technique que lui donnera l'Étranger (*Sophiste* 262b). Il signifie ici non pas « verbe », mais « expression ». Pour d'autres emplois simi-

laires du terme de *rhêma*, cf. *infra*, 342e, 343b, et, par exemple, *Cratyle* 399a : *Dìi phílos* (« cher à Zeus ») est un *rhêma*.

261. *Akólastos* : littéralement, non châtié, non réprimé, intempérant, déréglé.

262. Ce même verbe *diexeltheîn* est employé *supra*, en 320c.

263. Cette longue réplique de Socrate vient donc répondre à celle où Protagoras (*supra*, 316d sq.) prétendait reconstruire la chaîne effective et cachée de la tradition sophistique. On sera sensible, une fois de plus, à la construction très soignée du dialogue.

264. Pour G. Vlastos (1991, p. 189-194), qui rappelle que Sparte était connue pour « ses obsessions traditionalistes, xénophobes et anti-intellectuelles », affirmer qu'elle faisait plus que tout autre pour l'amour du savoir (*philosophía*) ne peut que tenir de la plaisanterie. Cf. pour le même diagnostic, W. Jaeger (1934, I, p. 501, note 7). Sur l'éducation d'État à Sparte, cf. *ibid.*, chapitre V. La position de Socrate est indécidable, puisqu'il mêle d'une manière indiscernable le sérieux et la plaisanterie. Contre Protagoras, qui se présente comme le champion de la démocratie athénienne, il revendique le patronage de Lacédémone ; il oppose la tradition philosophique à la tradition sophistique, Lacédémone à l'Athènes de la prémisse de la première objection qu'il a adressée à Protagoras (« les Athéniens sont avisés », *infra*, 319b). Lacédémone, ou Sparte, est en effet la rivale traditionnelle d'Athènes pour l'hégémonie en Grèce, célèbre pour le style de vie militaire qu'elle inculquait à ses citoyens et la place prédominante qu'elle accordait aux exercices physiques. Cf. Xénophon, *République des Lacédémoniens*, XII, 7, *Lachès* 183a (les Lacédémoniens « ne se soucient de rien d'autre dans la vie que de chercher et pratiquer ce qui leur conférera, une fois qu'ils l'auront appris et pratiqué, la supériorité sur les autres à la guerre »), *Théétète* 162b, où elle est mentionnée pour ses palestres et l'habitude de lutter nu. Mais dans le *Banquet* (217c), Alcibiade semble attester que cette habitude s'était étendue à Athènes, puisqu'il évoque le fait que lui-même et Socrate aient pratiqué nus ce type d'exercice. Pour un éloge des vertus lacédémoniennes, cf. *Alcibiade* 122c ; pour mention de l'attitude des Lacédémoniens à l'égard de l'éducation que promeut Hippias, cf. *Hippias majeur* 285a-d. Sur le rapport de Socrate et de Platon à Sparte, cf. E.N. Tigerstedt, *The Legend of Sparta in classical Antiquity*, I, Stockholm, Göteborg, Uppsala, Almqvist & Wiksell, p. 241-244 et 244-276.

265. Tels sont les « signes extérieurs » des Spartiates. Pour une même allusion à des mutilations des oreilles, cf. *Gorgias* 516a, où Calliclès parle du parti spartiate, parti réactionnaire, comme « des hommes aux oreilles déchirées ». Les oreilles déchirées (ou « oreilles en chou-fleur ») (cf. *Gorgias*, trad. M. Canto, GF-Flammarion, note 217) proviendraient de la pratique de combats violents. — Le manteau court en question était simplement jeté sur les épaules.

266. Clin d'œil sur l'usage de *deinós*, cf. *supra*, 341b, note 256. — Le terme d'*akontistếs* qualifie les étoiles filantes.

267. On reconnaît ici une des listes des sept sages. Socrate réplique à la tradition secrète de la sophistique constituée par Protagoras (*infra*, 316d-e) par la tradition des sept sages, caractérisée par la concision, ce qui vient renforcer le reproche de macrologie qu'il vient d'adresser à Protagoras. Pour l'amorce d'une liste similaire, cf. *Hippias majeur* 281c.

268. « Connais-toi toi-même » est la célébrissime formule qui était inscrite sur le fronton du temple d'Apollon à Delphes (Socrate la commente dans l'*Alcibiade* 132b sq. ; pour une mention des deux formules « connais-toi toi-même » et « rien de trop », cf. *Charmide* 165a).

269. Il est probablement fait allusion dans tout ce passage à une spécialité de Protagoras, les « discours renversants » (*katabállontes lógoi*) (cf. *supra*, 340b, et *infra*, 344d) ; cf. *Euthydème* 277d, 286b-c, 288a ; Sextus Empiricus, *Adversus mathematicos*, VII, 60 ; Euripide, *Les Bacchantes*, v. 199, sq.). En spécifiant l'adresse du poème, Socrate, bon philologue, remet, en bon dialecticien, l'exégèse en situation dialectique, puisqu'en commentant le poème de Simonide comme une réponse à Pittacos, il va rétablir du dialogue dans l'écriture poétique.

270. « Dispute » traduit le terme *erízonta* ; « rétorque » traduit le verbe *amphisbēteîn*. C'est dire que Socrate utilise ici un couple de termes dont Prodicos a précédemment réglé l'utilisation (cf. *supra*, 337b).

271. Pour les besoins de sa propre exégèse poétique, Socrate joue sur la distinction entre « être » et « devenir » et sur la place de l'adverbe (« véritablement » se rapporterait à « devenir », et non à « valeur »). D'après M. Frede (1988, p. 46-47), Socrate semble prétendre que « devenir un homme de valeur » ne signifie pas ici « changer de manière à devenir une personne de valeur », mais « agir de la manière dont agit un homme de valeur ».

272. On peut se poser ici la question du degré de technicité de ce terme. Selon R. Pfeiffer (1968, p. 34), qui juge la manière de procéder de Socrate très violente, le terme technique d'hyperbate trouve son origine dans ce passage du *Protagoras*. L'hyperbate est une figure de rhétorique, qui signifie le déplacement d'un mot par rapport à sa place selon l'ordre usuel de la phrase. Par exemple : « La nuit m'habitera, et ses pièges tragiques. »

273. Littéralement, « s'il faisait un discours », c'est-à-dire « s'il s'exprimait en prose » (*ei légoi lógon*).

274. « État » traduit le terme grec d'*héxis*, qui renvoie à un état durable, et non une disposition passagère (*diáthesis*) ; cette distinction apparaît chez Aristote.

275. « Sans ressource » traduit le grec *amḗkhanos*. Un malheur sans ressource signifie un malheur insurmontable, pour lequel on se trouve « sans ressource », « démuni ». Sur la racine de *mēkhanḗ*

et d'autres occurrences de termes voisins dans le dialogue, cf. *supra*, 320e et note 100.

276. Étant donné l'opposition qui le lie à « valeureux », *kakós*, qui signifie « mauvais », signifie ici lâche. Le vers qui suit est inconnu.

277. Le verbe *hupárkhein* que je traduis ici par « appartenir » connaîtra chez Aristote un développement logique important dans la théorie de la prédication.

278. Au détour de l'exégèse socratique apparaît un thème métaphysique voué à une postérité platonicienne importante : le mal n'est jamais initial, jamais radical ; il n'est qu'une aliénation, une déformation, du bien.

279. On peut ici hésiter entre traduire « *kakḕ prâxis* » par « échec » ou par « mal ». — Sur les erreurs de conduite comme résultats de l'ignorance, qui consiste dans le fait de croire que l'on sait ce que l'on ne sait pas, cf. *Alcibiade* 117d ; cf. encore *Ménon* 88c.

280. Thème épique et tragique important : non seulement les hommes, mais également les dieux sont soumis à la nécessité (*anágkē*).

281. Cf. *infra*, 357c-e. Un autre thème platonicien apparaît : « nul n'est méchant volontairement », *Apologie* 25e-26a, *Gorgias* 467c-468c, 509e ; *Ménon* 77b-78b ; *République* II 358c, 366 c-d, IX 589c ; cf. encore *Sophiste* 230a, *Timée* 86d-e, ainsi que *Lois* V 731c, 734b, IX 860d. Cf. également Xénophon, *Mémorables*, III, 9, 4 ; IV, 6, 6. Aristote critiquera cette conception, cf. *Métaphysique*, Δ, 29, 1025a9, *Éthique à Nicomaque*, VII, 3, 1145b24-32, VII, 5, 1147b15. Sur les actions volontaires et involontaires, voir également *Éthique à Nicomaque*, III, 1, et V, 8. — « Nulle part dans le corpus platonicien cette idée n'est énoncée avec plus de clarté, de netteté, que lorsque Socrate l'introduit abusivement dans sa parodie d'interprétation du poème de Simonide dans le *Protagoras* » (G. Vlastos, 1991, p. 191). L'idée socratique qu'une telle conception est universellement partagée par les sages apparaît en contradiction avec ce que l'on pense d'ordinaire — elle est plutôt représentée comme largement improbable (cf. *Gorgias* 475e, Aristote, *Éthique à Nicomaque*, VII, 3, 1145b).

282. Le respect des parents et de l'étranger, ainsi que le fait d'honorer les dieux, représentent les trois commandements fondamentaux de l'éducation traditionnelle (cf. W. Jaeger, 1934, I, p. 29). Sur le respect prôné par Socrate à l'égard des parents, cf. Xénophon, *Mémorables*, II, 2, 4.

283. *Tà mésa* désigne la moyenne, par rapport aux extrêmes.

284. Le terme d'*hekṓn* ne se rapporterait donc pas à « faire quelque chose de laid », mais à « j'aime et je loue ». Socrate poursuit la parodie de l'exercice de philologie dans la pratique de la ponctuation. L'expression *dialabeîn légonta* signifie littéralement « marquer une pause », ou « s'arrêter en parlant ». Pour l'idée

d'une « manipulation » dans ce passage, cf. J. Adam et A.M. Adam (1905), P. Friedländer (1964, p. 24-25), G. Vlastos (1991, p. 190).

285. Socrate s'en prend ici à la démarche de Protagoras, qui, sur l'*aretḗ*, en réfère à Simonide, poète et premier sophiste, même si c'est pour manifester son ambivalence à son égard.

286. Cf. *supra*, 338e. Pour l'emploi de ce terme d'*apaideusía*, opposé à celui de *paideía*, cf. *République* VII 514a, et *infra*, 347d.

287. Un banquet (*sumpósion*) est un repas en commun, qui est présidé et réglé par quelque personnage, et où le repas importe moins que les discours qui le suivent et que les convives prononcent, dans un ordre réglementé, à partir du moment où il n'y a plus que les vins sur la table. Le *sumpósion* comportait deux parties, la première, de peu d'importance, étant le *deîpnon* ou *súndeipnon*, et la seconde, essentielle : le *pótos*, c'est-à-dire la beuverie commune, mais qui visait à autre chose qu'au seul fait de boire. Dans notre passage, Socrate s'en prend à ceux qui, pour animer la soirée, font appel, moyennant finances, à des joueuses de flûte, citharistes ou autres danseuses, parce qu'ils sont incapables de s'entretenir entre eux. Sur le banquet comme institution sociale, cf. P. Schmitt-Pantel, *La Cité au banquet-Histoire des repas dans les cités grecques*, École française de Rome, 1992.

288. Pour le rejet des joueuses de flûte au profit d'une parole sans musique, sans instrument, cf. *Banquet* 215c-d. Pour le rejet platonicien de la musique purement instrumentale, on peut se reporter également à *République* III 399c, VI 531a-532a, et *Lois* II, 658d, 669c-670a. Pour la nécessité que le rythme et l'harmonie suivent la parole ou le sens (*lógos*), cf. *République* III 398d.

289. L'insistance est portée sur le fait de faire entendre sa propre voix : à la différence de l'écriture ou du texte cité, qui sont des voix étrangères, la voix dialectique est une voix propre.

290. Cf. *Banquet* 176e, où Éryximaque propose « de donner congé à la joueuse de flûte, qui tout à l'heure est entrée ici, et de l'envoyer jouer de la flûte pour elle-même, ou, si elle veut, pour les femmes de la maison ; puis, nous autres, d'employer à discourir le temps de notre réunion de ce jour ». Sur les rapports entre le *Banquet* et le *Protagoras*, cf. D. Frede (1986, p. 747). — De même, pour les fêtes organisées avec des joueuses de flûte, cf. *Théétète* 173d. Dans le *Banquet* de Xénophon, dont Callias est l'hôte et Socrate l'un des invités, on trouve tant des conversations que des numéros de cabaret.

291. Ici la critique de la poésie est donc distincte de celle que Socrate élaborera aux livres II et III de la *République*, mais « recroise la doctrine platonicienne connue sur le silence des textes et la volubilité des commentaires » (H. Joly, 1986, p. 115) ; cf. *Phèdre* 275d, *Hippias mineur* 365d. Platon critique ici l'éducation sophistique, sur les deux points de la formation éthique et de l'éducation civique. Socrate rejette ici le commentaire poétique,

qu'il vient de pratiquer et de pasticher longuement, au profit de l'entretien dialogué dont il fixe les règles : « 1. Dissocier musique et langage [...]. Règles du *psilòs lógos*, discours sans musique ou "discours pur". 2. Ôter la voix aux poètes, rendre sa voix au locuteur qui devient le sujet de sa parole, parle en première personne et par lui-même. Règle de la *dià tễs hautõn phōnễs* ou de la parole "à voix propre". 3. Rompre le monologue, instituer ces discours à plusieurs sujets et à plusieurs voix, faire que le *lógos* soit objet d'échange et de contrôle mutuels et circule entre les différents locuteurs, en théorie du moins. Règle du *diálogos*, du discours donné et reçu. Tout se passerait, en apparence, chez Platon, comme s'il fallait que le sujet parlant, *hō légōn*, retrouve sa voix et s'institue comme sujet de la parole, pour que "polyphonie" et "polylogie" se substituent, la question étant réservée d'une monologie philosophique persistante » (H. Joly, 1986, p. 116).

292. Voici, malgré les différences qui les séparent, un point commun qui relie la dialectique et la pratique du tribunal : encore faut-il s'entendre sur la cause, encore faut-il pouvoir la gagner ou la perdre — si l'on examine des textes poétiques, on en vient à une non-situation juridique et dialectique : l'objet ou la cause reste indéterminé. Sur le fait qu'il est impossible de savoir ce qu'un poète avait en tête en composant les vers en question, cf. *Hippias mineur* 365d.

293. Pour cette expression *peîran didónai*, cf. 342a, et *Lachès* 189b : soutenir l'épreuve, être mis à l'épreuve.

294. Cf. *supra*, 333c. Il s'agit ici d'éprouver la vérité d'un entretien et aussi du même coup la propre vérité de ses interlocuteurs : ce qui suppose que l'on adhère soi-même au discours que l'on tient, que l'on assume son discours en première personne, ce qui engage à la fois l'investissement personnel, le sérieux, la responsabilité du discours tenu et la nécessité de l'assentiment pour la progression de l'entretien dialectique. Cf. encore *supra*, 331a, et *Sophiste* 263a.

295. C'est Callias qui, en 335d, est intervenu pour retenir Socrate. En toute justice, Alcibiade lui demande d'intervenir auprès de Protagoras, pour la sauvegarde de la même discussion.

296. Cf. *Ménon* 80c-d. Ce passage constitue une *captatio benevolentiae* que Socrate adresse à Protagoras pour la reprise de l'entretien dialectique.

297. Homère, *Iliade*, X, v. 224-225.

298. Selon M. Detienne (1967, p. 106), il se pourrait que Simonide ait été le premier à réclamer un salaire pour sa pratique. — Tout ce passage renvoie à *supra*, 316c-317c, et 328b-c.

299. « Chose » traduit le grec « *prâgma* » (cf. *supra*, 330c, et note 182) ; « existe sous » (littéralement « est sous-jacent ») traduit la forme verbale « *hupókeitai* », qui s'oppose, dans la phrase suivante (349c), au verbe *epíkeisthai* : « Chacun de ces noms *s'appli-*

quait en propre à une chose singulière. » « Réalité propre » traduit le grec « *idia ousía* ». Pour le même usage du terme *ousía*, voir *Euthyphron* 11a. Comme le précise M. Dixsaut (dans sa traduction du *Phédon*, GF-Flammarion, note 80) : « Dans la langue courante, *ousía* signifie "ce qui appartient en propre" à quelqu'un (sa "propriété" au sens le plus concret du mot, son "avoir"). Ce sens persiste dans l'usage philosophique, à ceci près que ce qui appartient en propre à une chose, c'est son être — sa manière d'être propre, qui la distingue de toutes les autres — et sa consistance : le fait d'être toujours même qu'elle-même. » — Tout le passage présent récapitule la discussion *supra*, 329c-330b.

300. Voici une autre figure de la détermination dialectique : si l'interlocuteur a changé sa position sur un point auquel il a précédemment donné son accord, il importe qu'il le dise nettement — c'est la règle de la transparence de la position.

301. Ici commence l'enquête sur le courage, qui va occuper toute la fin du dialogue ; elle comporte deux parties, toutes deux complexes : la première, assez brève, consiste en un échange vif entre Protagoras et Socrate sur la question des rapports entre audace et courage (349d-350c) ; la seconde est consacrée à l'élaboration d'une métrétique des plaisirs et des peines (351b-362a) et aboutit à la définition du courage comme savoir. Il s'agit, pour Socrate, de démontrer à Protagoras qu'il a tort de placer le courage à part des autres vertus ; de montrer l'identité entre courage et savoir, et, ensuite, d'essayer de « démontrer que toutes choses — justice, sagesse, courage — sont science », comme « la meilleure manière de montrer que la vertu peut s'enseigner » (361b). Au-delà de la question du courage, ce sont donc les thèmes de l'unité de la vertu et de son identité au savoir — le « paradoxe socratique » ou paradoxe de la « vertu-science », souvent mentionné par Aristote (cf. *Éthique à Nicomaque*, VI, 13, 1144b17-30, *Éthique à Eudème*, I, 5, 1216b3-8, *Grande Morale*, I, 1, 1182a15-24, 1183b8 sq.) —, ainsi que celui de l'éventuelle identité des vertus entre elles, qui se trouvent ici repris. Dans le *Lachès*, l'enquête se limite au courage, comme à une partie de la vertu totale, qui ferait l'objet d'une « tâche trop considérable » (190d).

Pour un rapprochement éclairant entre l'analyse du courage dans le *Lachès* et dans le *Protagoras* et les thèses péloponnésiennes et athéniennes chez Thucydide (*Guerre du Péloponnèse*, II) qui dégage la portée historique de l'enquête dans le contexte de l'époque, cf. J. de Romilly (1980). Dans l'*andreia*, que je traduis par « courage », il faut également entendre « virilité » : il s'agit de la vertu spécifique de l'homme mâle (*anēr*, *andrós*) et J. de Romilly (1980, p. 308) rappelle que le courage était considéré chez Homère comme la vertu par excellence — *aretē* signifiant souvent courage, et *agathós* brave : mettre la virilité au ban des vertus, en l'associant à l'intempérance, l'impiété, l'ignorance et l'injustice, paraît une position difficile à soutenir. Cette précision éclaire l'enjeu de notre passage. Sur l'analyse du courage, voir également R. Duncan (1978).

302. *Akólastos*, que l'on peut également traduire par « déréglé », apparaît comme le contraire de *sṓphrôn* — est-ce à dire que la *sōphrosúnē* s'infléchit légèrement de la « sagesse » et du « bon sens » vers la modération ?

303. Protagoras soutient que des hommes très injustes, très impies, très ignorants et très intempérants peuvent être exceptionnellement courageux. Socrate engage donc la discussion à partir de la distinction entre courage et audace. Pour une analyse méticuleuse, logique et formalisée de ce passage très difficile, cf. C.C.W. Taylor, 1991, p. 150-161.

304. On trouve ici sensiblement la même série d'exemples que dans le *Lachès* (193b-c). Mais le même exemple aboutit dans le *Lachès* (193c) à une conclusion opposée : à l'occasion d'une descente dans un puits, ceux qui n'ont pas la compétence requise seront plus courageux que ceux qui la possèdent. Ici, au contraire, ce sont ceux qui sont experts en la matière qui sont les plus audacieux. Dans la mesure où le premier argument (349d-350c) rappelle de manière frappante la discussion du *Lachès* (192b-193d), le rapport entre les deux textes et entre les deux dialogues a donné lieu à une querelle qui sépare deux interprétations distinctes : soit on soutient que le passage du *Lachès* (192e sq.) est le résumé des deux discussions du *Protagoras* (celle qui, en 349d, porte sur le « calcul des chances » et celle qui, en 351b, porte sur la métrétique) (cf. I. von Arnim, *Platos Jugenddialoge...*, p. 24-34, P. Friedländer, *Platon*, II, p. 44 et 686) ; soit on considère les deux discussions du *Protagoras* comme la reprise, l'une courte, l'autre très développée, de ce que Platon n'avait fait qu'esquisser dans le *Lachès* (cf. M. Pohlenz, *Aus Platos Werdezeit*, p. 94, note 1, p. 122, note 1 ainsi que W. Jaeger, *Paideia*, II, p. 385, note 2) (Festugière, 1973, Appendice C, p. 184). Comme Festugière (1973, p. 184) et J. de Romilly (1980, p. 322-323), j'incline pour la seconde possibilité dans la mesure où il paraît difficile de considérer le court passage du *Lachès* comme le résumé de l'analyse si nuancée de *Protagoras* 353c, l'un des morceaux que Festugière juge parmi les plus complexes et les plus difficiles de toute l'œuvre de Platon. Pour une suite de la discussion et l'incidence de ces points sur les datations respectives du *Protagoras* et du *Lachès*, cf. *infra*, note 356.

305. La *péltē* est un petit bouclier léger sans bord, et sans courroie (qui se distingue de l'*hóplon*), à l'usage de l'infanterie légère, introduit dans ce corps par Iphicrate (400-350 avant J.-C.) ; le *peltastikós* concerne les peltastes ou soldats d'infanterie légère.

306. On remarquera là l'impatience de Protagoras, et l'*hapax* dialectique de l'interlocuteur qui formalise avant Socrate et qui rompt ainsi la série — agaçante — des exemples. Socrate ne

relève pas. Comme le note Festugière (1973, Appendice C, p. 186, note 1), les termes employés dans le *Lachès* sont le substantif *phrónēsis* et l'adjectif *phrónimos*, alors que l'on trouve dans le *Protagoras* ceux de *sophía* et d'*epistḗmē*, qui sont employés indifféremment. Les termes de *sophós*, *sophía* et *epistḗmē* apparaissent plus tard dans le cours du *Lachès*, en 195a et 195d. Dans le *Protagoras*, la conclusion sera que l'*epistḗmē* (*sophía*) s'identifie au courage. Cette conclusion constitue le point de départ de la nouvelle discussion dans le *Lachès* (194d). Reste à comprendre pourquoi Socrate assimile dans le *Protagoras* le courage et la hardiesse qu'il distingue si nettement dans le *Lachès* (cf. 197b-c). Socrate s'en tient-il ici, comme le suggère Festugière, à l'opinion populaire qui confond spontanément courage et hardiesse (cf. *Lachès*, 197a) ? Pour une explication du fait que Socrate paraît identifier ici le courage et la hardiesse, cf. *infra*, note 309.

307. Cf. *Lachès* 193a-c. P. Demont et M. Trédé renvoient à Aristote, *Éthique à Nicomaque*, III, 6, 1115a-b, 8, 1116b : « Aristote évite l'aporie où Socrate conduit Protagoras en distinguant entre le courage et la confiance que donne une compétence. »

308. Sur la beauté du courage, d'une part, la folie et la laideur de l'audace, d'autre part, cf. *Lachès* 192c-d, 193d-e ; sur la beauté du courage, cf. *Alcibiade* 115b-e, et *Apologie* 28d-e. Pour la différence entre courage, absence de crainte, et témérité et folie, cf. *Lachès* 197a : les actes courageux sont ceux-là seuls qui s'accompagnent d'intelligence (*phrónēsis*), cf. *ibid.*, 192d.

309. L'argument développé est complexe, le nombre des prémisses engagées important, et la stratégie de Socrate curieuse (cf. G. Klosko, 1978, p. 137 sq.) : après avoir commencé par chercher à prouver que le courage est savoir, il s'attache à prouver la réciproque, à savoir que le savoir est courage, par la médiation d'une proposition fallacieuse : « Que les courageux sont les audacieux. » Reste à comprendre pourquoi Platon met Socrate en si mauvaise posture — ne serait-ce qu'une manière détournée de rendre hommage à la valeur de Protagoras ?

1. Socrate pense probablement que c'est faute de la distinction entre courage et audace que Protagoras en vient à séparer le courage des autres vertus — ce qui l'isole du savoir. Socrate ne se limite pas ici à la confusion populaire spontanée entre audace et courage ; il s'en prend au fait que Protagoras a laissé la place pour une telle confusion. 2. Protagoras a accepté à deux reprises (349e, 350b6) que les courageux sont (les) audacieux (l'absence d'article avec l'attribut dans la première occurrence permet les deux interprétations), sans avoir précisé, ce qu'il fait ensuite (350d), que cette proposition n'était pas une définition, mais que l'audace était un simple prédicat du courage — c'est-à-dire sans avoir précisé que « les courageux sont audacieux » n'équivaut pas à « les courageux sont (les) audacieux » ou « tous les audacieux soient courageux ». Socrate joue-t-il à suggérer ce sens définitionnel, lorsqu'il demande à Protagoras si les courageux sont

audacieux *ou autre chose* ? En tout cas, il néglige la réponse de Protagoras (qu'il ne reprendra qu'en 359b) : « et hommes à ne pas reculer non plus, devant ce que craint la plupart » — laquelle rend difficilement plausible que Protagoras ait pu reconnaître l'identité entre être courageux et être audacieux. Ce qui est donc en jeu, c'est l'idée, commune au *Lachès* et au *Protagoras*, que le courage n'est pas toute l'audace, mais une audace déterminée *metà phronḗseōs*. Dans la mesure toutefois où la prémisse « les courageux sont (les) audacieux » est restée ambiguë, Socrate peut l'exploiter dans le sens qu'il choisit. Comme l'a montré M.J. O'Brien (1961, p. 408-417), qui rassemble, en note, la bibliographie sur l'argument, et auquel on se reportera pour plus ample analyse, la réplique de Socrate, en 350b6, contient en revanche une « proposition d'identité », énoncée en bonne et due forme sous la forme d'une question, que Protagoras comprend à tort comme une simple prédication : « Qu'est-ce que tu entends donc par "courageux" ? dis-je. Ne viens-tu pas de dire que c'était être audacieux (*oukhì toùs tharraléous eînai*) ? » Protagoras est alors fautif de ne pas entendre la distinction entre la première question, ambiguë entre définition et prédication, et la seconde, clairement définitionnelle, mais il me semble que Socrate a collaboré à produire une telle cécité. 3. Protagoras a également eu le tort d'accorder (350a) que ceux qui ont l'audace de plonger dans les puits sont les plongeurs, c'est-à-dire qu'il a accepté de lier l'audace, non spécifiée, au savoir. À cet égard, Socrate exploite pour son propre dessein (qui est d'établir, contre Protagoras, que le courage est *sophía*) l'ambiguïté ou l'insuffisante détermination des prémisses auxquelles Protagoras a consenti. Protagoras a accepté que les courageux sont (les) audacieux, sans se prémunir contre l'équivalence entre audace et courage, dont sa déclaration n'interdisait pas la possibilité ; il a laissé établir une prémisse inexacte qui affirme la connexion entre audace et savoir. La proposition fallacieuse sur laquelle Socrate fait fonds n'est donc pas tant une erreur qu'on peut lui imputer que le résultat d'une indétermination que Protagoras n'a pas (encore) su lever. Socrate procède donc à une « réfutation » (*élegkhos*) en bonne et due forme : il cherche à « montrer à l'interlocuteur que la thèse qu'il tenait initialement pour vraie » (en l'occurrence, le courage est à part des autres vertus) « est éliminable, parce qu'elle entre en contradiction avec d'autres thèses auxquelles il est obligé de donner son accord » (F. Wolff, 1996, p. 45). Socrate ne recherche donc pas ici une vérité catégorique, mais « une vérité par l'accord entre deux individus déterminés » : lorsqu'il conclut à l'identité entre le savoir et le courage, Socrate ne fait que tirer la conclusion qui découle d'une manière cohérente des propositions auxquelles Protagoras a donné son accord. Le souci d'une vérité catégorique aurait amené Socrate à remettre en doute l'adéquation entre courage et audace, à laquelle Protagoras a laissé place, à lever l'indétermination, que Protagoras avait permis d'installer, au lieu de la maintenir. On a même le sentiment que Socrate a installé cette ambiguïté, pour en venir à la conclusion qu'il atteint, et que Protagoras n'a pas alors su s'en défendre — il ne le fera que par la suite (350c-351b).

Socrate parvient ensuite à l'identité du courage et du savoir en s'attachant à la cohérence interne des propositions auxquelles Protagoras a donné son accord : « les plus savants sont aussi les plus audacieux », « les plus audacieux sont les plus courageux » — puisque les courageux sont (les) audacieux (avec l'ambiguïté précédemment mentionnée), et que, par voie de conséquence, les plus courageux sont les plus audacieux, de même que les moins courageux sont les moins audacieux ; donc le savoir est le courage. Si Socrate parvient à la conclusion que « le savoir est courage », et non que « le courage est savoir », comme on pouvait s'y attendre, c'est que l'ordre du raisonnement le veut ainsi : les plus savants sont les plus audacieux, les plus audacieux sont les plus courageux, donc les plus savants sont les plus courageux — le savoir est courage. Si Socrate, de plus, considère qu'il n'y a qu'une seule *sophía*, « le savoir est courage » est strictement équivalent à la proposition « le courage est savoir ».

310. On remarquera la rigueur tout à la fois patiente et agacée de la récapitulation de Protagoras ; sa légère ironie, également, puisqu'il renvoie Socrate au caractère oublieux qu'il alléguait lui-même (*supra*, 334d). Toutefois il ne lève que maintenant une indétermination qu'il avait laissée s'installer dans l'argumentation précédente. Protagoras, qui démonte le premier « paralogisme » de Socrate, en construisant un exemple analogue (celui des forts et des capables, 350e), laisse intact le second (cf. Festugière [1973, Appendice C, p. 189]) : certes tous les audacieux sont courageux, or les plus audacieux sont les plus savants, donc la science est la même chose que le courage (350c). Aristote en revanche (*Éthique à Nicomaque*, VI, 13, 1144b14-21, 28-30) le condamnera. Pour une autre justification de cette brève passe d'armes entre Socrate et Protagoras, cf. A.J. Festugière (1973, Appendice C, p. 192).

311. Protagoras, qui reprend ici point par point toute l'argumentation précédente, a effectivement refusé en 350b de soutenir que les audacieux sont nécessairement courageux, et Socrate, il est vrai, n'a démontré ni l'identité ni la distinction entre courage et audace. Dans le *Lachès*, la conclusion est la suivante : les actes que la foule nomme courageux sont en fait téméraires, et sont courageux ceux qui sont réfléchis ; il n'y a de courage qu'accompagné de réflexion (cf. *Lachès* 192b-194d, 196d). Sur la distinction entre courage et audace, cf. *Ménon* 88b, *Lois* XII 963e, et Xénophon, *Mémorables*, IV, 6, 11 ; cf. encore *Euthydème* 281c et 281d-e.

312. Cf. *Hippias mineur* (366c), pour une définition de l'adjectif « capable » (*dunatós*).

313. Socrate, sans apporter le moindre commentaire aux propos de Protagoras, ouvre une nouvelle voie d'accès. Sur le « bien-vivre », cf. Aristote, *Éthique à Nicomaque*, I, 4, 1095a19-20. — Comme le note C.C.W. Taylor (1991, p. 161), le présent passage (351b-e), qui sert d'introduction à la dernière section du dialogue, pose trois problèmes solidaires : 1. Comment le passage en question est-il articulé à ce qui précède ? 2. Comment est-il articulé à ce qui suit ? 3. Quelle est la thèse précise que Socrate introduit ? On a déjà noté l'amorce abrupte du passage : « Es-tu d'accord, Protagoras, pour dire que certains hommes vivent bien, d'autres mal ? » L'anacoluthe dialectique fait ici diversion, et cette surprise tactique s'inscrit dans la stratégie à long terme de Socrate. Pour C.C.W. Taylor en revanche (p. 162), il y aurait une version antérieure du *Protagoras*, dont le dialogue dans la forme que nous lui connaissons serait éventuellement une révision incomplète.

314. Sur cet usage de *kalá*, destiné à être relayé par *agathá*, cf. *Alcibiade* 115a, et *Ménon* 77b. C'est ici Protagoras qui opère une restriction « morale ».

315. Socrate n'exclut pas qu'une chose agréable puisse être néfaste dans ses effets ; mais il suggère à Protagoras de répondre qu'elle est bonne, en tant qu'elle est agréable, « abstraction faite de ce qui peut en résulter par ailleurs ». Ici est amorcée la problématique hédoniste du passage, qui a suscité une très large polémique, cf. Introduction, p. 49-55.

La thèse que Socrate propose à l'assentiment de Protagoras est visiblement hédoniste : « une chose est bonne en tant qu'elle est agréable », « une chose est mauvaise en tant qu'elle est désagréable » — et Protagoras, comme le montre la réplique suivante, le comprend parfaitement bien. Tout le problème est de savoir dans quelle mesure Socrate adhère lui-même à cette thèse qu'encore une fois il propose ici à l'assentiment de Protagoras. Comme L. Robin, je comprends le « *egṑ gàr légō* » : « ce que je veux dire, moi ». Pour une autre compréhension et ses implications, cf. M. Dyson (1976, p. 42). Si l'on comprend que le *légō* est ici plus explicatif qu'assertif, comme c'est également le cas quelques lignes plus bas (351e, *toûto toínun légō*), on peut souligner que Socrate ici maintient l'indétermination de son rapport à la thèse hédoniste, en exhibant le signifiant assertif par excellence (*légō*), tout en le prenant dans sa signification explicative, et non assertive. Un autre problème découle de cette difficulté : Protagoras pense-t-il que Socrate a une thèse ? On notera avec J.C.B. Gosling et C.C.W. Taylor (1982, p. 47) que la thèse hédoniste introduite par Socrate s'oppose d'emblée à la thèse de la plupart des gens (cf. 351c).

316. Cet élargissement de la perspective rejoint la gravité et l'ampleur de la question posée dans le *Gorgias* 492d : « Comment

faut-il vivre ? » Cf. H. Joly (1964, p. 300) : « La crise de la *politeia* met à nu les fondements de l'existence même. »

317. Protagoras répond ici, comme précédemment (333e-334c) sur la question du bien et de l'utile, par une typologie. « Neutre » traduit le terme grec *oudéteron*, qui signifie littéralement « ni l'un ni l'autre ».

318. Le verbe *metékhein* (comme précédemment en 322a, 322d, 323a, 323c, 324a, 325e) est ici d'un usage commun, et son sens technique — qui signifie la participation du sensible aux Formes intelligibles — n'est pas encore fixé : il s'agit de prendre part à la vertu, à telle ou telle vertu, à la Vergogne et à la Justice, ou, dans le cas qui nous occupe, de participer au plaisir. D'après la tournure qu'emploie ici Socrate, nous n'avons nul besoin de distinguer entre l'agréable et le plaisir. Le plaisir (*hēdonḗ*) est ici présenté comme le substantif qui correspond à l'adjectif « agréable » (*hēdú*) — ce que confirment les passages en 351e, où l'expression *tò hēdú* (l'agréable) apparaît interchangeable avec *hēdonḗ* (le plaisir), et en 356e, où *tò parachrēma hēdú* va signifier le plaisir à court terme. Socrate reprend ici l'affirmation de la prémisse « hédoniste » qu'il a introduite précédemment en 351c. Pour une analyse précise du passage, cf. J.C.B. Gosling et C.C.W. Taylor, 1982, p. 47-48.

319. On peut comprendre, d'après le grec, soit : « le plaisir est (quelque chose de) bon », soit : « le plaisir est le bien » ; dans le deuxième cas, on peut comprendre soit : « le plaisir est la seule chose qui soit inconditionnellement bonne », soit : « le plaisir est la même chose que le bien ». Si la seconde possibilité (« le plaisir est le bien ») est celle qui doit être retenue, il apparaît que Platon ne fait pas de différence entre ces deux interprétations (cf. C.C.W. Taylor, 1991, p. 168). Taylor est d'avis que c'est la première possibilité (« le plaisir est bon ») qui doit être retenue (pour une argumentation, voir, *ibid.*, p. 168-170). C'est de cette manière en tout cas que Protagoras le comprend. G. Vlastos (1969, note 24, p. 77-78) propose d'envisager que Protagoras comprend mal Socrate.

Au livre VI de la *République* (505b), Socrate présente la thèse selon laquelle le plaisir est le bien comme celle de « la foule » (*hoi polloí*), alors que « pour les plus subtils », c'est l'intelligence (ou la réflexion, pour reprendre la traduction de L.-A. Dorion dans le *Lachès*) (*phrónēsis*) qui est le bien. Cette thèse, qui identifie le bien et le plaisir, est radicalement critiquée par Platon dans le *Gorgias* (495a-500a), dans la *République* (VI 505b-c), ainsi que dans le *Philèbe* (13a-c, 20c-21d) — ce qui pose ici bien des problèmes : comment Socrate peut-il élaborer une thèse qu'il rejettera violemment dans d'autres dialogues ? Sur ce point, et son incidence sur la datation respective du *Protagoras* et du *Gorgias*, cf. C.H. Kahn (1988), J.C.B. Gosling et C.C.W. Taylor (1982, p. 69-82), et Introduction, p. 50.

320. Protagoras renvoie Socrate à sa propre méthode. On peut se demander encore, à propos de ce passage, si Socrate a ou non

une thèse, s'il défend bien une position déterminée — ou s'il se contente de poser des questions pour éprouver tant Protagoras que « la plupart des gens ». La seule chose certaine est qu'il s'en prend à l'idée défendue par Protagoras et par la plupart des gens qu'il y a de mauvais plaisirs. Est-il si difficile, comme le notent J.C.B. Gosling et C.C.W. Taylor (1982, p. 50) de penser que Platon pourrait représenter Protagoras croyant que Socrate a une thèse, alors qu'il n'en a pas ? Je ne le soutiendrai pas pour ma part, l'énigme du personnage de Socrate résidant ici dans cette capacité qu'il a de se maintenir au bord de la thèse (cf. *supra*, 351c, et note 315). D.J. Zeyl (1980, p. 250-269) prétend que Socrate se borne à mettre Protagoras en demeure d'éclaircir sa propre position.

La traduction de *skémma* a nourri un débat important (cf. J.C.B. Gosling et C.C.W. Taylor, 1982, p. 50-51, note 1) : si *skémma* en effet ne signifie pas « examen », mais « chose examinée » (comme c'est le cas en *Criton* 48c, et *République* IV 435c, 445a), ceci laisserait clairement entendre que Protagoras pense que Socrate a une thèse — mais que Protagoras pense que Socrate a une thèse n'implique pas qu'il en ait une, et comme le note C.C.W. Taylor, l'examen de ce passage ne suffit pas à lui seul à lever l'ambiguïté de la position de Socrate. Pour ma part, avec P. Hoffmann, je comprends que l'expression « *tò skémma* » signifie plutôt « le résultat de l'examen ». Manier l'indétermination, se tenir *au bord* de la thèse, c'est aussi bien amener le sophiste à être dialecticien.

321. Le terme d'*eídos* figure ici dans son sens courant d'apparence extérieure, de forme extérieure, d'apparence physique, comme par exemple dans le *Ménon* 80a. Pour une analyse du terme d'*eîdos* chez Platon, cf. M. Canto, *Ménon*, note 29.

322. Il s'agit plus précisément de la partie supérieure du dos qui se situe entre les épaules. Pour C.C.W. Taylor (1991, p. 171), cette analogie médicale établit nettement la subordination de l'enquête sur le plaisir et le bien à la discussion sur le courage et le savoir.

323. Cette comparaison de la science, joyau de l'homme libre, à un esclave doit opérer comme un coup de poing. Aristote reprend la même image dans l'*Éthique à Nicomaque* (VII, 2, 1145b23-24, et VII, 3, 1145b23-27).

L'idée générale du passage est la suivante : la plupart des hommes soutiennent donc l'idée qu'il n'y a rien dans la science qui soit « du ressort ni de la force, ni de la direction, ni du commandement » — ce qui revient à dire que cette science n'est pas une vraie science, selon Socrate. L'enjeu est donc bel et bien de savoir si « l'intelligence peut ou non constituer un secours suffisant pour l'homme ». J'ai choisi de traduire *phrónēsis* par « intelligence ». La distinction entre *diánoia* et *phrónēsis* figure *supra* (en 337c), mais dans le discours de Prodicos. Pour ce même choix de traduction par « intelligence », cf. *Gorgias*, la note 186 de

M. Canto : dans le *Ménon*, toutes les vertus sont réduites à l'intelligence (*phrónēsis*), tandis qu'elles sont ramenées à la justice (*dikaiosúnē*) dans la *République* (IV 432b-434d). — Pour l'idée que la *phrónēsis* (ou la *sophía*) peut avoir un rôle directeur, cf. *Euthydème* 281d-e, *Hippias majeur* 296a, *Phédon* 69a-b. Sur le sens de la *phrónēsis*, voir M. Dixsaut, *Phédon*, note 265 : « Le sens du mot *phrónēsis* est très large, il se rattache au verbe *phroneîn*, qui signifie "avoir tous ses esprits, être dans son bon sens, discerner justement (par les sens aussi bien que par l'esprit)". » Cf. le sens de l'adjectif *phrónimos*, réfléchi, sensé. « Mais concernant la *phrónēsis*, Platon rompt avec l'usage sémantique commun : la *phrónēsis*, état de l'âme en contact avec l'intelligible, est bien chez lui la pensée. »

Comme le note V. Goldschmidt (1971, p. 213), « les répondants n'admettent pas qu'*en droit* la science du bien résiste aux plaisirs ; Socrate montrera donc qu'*en fait* la science du bien est la science du plaisir et qu'elle devrait, connaissant le plaisir, le dominer. »

324. Ce thème est présent dans l'*Hippolyte* d'Euripide : « nous savons ce qu'est le bien, mais nous ne le pratiquons pas » (v. 380-381), ainsi que dans la *Médée* d'Euripide (v. 1078-1080) : « Je suis vaincue, c'est trop de malheurs. Je sais devant quel crime je me trouve mais la colère emporte mes résolutions, la colère, qui a perdu tant d'hommes. » Ce thème, que l'on retrouve dans l'unique vers que nous ayons de la *Médée* d'Ovide : « *video meliora proboque deteriora sequor* », sera également repris par les stoïciens.

325. Xénophon témoigne pour Socrate d'une tout autre position, puisqu'il le présente dans les *Mémorables* (IV, 5, 6) en accord avec la thèse qu'il réfute longuement dans le *Protagoras* (cf. G. Vlastos, 1991, p. 143) : « Et ne penses-tu pas que l'*akrasía*, en détournant les hommes vers ce qui donne du plaisir, les empêche d'être attentifs à ce qui leur est utile, et de le comprendre, et que souvent, sous le choc qu'elle leur donne (*ekplḗxasa*), bien qu'ils perçoivent le bien et le mal, elle leur fait choisir le pire au lieu du meilleur ? » (trad. C. Dalimier).

326. Même procédé que *supra*, 330c, et note 183.

327. Retour à l'envoyeur, cf. *supra*, 331d et 333c.

328. Autre rappel formel des règles de la dialectique : il a été accordé que c'était Socrate qui menait l'entretien. Socrate somme Protagoras de réitérer clairement son accord à cette distribution des rôles — ou de la rejeter non moins clairement.

329. Pour une même analyse des termes du langage courant, cf. *Gorgias* 491d, à propos du fait de se commander soi-même, ainsi que *République* IV 430e, où Socrate analyse l'expression « maître de soi ».

Tout le passage qui va de 353c à 354e est consacré à rendre explicites les assertions enveloppées dans la vision populaire de « la masse » ou de « la foule ». Si l'on reprend avec C.C.W. Taylor

(1991, p. 174) les distinctions fondamentales de la théorie éthique moderne, on doit distinguer entre l'hédonisme éthique, normatif, ou évaluatif et l'hédonisme psychologique. Dans la première doctrine, le plaisir et l'absence de peine sont les seules choses qui vaillent la peine d'être poursuivies pour elles-mêmes ; dans la seconde doctrine, le plaisir et l'absence de peine sont les seules choses qui sont effectivement recherchées pour elles-mêmes. Dans notre passage, c'est l'hédonisme éthique, normatif ou évaluatif, que Socrate attribue à « la masse » ou à « la foule » : ils ne considèrent qu'une chose n'est bonne que lorsqu'elle procure du plaisir ou fait cesser la peine (cf. 353e-354a : ils ne considèrent qu'une chose n'est mauvaise que lorsqu'elle cause de la peine ou fait cesser le plaisir ; 354b-c : ils ne considèrent qu'une chose n'est bonne que lorsqu'elle procure du plaisir ou fait cesser la peine). En 354c, Socrate déclare qu'ils poursuivent le plaisir comme étant bon et cherchent à éviter la peine comme étant mauvaise — ils soutiennent à ce compte l'hédonisme psychologique, mais comme conséquence de l'hédonisme éthique ou évaluatif.

330. L'adjectif *ponērós* est ici un synonyme de *kakós*.

331. Dans ce passage (353d-354e), Socrate cherche à montrer que la position de la foule, qui prétend que l'on se laisse vaincre par le plaisir, revient à un hédonisme implicite. C.C.W. Taylor (1991, p. 175) note l'ambiguïté de la phrase que l'on peut comprendre (comme C.C.W. Taylor, B. Jowett, A. Croiset, P. Demont et M. Trédé ainsi que L. Robin) : « Est-ce qu'il ne vous semble pas, Messieurs, comme Protagoras et moi venons de le dire, qu'une chose est mauvaise précisément parce qu'elle produit du désagrément et qu'elle prive d'autres plaisirs ? », mais aussi (comme W.K.L. Guthrie) : « Est-ce qu'il ne vous semble pas, Messieurs, comme Protagoras et moi venons de dire [que vous le pensez], qu'une chose est mauvaise précisément parce qu'elle produit du désagrément et qu'elle prive d'autres plaisirs ? » Pour C.H. Kahn (1988, p. 93-94), la théorie du plaisir repose dans le *Protagoras* sur deux distinctions qui ne sont pas faites dans le *Gorgias* et qui auraient considérablement affaibli la réfutation de Calliclès : la première est la distinction entre le sentiment du plaisir et l'activité qui la fait naître (cf. *supra*, 351d-e et 353d), et la seconde est la distinction que Socrate introduit ici entre le long terme et le court terme. Le fait que la théorie du plaisir apparaisse à C.H. Kahn plus sophistiquée dans le *Protagoras* que dans le *Gorgias* l'amène à soutenir l'antériorité du *Gorgias* sur le *Protagoras*.

332. Pour la même expression, *République* III 404a ; *Lois* IX 878d. Tout ce passage établit (cf. C.C.W. Taylor, 1991, p. 179) que le plaisir signifie la prédominance du plaisir sur la peine.

333. Pour la même expression, cf. *Gorgias* 507d-e.

334. Même ambiguïté, en grec, que *supra*, 351e ; on peut en effet comprendre : « vous poursuivez donc le plaisir comme quel-

que chose de bon, et vous fuyez la peine comme quelque chose de mauvais », ou bien « vous poursuivez donc le plaisir comme le bien, et vous fuyez la peine comme le mal ». Le grec favorise plutôt la première possibilité, mais, comme le note C.C.W. Taylor (1991, p. 177), tout le contexte fait plutôt pencher pour la seconde. J'ai choisi une solution intermédiaire : « Vous poursuivez donc le plaisir comme un bien, et vous fuyez la peine comme un mal. » La même ambiguïté se reporte sur la suite, et j'ai opéré le même choix : « Vous pensez que la peine est un mal, et que le plaisir est un bien. »

335. Ici, comme en 355e2, ainsi qu'en 356d, dans le passage sur la science métrétique, il s'agit d'un « calcul intelligent » des plaisirs et des peines ; cf., pour cette expression, *Lachès* 192e-193a, où la *phrónēsis* examinée est un calcul métrétique en vue duquel on choisit un moindre mal présent (dépense, diète) en vue d'un bien futur plus grand (profit, guérison).

336. Pour le même verbe *anathésthai*, cf. *Charmide* 164c-d, *Gorgias* 462a, *Phédon* 87a — cet usage du verbe *anathésthai*, qui signifie littéralement « retirer », évoque le fait de reprendre un coup dans un jeu. Cf. pour ce même usage, Xénophon, *Mémorables*, I, 2, 44.

337. Ces quelques lignes constituent la formulation la plus claire de la thèse hédoniste de l'homme du commun : « La seule chose absolument, c'est-à-dire inconditionnellement bonne, est la prédominance du plaisir sur la peine dans une vie envisagée dans son ensemble » (C.C.W. Taylor, 1991, p. 178). Pour une formulation similaire de la thèse hédoniste, cf. *supra*, 351c, note 315. On a pu soutenir que la thèse hédoniste en présence n'était pas la thèse de Socrate, mais celle de la plupart des hommes. Je suivrai pour ma part J.C.B. Gosling et C.C.W. Taylor (1982, p. 51) qui montrent bien que Socrate, par un travail dialectique particulier — où il représente lui-même l'interlocuteur « foule » —, oblige ici la plupart des hommes (et les sophistes dans leur sillage) à admettre qu'ils ne peuvent qu'accepter la liaison entre bien et plaisir que Socrate présente comme vraie, d'où il suit qu'il est impossible d'aller à l'encontre de ce que l'on sait. À cet égard, l'hypothèse la plus simple apparaît la suivante : la thèse que Socrate oblige l'homme du commun à accepter est la même que celle qu'il a introduite en 351b-e. Comme le soulignent J.C.B. Gosling et C.C.W. Taylor, à partir de 351e, le ton change. Protagoras vient de pointer une faute dans la première argumentation de Socrate (sur la discussion de cette « faute », cf. *supra*, note 309) ; la figure de Socrate se fait plus autoritaire, et, en quelque sorte, Socrate mène désormais l'argumentation presque seul, en inventant un dialogue où Protagoras et lui-même répondent à un interlocuteur global, que Socrate représente. Protagoras n'est même plus à proprement parler en position de répondant dialectique — c'est la foule qui répond par la média-

tion de Socrate, et Protagoras se borne à donner son accord aux questions que Socrate se propose d'adresser à la foule et aux réponses que Socrate y apporte au fur et à mesure.

Pour J.C.B. Gosling et C.C.W. Taylor (1982, p. 53), dans la mesure où Socrate cherche à établir la vérité de sa propre conception des rapports entre courage et vertu, il est plus favorable à la compréhension d'envisager que Socrate cherche à convaincre l'homme du commun d'accepter sa position sur la nature du bien que de comprendre qu'il cherche à montrer que les positions de l'homme du commun, quelle que soit leur vérité, le mènent à la position socratique sur le courage. La seule raison qui amène Socrate à discuter la conception de l'homme du commun, disent-ils, est qu'il pointe un phénomène qui réfute apparemment la thèse socratique selon laquelle le savoir est une condition nécessaire et suffisante de la conduite courageuse, et plus généralement, de la bonne conduite : il s'agit du fait que les hommes suivent souvent ce qu'ils savent pourtant être mauvais, fait qu'ils justifient en disant qu'ils « se laissent vaincre par le plaisir ». Socrate va donc chercher à réfuter que l'on puisse se laisser vaincre par le plaisir comme par un mal que l'on connaît pourtant, et il va le réfuter de la manière suivante : si le bien d'une action est identique à son caractère agréable à long terme, alors 1. la description donnée par l'homme du commun est incohérente, 2. la description correcte du phénomène en question est que l'agent fait ce qu'il fait à cause d'une mauvaise estimation des plaisirs et des peines qu'il a estimé par anticipation pouvoir retirer de l'action considérée — ce qui ne tient aucun compte de la possibilité d'une destructivité dans les conduites humaines.

Pour une discussion très précise du passage, cf. J.C.B. Gosling et C.C.W. Taylor (1982, p. 55-58 sq.) et B. Manuwald (1975, p. 22-50). Pour J.C.B. Gosling et C.C.W. Taylor (p. 55), la relation entre bien et plaisir qu'accepte l'homme du commun est en fait celle de Socrate. En conséquence, une chose est bonne pourvu qu'elle favorise une vie où le plaisir domine sur la peine. En ce sens, les termes « bon » et « agréable » (entendus comme favorisant une vie où le plaisir l'emporte sur la peine) sont deux noms distincts pour une seule et même chose. Seul cet usage étendu de l'adjectif « agréable » justifie son emploi en 360a, où Socrate fait accepter à Protagoras qu'il est beau et bon d'aller au combat.

338. *Hubristés*, adjectif dérivé de l'*húbris*, qui signifie l'excès tragique, signifie ici simplement « impertinent ». — Nous trouvons dans ces lignes le cœur de l'argument, qui repose donc sur la substitution du plaisir et du bon, de la peine et du mauvais. Comme le note C.C.W. Taylor (1991, p. 179), une telle substitution montre bien que la position de l'homme du commun enveloppe d'une manière indifférenciée les deux thèses suivantes : le plaisir est la seule chose bonne ; le plaisir est la même chose que

le bien. C.C.W. Taylor critique cette substitution : il a été précédemment reconnu (355a) que si une action ou une situation est bonne, ce n'est pas tant parce qu'elle est agréable que parce qu'elle contribue à une vie où le plaisir l'emporte sur la peine ; or, celui qui se laisse vaincre par le plaisir ne se laisse pas vaincre par le plaisir en tant qu'il l'emporte sur la peine dans une vie considérée comme un tout. L'argument pose d'ailleurs problème même si on laisse aux termes « agréable » et « désagréable » leur sens commun : l'homme faible, en effet, succombe au plaisir à court terme, qu'il n'a jamais reconnu être identique au bien. Dans les deux cas, conclut C.C.W. Taylor, la substitution n'est pas valide.

339. Pour analyse de la traduction de ce « *en humîn* », qui a été différemment traduit, cf. G. Vlastos (1969, p. 80, note 28).

340. En fonction de la substitution du plaisir et du bien, dont Protagoras a admis le principe, se laisser vaincre par le plaisir revient à se laisser vaincre par le bien, et dans la mesure où se laisser vaincre par le bien est présenté comme une faute, cela revient à admettre que le bien ne méritait pas que l'on se laissât vaincre par lui — ce qui est absurde, cf. G. Vlastos (1969, p. 78-82).

341. Comme L. Robin, et C.C.W. Taylor, je garde ici « *anaxia* » (déjà présent en 355d6), sans tenir compte de la correction « *axía* ».

342. Les termes présents d'excès (*huperbolḗ*) et de défaut (*élleipsis*) seront repris dans l'analyse du *Politique* (283c-285c). Platon développe ici le thème d'une science de la mesure. Dans le *Phédon* (68d-69c, et, dans la trad. de M. Dixsaut, notes 100 à 102), Platon oppose un mode incorrect d'échange à un mode correct d'échange. Bien souvent, on est courageux par peur — on affronte la mort par peur d'un mal plus grand, par exemple le déshonneur ; on est modéré par dérèglement, parce qu'on ne domine certains plaisirs qu'à condition d'être dominé par d'autres plaisirs, par peur d'être privé d'autres plaisirs : « Il y a fort à craindre que ce ne soit pas, pour acquérir de la vertu, un mode correct d'échange, celui qui consiste à échanger des plaisirs contre des plaisirs, des peines contre des peines, de la peur contre de la peur — une plus grande quantité contre une plus petite, comme si c'étaient des pièces de monnaie » (69a) ; cette vertu n'est jamais qu'une « vertu en trompe-l'œil, vertu vraiment servile qui ne comporte rien de sain » (69b). Dans le mode d'échange correct, c'est à l'aide de la pensée (*phrónēsis*), qui apparaît bien être « la seule monnaie qui vaille » (69b), que tout doit être échangé ; elle purifie modération, courage, justice, et permet seule d'acheter les vertus vraies : « du courage, de la modération, de la justice, en un mot de la vertu vraie qu'accompagne de la pensée (que s'y joignent ou non plaisirs, peines, et toutes affections du même genre) » (69b).

On remarquera que la science de la mesure du *Protagoras* évalue des plaisirs et des peines — comme le mode incorrect d'échange dans le *Phédon* — mais que Socrate la rapporte à l'intelligence (*phrónēsis*). Dans le *Phédon*, la même *phrónēsis*, que M. Dixsaut traduit par « pensée », permet non pas d'évaluer les plaisirs et les peines, mais d'acheter et de purifier les vertus vraies, « que s'y joignent ou non plaisirs, peines, et toutes affections du même genre ». La science de la mesure du *Protagoras*, dont l'analyse n'est pas reprise dans l'œuvre platonicienne (contrairement à ce qu'annonce Socrate en 357c), semble donc bien dépendre de la prémisse « hédoniste » du raisonnement de Socrate. Pour l'analyse de la compatibilité entre l'hédonisme du *Protagoras* et la théorie exposée dans le *Phédon*, cf. J.C.B. Gosling et C.C.W. Taylor (1982, chapitres IV et V).

343. On a pu voir ici une allusion à la théorie de l'homme-mesure, attribuée à Protagoras dans le *Théétète* (152a). En faveur de l'allusion, cf. W. Nestle (1931) et G. Vlastos, in B. Jowett (1953, p. XVII). Je suivrai C.C.W. Taylor (1991, p. 191) qui reconnaît qu'il s'agit du point dans ce dialogue qui se rapproche le plus d'une allusion directe au subjectivisme de Protagoras. Or Protagoras, comme le notent S. Moser et G.L. Kustas (1966, p. 113), ne manifeste pas la moindre répugnance à admettre la distinction que fait Socrate entre « l'art de la mesure » et « la puissance de l'apparence ». En outre, l'art de la mesure que présente Socrate semble avoir tout à voir avec l'*euboulía* (l'art de bien décider, l'art de la bonne décision) que Protagoras faisait profession d'enseigner (cf. *supra*, 318e), et l'apparence en question dans la distinction de Socrate renvoie plutôt à l'expérience momentanée — alors que l'art de la mesure contrecarre par son calcul raisonné des plaisirs et des peines le caractère momentané de l'impulsion.

344. Le terme grec est *phántasma*. Pour ce passage, cf. *République* X 602d.

345. Sur ce passage difficile, cf. C.C.W. Taylor, qui renvoie à W.K.C. Guthrie (1956, p. 194) : « soit chaque sorte contre elle-même, soit l'un contre l'autre, que ce soit de près ou à distance » ; en d'autres termes, « il peut s'agir soit d'un couple de nombres pairs ou impairs ("chaque sorte contre elle-même"), soit d'un pair et d'un impair ("l'un contre l'autre") ». Pour la sauvegarde de la vie (cf. 356e, 357e), cf. *Gorgias* 512b-d. On peut envisager de rapprocher ce thème du salut de l'humanité, qui apparaissait dans le mythe de Protagoras.

346. C.C.W. Taylor juge l'argumentation de Socrate fallacieuse sur deux points : 1. La distinction n'est pas opérée entre le fait d'avoir régulièrement raison et le fait d'avoir raison en chaque occasion. 2. Si le choix correct requiert l'utilisation d'une *tékhnē*, il ne s'ensuit pas que le mauvais choix implique l'échec dans l'emploi de cette *tékhnē* : il pourrait tout aussi bien provenir d'une mauvaise utilisation du résultat obtenu par une utilisation correcte de la *tékhnē*, ce que Socrate n'envisage pas. Socrate, précise C.C.W. Taylor, cherche à montrer qu'il n'y a qu'une seule expli-

cation possible de l'action incorrecte, à savoir le fait de ne pas réussir à utiliser correctement une technique de mesure. À cet égard, Socrate ne parviendrait pas à montrer que l'explication complémentaire, alléguée par ses opposants — que l'on puisse agir de manière incorrecte parce que l'on se laisse vaincre par son désir de plaisir immédiat —, enveloppe une absurdité. Pour Socrate, il est impossible de mésuser du résultat obtenu par une utilisation correcte de la *tékhnē*, et cette restriction constitue le présupposé aveugle du raisonnement de Socrate — à cet égard, le résultat positif serait proprement « irrésistible » et le sujet ne pourrait qu'y adhérer. Si nul n'est méchant volontairement, si on l'est exclusivement par ignorance, alors il n'y a pas de diabolique, c'est-à-dire que si l'on connaît le bien, on ne peut choisir le mal ; de même ici : si le résultat correct est induit par la pratique correcte de la *tékhnē*, il est pour Socrate impossible de s'en détourner — on ne peut qu'y adhérer. Aristote (*Éthique à Nicomaque*, VII, 3, 1145b23) remettra en cause la négation socratique de l'*akrasía*, qui est visiblement en désaccord avec les faits.

347. Cf. *supra*, 352d.

348. Sur les distinctions verbales de Prodicos, cf. *Charmide* 163d. — « Quel que soit le terme qu'il te plaît de choisir » est une formule rituelle, qui est censée conjurer le risque de n'avoir pas invoqué la divinité sous le nom qui convenait, cf. *Phèdre* 273d, *Cratyle* 400e, mais aussi *Euthydème* 288a-b, *Banquet* 212c, *Hippias majeur* 369a, *Criton* 50a, *Parménide* 133d, et *Lois* I, 633a.

349. Les deux adjectifs « agréable » et « dépourvue de peine » traduisent en fait des adverbes en grec. Socrate revient ici sur ce qui a été dit en 351c. — Sur la connexion qu'établit Socrate entre bon et utile, cf. *Ménon* 87e et *Gorgias* 468c. Sur le sens de l'utile, cf. M. Canto, *Ménon*, note 202 : « L'utilité n'est ni objective ni générale, mais elle précise les conditions de réussite pour un individu ou une action. »

Tous les éditeurs, suivant Schleiermacher, suppriment ici le « *kaì ōphélimoi* » (« et utiles »), sauf P. Demont et M. Trédé qui traduisent : « Toutes les actions qui tendent à une vie agréable et sans chagrin ne sont-elles pas belles et donc utiles ? »

350. « Personne, qui sache ou pense » (*oúte eidṑs oúte oiómenos*) : voici une distinction qui, pour être ici formulée, n'est pas pour autant développée, comme elle le sera à la fin du *Ménon* (97a-100c), lorsque Socrate élaborera la distinction entre savoir et opinion droite qui sera tout à fait capitale dans l'évolution du traitement de la vertu et de la question de savoir si la vertu peut s'enseigner (98c-99c). On connaît la conclusion du *Ménon* : « La vertu ne saurait ni venir par nature ni s'enseigner, mais elle serait présente comme une faveur divine, dépourvue d'intelligence, chez les hommes où elle se trouve. À moins qu'il n'y ait, chez les hommes politiques, un homme capable de faire aussi d'autrui un homme politique » (99e-100a).

Pour discussion de ce point, voir encore C.C.W. Taylor (1991, p. 202), J.C.B. Gosling et C.C.W. Taylor (1982, p. 62), C.H. Kahn (1988, p. 88), G. Vlastos (1969, p. 72, note 9, qui comprend : « nous ne pouvons pas agir contrairement à ce que nous croyons quand nous avons le savoir ») et N. Gulley (1971, p. 118-123, qui comprend que la distinction entre « sache » et « pense », c'est-à-dire « croie », correspond à une distinction entre le savoir positif d'une part et l'opinion fausse d'autre part — ce qui donne la paraphrase suivante : « personne qui sache (à juste titre) ou qui pense (à tort) »).

351. Ici, comme dans de nombreuses autres occurrences, l'homme tend plus vers les bonnes choses (ou vers ce qui est bon) que vers le Bien, cf. *République* IV 438a. — Cette affirmation, selon laquelle personne ne poursuit librement ce qu'il considère comme désavantageux pour lui plutôt que ce qu'il considère comme avantageux pour lui, est un des thèmes centraux de l'éthique et de la psychologie platoniciennes, que l'on retrouve en d'autres termes dans le *Gorgias* (468c), le *Ménon* (78a) ainsi que, chez Xénophon, dans les *Mémorables* (III, 9, 4). C'est de cette proposition que dérive la célèbre affirmation selon laquelle « nul n'est méchant volontairement ». C'est dans le *Gorgias* (466a-481b) que cette dérivation se laisse le plus clairement voir. Platon, pour sa part, nuança sa position par rapport à cette thèse socratique (cf. *République* IV 439e-440b, *Lois* III 689a-b, IX 863a-e, et IX 875a-d). Pour la fidélité à la thèse socratique, cf. *Lois* IX 860c-863e.

352. La crainte raisonnée (*déos*) s'oppose à la crainte soudaine (*phóbos*). Pour cette même définition de la crainte par l'anticipation, cf. *Lachès* 198b, où elle est définie comme l'anticipation d'un mal à venir, et *Lois* I 646e-647a, pour la distinction entre deux sortes de crainte. Pour le même type de questionnement durant l'entretien dialectique, cf. *Ménon* 75e-76a, mais aussi *Phédon* 103c, *Cratyle* 399d.

353. La première réponse renvoie à 329d-330b, et « ce qu'il a dit juste après » à 349d.

354. Cf. 349e.

355. Cette proposition n'est pas nécessaire à l'argument de Socrate ; par elle, Socrate doit vouloir insister sur la description paradoxale du choix du lâche, à moins qu'il n'entende convoquer et systématiser tous les éléments mis en place dans ce long passage.

Socrate demande ici l'assentiment de Protagoras à une proposition qui a déjà été accordée. Plus exactement, elle n'a été accordée qu'en tant que position implicite de l'homme du commun (cf. 354b-c). Il est possible, comme le note C.C.W. Taylor, de la rapporter également aux propos initiaux de Socrate en 351e. De même, les sophistes ont donné leur accord à cette proposition lorsqu'ils ont admis en 358a que les paroles de Socrate leur semblaient vraies. Si Socrate n'adhérait pas à la position hédoniste, tout ce passage serait très malhonnête, et une telle malhonnêteté sur un point subsidiaire du raisonnement paraît invraisemblable (cf. C.C.W. Taylor, 1991, p. 209). À en croire le témoignage de Xénophon dans les *Mémorables*, le Socrate hédoniste du *Protagoras* serait plus proche du Socrate historique que le Socrate des autres dialogues de Platon.

356. Le but du raisonnement est atteint, puisque Socrate cherchait à démontrer l'identité entre le courage et le savoir. Cf. *Lachès* 194e11 : la science du courage est « le savoir des choses qui méritent crainte ou confiance, aussi bien à la guerre que dans tous les autres cas, sans exception ». En *République* IV 430b, Socrate définira le courage comme « cette force (*dúnamis*) qui maintient en tout temps l'opinion juste et légitime sur ce qu'il faut craindre et ne pas craindre ». Voir également *Gorgias* (507b). L'absence de tout rapport entre courage et savoir dans le *Gorgias* sert d'argument à C.H. Kahn (1988) pour soutenir que le *Gorgias* est antérieur au *Protagoras*. Pour mention de la définition socratique du courage comme savoir, on se reportera également à Xénophon, *Mémorables*, III, 9, IV, 6, 10, *Banquet* II, 12, et Aristote, *Éthique à Nicomaque*, III, 11, 1116b4-a, *Éthique à Eudème*, III, 1, 1229a12, 14-16, 1230a7-10, *Grande Morale*, 1, 20, 1190b27-29.

Le fait que la définition du courage, commune au *Lachès* et au *Protagoras*, soit parfaitement admise dans le *Protagoras*, alors qu'elle est remise en question dans le *Lachès*, joint à la divergence de la conclusion entre les deux argumentations parallèles du *Lachès* (192d-193d) et du *Protagoras* (349d-350c), a pu apparaître comme un argument en faveur de l'antériorité du *Protagoras* sur le *Lachès*, cf. L. A. Dorion, Introduction au *Lachès*, GF-Flammarion, 1997, p. 30 et 59 et Annexe. Pour bibliographie et discussion de ce point, cf. Introduction, p. 9, note 4.

Il est important de remarquer que toute l'élaboration qui précède à propos de la définition du courage par rapport aux choses redoutables, ainsi que l'exposé sur la métrétique, ne sont pas sans antécédent dans la pensée athénienne du ve siècle. J. de Romilly (1988, p. 315) les a mis en rapport avec un texte très frappant de l'*Oraison funèbre* (Thucydide, II, 40, 3) : « Car un autre mérite qui nous distingue est de pouvoir tout ensemble montrer l'audace la plus grande et calculer (*eklogízesthai*) l'entreprise à venir : chez les autres, l'ignorance porte à la résolution, et le calcul (*logismós*) à l'hésitation. Or on peut considérer à bon droit comme ayant les âmes les plus fermes ceux qui discernent de la façon la plus claire le redoutable ou l'agréable (*tá te deinà kaì hēdéa*), tout en ne se laissant pas pour autant détourner des dangers. » Ce rapprochement marquant permet d'affermir une fois de plus l'idée du rapport essentiel que la discussion sur l'hédonisme entretient avec la définition du courage, cf. Introduction, p. 51-54.

357. Voici encore une extrémité dialectique touchée. Depuis quelque temps, l'interlocuteur ne s'exprimait plus que très brièvement, ou par gestes, ou encore en signalant qu'il ne pouvait faire autrement sous peine d'incohérence — si l'interlocuteur ne veut plus parler, l'entretien s'interrompt. On ne peut contraindre l'interlocuteur à parler, il doit prendre part librement à l'entretien. De fait, la manière dont Protagoras suggère à Socrate d'achever seul n'est pas dialectiquement viable.

358. Le verbe grec est *philonikeîn*. Pour l'utilisation du substantif associé *philonikía*, cf. *Lachès* 194a. Sur la différence entre *philonikía* (« homme qui aime à triompher ») et *philosophía*, cf. *Phédon* 91a-b. La remarque que Protagoras adresse donc à Socrate revient à le renvoyer à une position de sophiste. Protagoras va biaiser les exigences dialectiques : s'il répond, ce sera pour faire plaisir à Socrate, et ne pas lui retirer la jubilation de sa victoire.

359. L'enquête passe ici de la question de savoir si la vertu peut s'enseigner à la question essentielle : « Qu'est-ce que la vertu ? », qui sera reprise au début du *Ménon*. Cf. également *Lachès* 190b-c, et, plus généralement, *République* I 354b-c.

360. Cf. *Ménon* 71b.

361. « Étrange » traduit l'adjectif *átopos*, qui est fréquemment employé à propos de Socrate dans le sens d'« inclassable » (cf. par exemple *Euthydème* 305a, *Gorgias* 494d, *Phèdre* 229c, *Banquet* 215a, 221d). Ici ce sont les deux intervenants de l'enquête, Socrate et Protagoras, qui sont qualifiés comme tels par un homme qui incarne la conclusion de l'entretien qui vient d'être menée. — Ici s'ouvre ce que V. Goldschmidt (1971, p. 117 sq.), appelle « l'examen dialectique des conséquences du discours ». Pour le même genre de procédé, voir également *Phédon* 101d-102a, *Ménon* 86e-87a-c.

362. Une telle conclusion laisse présupposer que Socrate considère que le raisonnement qui a permis l'identification du courage et de la vertu est applicable aux autres vertus. — « Toutes choses » traduit le grec : *pánta chrēmata*, ce qui semble une allusion, probablement délibérée, à « l'homme mesure de toutes choses (*pántōn chrēmátōn*) » (*Théétète* 161c) : la formule socratique pourrait en être ici le correctif implicite. On sait que, dans les *Lois* (IV 716c), Platon écrira, en réponse à la formule de Protagoras : « Dieu pourrait bien être pour nous, principalement, la mesure de toutes choses, et bien plus, je suppose, que, comme on dit, n'importe quel homme. »

Cette conclusion aporétique comme la présente contradiction peuvent être considérées comme relativement ironiques, cf. C.C.W. Taylor (1991, p. 213-214) : Socrate, à la fin du dialogue, traite d'une vertu bien distincte de celle dont il prétendait au départ qu'elle ne pouvait pas s'enseigner. La vertu prise dans son sens populaire ne dépendait pas d'une *tékhnē* pour Socrate, et à cet égard ne pouvait s'enseigner. C'est la discussion avec l'homme du commun et les sophistes qui a permis de dégager la condition nécessaire et suffisante du choix correct des actions, et du fait, conséquemment, d'être un homme de bien : il s'agit d'une *tékhnē* qui vient mesurer les plaisirs et les peines. À cet égard, la vertu peut s'enseigner, puisqu'elle dépend dans son émergence de l'utilisation correcte d'une *tékhnē* déterminée.

363. Il s'agit du verbe *hupotíthesthai* que Socrate emploie ici dans un autre sens que celui dans lequel Protagoras l'a précédemment employé (cf. *supra*, 339d, comme en *Charmide* 160d). Pour le sens présent, cf. *République* 437a ; pour ces deux sens distincts du verbe *hupotíthesthai*, voir R. Robinson (1941, p. 96).

364. Pas plus que la position de Socrate, celle de Protagoras, comme le notent C.C.W. Taylor (1991, p. 214) et G.B. Kerferd (1981A, p. 136), n'est contradictoire. C'est l'insistance de Platon à considérer qu'apprendre et enseigner la vertu présupposent une science exacte qui le mène à dénoncer une incohérence inexistante dans le discours de Protagoras. Celui-ci a soutenu que la vertu peut s'enseigner, au sens large de ce terme, sous la forme d'un conditionnement social et de l'acquisition d'une instruction ainsi que de certaines techniques ; il a également soutenu que les dispositions qui présidaient à la conduite propre aux différentes vertus n'étaient pas identiques. Obligé d'en rabattre sur cette seconde thèse et de reconnaître que les différentes conduites vertueuses dépendent de l'application d'un savoir universel, la métrétique des plaisirs et des peines, Protagoras n'est pas pour autant contraint d'abandonner sa première thèse.

365. Pour le même jeu de mots, cf. 316c. Il n'était pas alors appuyé ; il est ici revendiqué. Épiméthée est désormais présenté comme le sophiste (celui qui a fait usage de l'*apátē*, cf. *supra*, note 126), Prométhée comme le philosophe. — Sur le fait qu'il s'agit de déterminer le genre de vie qu'il faut suivre, cf. *Gorgias*, 500c, et *République* I 344e et 352d.

366. Cf. *supra*, 335c-d.

ANNEXE I

L'inversion de la tradition hésiodique

Le mythe de Protagoras[1], en tant que mythe d'un état de nature, qui traite de l'origine de l'humanité, et mythe d'une humanité technicienne, s'insère d'une manière originale dans un réseau dense de traditions, qui relie Hésiode à Sophocle, Eschyle à Démocrite et à Euripide[2] ; il articule principalement deux traditions familières aux Grecs : la tradition naturaliste d'un progrès à partir des commencements primitifs, la tradition hésiodique d'un déclin progressif à partir d'un état d'innocence originel[3]. Le mythe est en effet « l'*artifice* que la connaissance utilise en l'absence de données historiques pour pallier les lacunes de la mémoire et l'oubli des origines[4] » — où l'imagination réélabore les récits et légendes de la tradition, en figurant le passage brutal entre un état hors de l'histoire et l'histoire elle-même. Or le mythe de l'état de nature n'est autre que l'expression mythique de controverses philosophiques qui se distribuent autour de deux axes : le mythe de Cronos, qui sous-tend le mythe hésiodique et platonicien de

1. Pour une analyse de la construction du passage, cf. G B. Kerferd (1953, p. 42-45).

2. Pour un relevé complet de ces traditions, A. Lovejoy, G. Chinard, G. Boas et R. S. Crane (1935, chapitre VII, p. 192-221).

3. Cf. C.C.W Taylor, *Protagoras*, p. 78, qui présente la théorie platonicienne comme un mélange des deux (cf. *Politique* 273-274, *Timée* 72-73, *Critias* 110-112).

4. H. Joly, *Le Renversement platonicien*–Lógos, Epistêmé, Pólis, Paris, Vrin, 1980, 2e éd. revue et corrigée, p. 284.

l'âge d'or, et le mythe de Prométhée qui inspire la tragédie d'Eschyle et l'enseignement de Protagoras ; le thème du progrès s'oppose alors à celui de la décadence, dans la mesure où « la question de l'origine des arts enveloppe celle du sens de l'humanité[1] ». Or s'il faut concevoir que le mythe de Protagoras prend place dans un réseau de traditions, qui le rend susceptible d'oppositions, d'articulations et de rapprochements multiples, il peut se lire comme une inversion du mythe hésiodique de Prométhée — plus proche, tout en respectant certaines différences, du *Prométhée enchaîné* d'Eschyle et du célèbre chœur de l'*Antigone* de Sophocle.

Le mythe de Prométhée connaît deux versions chez Hésiode. Dans la *Théogonie*[2], le récit, qui commence par présenter les protagonistes — « Prométhée, souple et subtil, Épiméthée, le maladroit » (d'emblée caractérisé comme celui qui fut à l'origine du malheur des hommes) — et par évoquer le châtiment de Prométhée, comporte trois temps. Au moment de déterminer les parts respectives des hommes et des dieux, Prométhée offre un « cadeau piégé », un « don frauduleux » à Zeus. Après avoir partagé un bœuf énorme, il lui donne à choisir, pour le tromper, entre les os de l'animal, dissimulés sous la graisse blanche, qui leur donne l'air appétissant, et les « chairs et les entrailles lourdes de graisse » qu'il a recouvertes du ventre du bœuf. Bien que Zeus se soit aperçu de la ruse que lui tramait Prométhée « aux pensers fourbes », il accepte le don empoisonné : « déjà en son cœur il méditait la ruine des mortels, tout comme en fait il devait l'achever[3] » — de là provient la fondation du sacrifice, dans la coutume religieuse qui consiste à brûler sur les autels les os nus des victimes. Zeus retire alors aux hommes la jouissance du feu céleste, et Prométhée vole le feu pour le donner aux hommes. En rétorsion, Zeus, « en place du feu », crée « un mal, destiné aux humains » : c'est la femme que modèle Héphaïstos et que pare Athéna — un « piège profond et sans issue, destiné aux humains[4] ». L'homme qui cherchera à échapper au mariage

1. *Ibid.*
2. Hésiode, *Théogonie*, v. 507-617.
3. *Ibid.*, v. 551-553.
4. *Ibid.*, v. 590-591.

aura assez de pain pour vivre mais n'aura aucune descendance, et même celui qui trouvera une bonne épouse ne verra jamais dans toute sa vie que « le mal compenser le bien ». La séparation des dieux et des hommes est consommée, et « le statut des hommes, en tant qu'ils se différencient des dieux implique le sacrifice, le feu "prométhéen" avec ce qu'il suppose : la nourriture cuite, le mariage[1] ».

Dans *Les Travaux et les jours*, le récit débute sur une allusion rapide au partage trompeur : « Les dieux ont caché ce qui fait vivre les hommes [...]. Zeus t'a caché ta vie, le jour où il se vit dupé par Prométhée aux pensers fourbes[2]. » Zeus cache aux hommes le feu et « le brave fils de Japet » le vole pour les hommes. En contrepartie, Zeus charge Héphaistos, Athéna, Aphrodite et Hermès de confectionner la femme, qu'il appelle Pandore, c'est-à dire « don de tous [les dieux] », « parce que ce sont tous les habitants de l'Olympe qui, avec ce présent, font présent du malheur aux hommes qui mangent le pain »[3]. Mandée par Hermès à Épiméthée, qui l'accepte, en dépit des avertissements de Prométhée qui l'engage à ne jamais accepter un présent de Zeus, s'il veut épargner un malheur aux mortels, Pandore ouvre la jarre, et tous les maux sont dispersés sur les mortels, sauf l'Espoir, qui reste au fond, car, par le vouloir de Zeus, Pandore avait refermé la jarre sans qu'il s'envole au-dehors. Dans les deux cas, le texte s'achève sur un verdict : « il n'est donc nul moyen d'échapper aux desseins de Zeus[4] » ; « au vouloir de Zeus il n'est pas facile de se dérober ni de se soustraire[5] ».

Certains points sont communs aux deux versions hésiodiques du mythe prométhéen et au mythe de Protagoras : les protagonistes tout d'abord, les deux Titans, Prométhée

1. J.-P. Vernant, « Le mythe prométhéen chez Hésiode », *Mythe et société en Grèce ancienne*, Librairie François Maspero, 1974, p. 182. Comme le note J.-P. Vernant, « Méthode structurale et mythe des races », *op. cit.*, p. 49, cette séparation qui s'opère de manière brutale dans la *Théogonie* est réalisée progressivement, par paliers, dans le mythe des races, jusqu'à culminer dans le départ vers l'Olympe d'*Aidôs* et de *Némesis*.

2. Hésiode, *Les Travaux et les jours*, v. 42 et 47-48.

3. *Ibid.*, v. 81-82.

4. *Ibid.*, v. 106.

5. Hésiode, *Théogonie*, v. 613.

et Épiméthée, Zeus, Héphaïstos et Athéna, Hermès. De même, il s'agit initialement d'un partage, où se joue le rapport entre les hommes et les dieux, partage dont Prométhée est investi (partage du bœuf, partage des capacités entre les hommes — où Épiméthée insiste pour opérer la répartition, et Prométhée accepte de venir la contrôler) [1]. Dans les deux cas, il y a une bévue d'Épiméthée (finale, lorsque, chez Hésiode, Épiméthée accepte Pandore, en dépit des avertissements de Prométhée ; initiale, dans le mythe de Protagoras, lorsque Épiméthée oublie de pourvoir l'homme en capacités). Mais bien des traits séparent les textes hésiodiques du mythe de Protagoras. L'ambivalence prégnante dans les versions hésiodiques disparaît totalement du mythe de Protagoras : ambivalence de Prométhée, tour à tour « Prométhée aux pensers fourbes » et « brave fils de Japet », ambivalence de Zeus qui, avant même le piège que lui tendit Prométhée, méditait déjà en son cœur « la ruine des mortels, tout comme en fait il devait l'achever » ; ambivalence des dons, puisque à chaque fois, il y a tromperie et fraude — tant de la part de Prométhée, qui dérobe sans être vu, que de la part de Zeus, puisque tous deux « cachent » et « dissimulent » — ainsi que « jeu d'offres réciproques de cadeaux truqués, de dons piégés, qui peuvent être soit acceptés, soit refusés [2] » ; ambiguïté de la condition humaine puisque « par l'action du "cacher" divin, biens et maux, donnés ou non donnés, se trouvent toujours indissolublement liés les uns aux autres [3] ».

Dans le mythe de Protagoras, cette ambivalence constitutive se trouve démentie, au profit d'une anthropologie positivement technicienne, issue de l'action d'un Titan exclusivement bienfaiteur, sous l'égide d'un Zeus souverain également bienfaiteur. L'histoire ne s'ouvre pas plus sur la rivalité entre Zeus et Prométhée qu'elle ne s'achève sur une séparation entre les hommes et les dieux dont le Titan se

1. Cf. J.-P. Vernant, « Prométhée et la fonction technique », *Mythe et pensée chez les Grecs*, Librairie François Maspero, 1965, p. 267 : le Prométhée d'Eschyle, comme celui d'Hésiode et de Platon, est un « répartisseur de lots ».

2. Cf. J.-P. Vernant, « Le mythe prométhéen chez Hésiode », *art. cit.*, p. 179.

3. *Ibid.*, p. 186.

serait rendu coupable — inconsciemment solidaire des propres desseins de Zeus. Au contraire, l'homme démuni par la bévue d'Épiméthée se trouve finalement dédommagé au centuple par l'intervention de Prométhée, dont la médiation instaure une parenté entre les hommes et les dieux. De fait, l'accent n'est en aucune manière porté sur une culpabilité initiale, héritée d'une faute originaire dont le Titan se serait rendu coupable à l'égard de Zeus. Le point de départ est la bévue d'un Titan maladroit, quoique bien intentionné, et, pour l'homme, une situation initiale de détresse qui ne comble en rien les desseins d'un Zeus défavorable. De fait, le vol du feu n'est pas le second épisode dont Prométhée se rend coupable ; d'ailleurs, le châtiment de Prométhée est évoqué rapidement, conventionnellement, comme une clause du récit, et modalisé par un « dit-on », qui, s'il n'en constitue pas la dénégation, en diminue considérablement la portée.

De fait, l'intervention de Zeus est univoquement positive et, toute culpabilité annulée, toute rivalité gommée, constitue le relais souverain de celle de Prométhée qui n'a eu ni le temps ni la possibilité de gratifier l'homme de l'art politique. Le Zeus de Protagoras, généreux à l'égard des hommes, n'est pas le Zeus vengeur d'Hésiode, rival du Titan, préméditant de noirs desseins contre l'humanité : de même, lors de la répartition « des divers privilèges entre les dieux », le Zeus d'Eschyle ne songeait pas un instant aux « malheureux mortels », dont il « voulait au contraire anéantir la race, afin d'en créer une nouvelle », et motivait la révolte de Prométhée contre Zeus, qui, dit-on, s'achevait, à la fin de la trilogie perdue, par une réconciliation entre eux[1]. Dans le mythe de Protagoras, l'absence de sollicitude de Zeus à l'égard des hommes, pleinement motivée dans la destruction qu'il en prémédite, est remplacée par la simple bévue d'un Titan étourdi — celui même qui accueillait Pandore malgré les mises en gardes de son frère. Protagoras gomme toute préméditation meurtrière ou vengeresse de l'histoire, toute rivalité entre Zeus et Prométhée, toute rébellion et donc toute culpabilité de la part du Titan, comme il a délié l'ambivalence hésiodique, et n'a nul

1. Cf. J.-P. Vernant (1965, p. 271-272), qui renvoie à M. Séchan (1951).

besoin d'organiser le drame de leur éventuelle réconciliation. La Vergogne et la Justice apparaissent dans le mythe à la place de Pandore, le cadeau empoisonné que Zeus envoyait aux hommes pour les fautes de Prométhée. Nulle mention de la femme dans le mythe de Protagoras, ni du personnage d'Io du *Prométhée* d'Eschyle, ni de la Pandore de la tradition hésiodique. À la place de Pandore, « don de de tous [les dieux] », selon l'étymologie d'Hésiode, ou, plus justement, « celle qui donne tout[1] » ou encore « celle qui a reçu un présent de tous[2] », la Vergogne et la Justice qui sont des *dons* qu'Hermès (toujours lui) doit répartir entre *tous* les hommes : « dons-pour-tous ». Ce don n'est pas empoisonné : il fonde au contraire la cité ; il est uniformément bon. Et Protagoras, croisant les références hésiodiques, le mythe prométhéen et le mythe des races, de réintégrer alors, sous ce don de Zeus, l'*aidōs* et la *némesis* qui, dans *Les Travaux et les jours*, avaient déserté la Terre pour le plus grand malheur des hommes de la race de fer qu'elles abandonnaient à un « mal sans recours », où « la seule justice (*díkē*) sera la force, et il n'y aura plus de Vergogne (*aidōs*)[3] ». À la loi de justice prescrite aux hommes par le Cronide : « écoute la justice, oublie la violence à jamais [...] que les poissons, les fauves, les oiseaux ailés se dévorent, puisqu'il n'est point parmi eux de justice ; mais aux hommes Zeus a fait don de la justice, qui est de beaucoup le premier des biens[4] », répond en écho la loi que Zeus demande à Hermès d'instaurer en son nom : « qu'on mette à mort, comme un fléau de la cité, l'homme qui se montre incapable de prendre part à la Vergogne et à la Justice ». Cette loi n'est pas sans rappeler l'évocation chez Sophocle de la justice divine qui fonde la cité : l'homme « possède l'ingéniosité du savoir au-delà de ce que l'art faisait espérer : mais il va tantôt vers le mal, tantôt vers le bien. S'il fixe les lois de son pays dans la trame de la justice divine qui fonde les serments, haute sa cité ! Il sera sans cité, celui qui choisit l'audace et vit avec le mal ! Qu'un tel homme ne soit

1. J.-P. Vernant, « Prométhée et la fonction technique », *art. cit.*, p. 266.
2. Hésiode, *Les Travaux et les jours*, v. 81-82, note 1.
3. *Ibid.*, v. 192.
4. *Ibid.*, v. 275-280.

pas à mon foyer et que je ne partage pas les sentiments de qui agirait ainsi[1] ».

Un tel abandon de l'obscure ambivalence hésiodique, qui délie Prométhée et avec lui toute l'humanité de la culpabilité à l'égard de Zeus, atteste l'emprise croissante de la tradition d'une humanité positivement technicienne, présente chez Eschyle et chez Sophocle. De même que Pandore est absente du mythe de Protagoras, le travail n'est plus présenté comme la punition de l'humanité, la contrepartie vengeresse du larcin du Titan ; la pratique religieuse (qui correspond à la fondation du sacrifice), la pratique culinaire comme l'agriculture perdent leur statut de punition pour devenir les effets positifs du don du feu, dont Zeus n'a jamais retiré la jouissance aux hommes (comme c'est le cas chez Hésiode, dans *Les Travaux et les jours*, en représailles du partage trompeur). S'il est vrai que « le monde humain a une histoire propre », que ce thème « prend un magnifique essor dans la seconde moitié du ve siècle, et se cristallise autour du thème du "premier inventeur" »[2], le don que Prométhée fait aux hommes du feu et de l'habileté technique, loin de vouer l'humanité à l'âpre nécessité d'un travail punitif, ouvre l'espace de l'invention humaine — on notera à cet égard les termes du mythe : l'homme « *inventa* les habitations, les vêtements, les chaussures, les couvertures et les aliments qui viennent de la terre ». Le Prométhée d'Eschyle déplorait la misère de sa situation en regard des « ingénieuses *découvertes* qu'il [avait] faites pour les mortels » : le feu qu'il avait dérobé s'était « révélé pour les hommes un maître de tous les arts, un trésor sans prix[3] ». Les mortels « possédaient tous les

1. Sophocle, *Antigone*, v. 365-375 (trad. P. Demont et M. Trédé).

2. J.-P. Vernant, « Temps des dieux et temps des hommes », *La Grèce ancienne, II, L'espace et le temps*, Librairie François Maspero, 1965, p. 147.

3. Eschyle, *Prométhée enchaîné*, v. 110-111. C'est le Titan qui, pour les hommes, a « imaginé les ressources et les arts », c'est lui qui avait « mis en eux l'esprit et la maîtrise de la pensée ; alors qu'ils voyaient sans voir, qu'ils entendaient sans entendre, que « semblables aux formes des songes, toute leur vie, ils mêlaient toutes choses en tout sens », il leur avait enseigné à distinguer entre les saisons, entre le lever et le coucher des astres ; il leur avait appris à bâtir des maisons, à travailler le bois. Pour eux, il avait

arts grâce à Prométhée[1] ». Dans le mythe de Protagoras, ce n'est plus le Titan qui est l'inventeur, mais le Titan fait de l'homme un inventeur. D'une situation initiale désastreuse, l'homme se voit dédommagé au centuple par une inventivité qui lui est propre (sans être sa nature), à côté de laquelle les animaux, bien pourvus d'une nature, apparaissent « arrêtés ». La distinction entre les animaux et les hommes se fait entre une nature fixe et une inventivité culturelle, libre de ses formes.

« *découvert* la plus extraordinaire des *inventions*, celle du nombre, ainsi que l'assemblage des lettres, mémoire de toutes choses, travail qui enfante les Muses ». Il leur avait appris à dompter les cavales, à construire des bateaux, à soigner les maladies, à extraire des métaux et même à organiser, pour eux, « les différentes espèces de la mantique ».

1. *Ibid.*, v. 507. Le passage évoqué se situe en v. 436-507.

ANNEXE II

*Sur l'*aidṓs *et la* díkē

C'est par la répartition entre tous les hommes de la Vergogne et de la Justice que Zeus paraît doter les hommes de l'art politique[1]. « Vergogne »[2], qui traduit ici le terme grec *aidṓs*, très difficile à traduire, signifie aussi bien le sentiment de l'honneur, de la dignité que la pudeur, la retenue, la honte, la crainte respectueuse. « Vergogne » est l'équivalent de l'espagnol « *verguënza* », qui signifie la honte ; mais un homme « *sin vergüenza* » est un homme « sans vergogne » : la vergogne désigne un sentiment de retenue, qui met en cause notre rapport à nous-mêmes comme notre rapport à autrui. Ce terme a de plus l'avantage de rendre le tour archaïsant et poétique imprimé par Protagoras avec ces deux termes d'*aidṓs* et de *dikḗ*, que la sagesse (*sōphrosúnē*) et la justice (*dikaiosúnē*) viennent relayer dans son discours argumenté[3] ; de plus, elle est l'exact équivalent français du terme latin *verecundia*, par lequel Cicéron traduit *aidṓs*[4] : « [...] les cités où l'on voit les meilleurs citoyens

1. Sur ce point délicat, cf. Introduction, p. 32-33.

2. Je dois le choix de cette traduction d'*aidṓs* par Vergogne, ainsi que sa justification espagnole, à F. Wolff, que je remercie. Sur ce point délicat, je suis redevable à de très nombreuses conversations avec F. Wolff, J. Brunschwig et L. Brisson, et je les en remercie.

3. *Protagoras*, 323a. Pour cette remarque, cf. A. Motte (1990), p. 222).

4. Je remercie J. Kany-Turpin de m'avoir signalé le texte de Cicéron (*La République*, V, VI, 8, 199-200), qui permet d'expliciter le texte du mythe de Protagoras.

aspirer aux éloges et à l'honneur, redouter le mépris public (*ignominiam*) et le déshonneur (*dedecus*). C'est moins la crainte du châtiment fixé par les lois qui leur inspire de l'épouvante que le respect qu'ils ont d'eux-mêmes, un sentiment donné à l'homme par la nature, et qui est comme la crainte d'un blâme justifié[1]. »

Sur ces deux termes difficiles, il importe de renvoyer tout d'abord aux célèbres analyses de L. Gernet : « Zeus octroie aux hommes deux vertus qui leur seront distribuées à tous, et non plus réparties suivant le principe de la division du travail : l'*aidṓs* et la *díkē*. — Le second de ces termes est assez clair : la *díkē*, c'est la justice, telle qu'elle se manifeste avant tout dans le jugement — par suite dans la condamnation, dans l'exécution — et aussi par référence implicite et explicite à un autre terme, quelque chose comme le *jus strictum*. Le mot *aidṓs*, lui, n'est guère traduisible (comme il arrive le plus souvent pour les maîtres mots qui sont les mots témoins par excellence) : mais, à travers la multiplicité de ses emplois, on peut dire qu'il désigne un sentiment de respect ou de retenue qui se rapproche au moins de la révérence religieuse — qui, en fait, peut avoir pour objet la divinité — mais vaut essentiellement dans l'ordre des relations humaines où il commande certaines abstentions ou certaines attitudes vis-à-vis d'un parent, d'un être d'une éminente dignité, d'un suppliant[...] ; sentiment à la fois social et moral puisque l'*aidṓs* est à la fois soucieuse de l'opinion publique dont elle apparaît souvent comme la contrepartie et préoccupée, dans un sens volontiers aristocratique, de ce que le sujet se doit à lui-même. Il est certain que, dans le mythe de Protagoras, cette notion multiforme, déjà connue sous sa forme mythique chez Hésiode, se détermine plus ou moins en fonction de celle de *díkē* avec laquelle elle forme binôme : notons d'ailleurs que, par le don du feu, l'homme a déjà pu accéder à une condition proprement humaine où la religion est constituée ; il s'agit maintenant d'une organisation des rapports entre les hommes, par conséquent de la justice au sens large où, en dehors même de l'observation de la règle pour elle-même,

1. *« [...] nec vero tam metu poenaque terrentur quae est constituta legibus, quam verecundia quam natura hominin dedit quasi quendam vituperationis non injustae timorem. »*

il faut faire place à un sentiment plus intime, plus personnel, mais dont la vie même du droit ne laisse pas de participer[1]. »

En effet, Zeus envoie Hermès apporter à l'humanité la Vergogne et la Justice « pour constituer l'ordre des cités et les liens d'amitié (*philia*) qui rassemblent les hommes[2] ». Émile Benveniste souligne la connexion, très étroite, chez Homère, entre *phílos* et *aidṓs* ; de fait l'*aidṓs* n'apparaît pas seulement comme l'affect réflexif d'un sentiment d'honneur individuel — mais d'un sentiment d'honneur également collectif : « Ainsi, si un membre d'un groupement donné est attaqué, outragé, l'*aidṓs* poussera l'un de ses parents à prendre sa défense ; plus généralement, à l'intérieur d'un groupement donné, l'un assumera les obligations de l'autre en vertu de l'*aidṓs* ; c'est aussi le sentiment de déférence à l'égard de celui avec qui l'on se trouve lié. Quand un guerrier excite ses compagnons défaillant en leur criant : *aidṓs* ! il les rappelle au sentiment de cette conscience collective, du respect de soi-même qui doit resserrer leur solidarité. À l'intérieur d'une communauté plus large, l'*aidṓs* définit le sentiment des supérieurs envers les inférieurs (égards, pitié, miséricorde, respect de l'infortune), comme aussi l'honneur, la loyauté, la bienséance collective, l'interdiction de certains actes, de certaines conduites — de là finalement, le sens de "pudeur" et de "honte". *Aidṓs* éclaire le sens propre de *phílos* : tous deux s'emploient pour les mêmes personnes ; tous deux désignent en somme des relations de même type. Parents, alliés, domestiques, amis, tous ceux qui sont unis entre eux par des devoirs réciproques d'*aidṓs* sont appelés *phíloi*[3]. »

Ainsi la Vergogne est un affect réflexif, c'est-à-dire un affect qui concerne la manière dont un homme s'appréhende lui-même, et son sens est proche de celui de la dignité, de l'honneur. Ce sentiment réflexif n'est pas

1. L. Gernet (1951, p. 180-181).
2. *Protagoras* 322c.
3. É. Benveniste, *Le Vocabulaire des institutions indo-européennes, II Pouvoir, droit, religion*, Paris, Éditions de Minuit, 1969, p. 340-341. Sur l'*aidṓs*, on se reportera également à H. North, *Sophrosúnē, Self-Knowledge and Self-Restraint in Greek Literature*, New York, Cornell University Press, Ithaca, 1966, particulièrement p. 5 à 7.

exempt d'un rapport à autrui : c'est la présence d'autrui, effective ou intériorisée, qui fait que je me dois, pour moi-même, à une certaine retenue — on retiendra à cet égard la très belle formule de F. Wolff : « L'*aidōs*, c'est en quelque sorte l'œil du témoin quand on est sans témoin — le témoin intériorisé[1]. » Mais la Vergogne n'est pas seulement la retenue que je me dois à moi-même ; elle est également et indissolublement la retenue à laquelle je me dois pour l'autre, auquel je suis lié par des liens de *philía*. La honte est le sentiment que j'éprouverais si je dérogeais à l'*aidōs*. De même, la Justice représente dans le mythe le sentiment de Justice, qui régit les liens qui relient les hommes entre eux. À cet égard, ni la Vergogne ni la Justice ne doivent être comprises comme des exigences morales abstraites — il s'agit de sentiments essentiellement sociaux, éthiques autant que politiques, qui dessinent comme un transcendantal affectif de la vie en société — fondant les liens de *philía* qui scellent mon appartenance à un groupe déterminé.

Comprendre le « binôme » Vergogne et Justice (*aidōs te kaì díkē*) implique de renvoyer au couple, homérique et hésiodique, *aidōs* et *némesis*. Chez Homère, *aidōs* signifie le sens du devoir qui distingue le noble. L'*aidōs* fait couple avec la *némesis* : « chacun est libre d'en appeller à l'*aidōs* et, en cas d'affront, celui-ci éveille en tous le sentiment voisin de la *némesis*. *Aidōs* et *némesis* forment des éléments essentiels de l'idéal aristocratique chez Homère. À la fierté éprouvée par les nobles d'appartenir à une race supérieure et à une glorieuse lignée s'ajoutait la conviction de ne pouvoir conserver cette prééminence que par la pratique des vertus qui la leur avait conférée[2]. » Il apparaît donc qu'*aidōs* et *díkē*, que Zeus fait répartir, dans le mythe de Protagoras, entre *tous* les hommes, constituent la subversion démocratique de l'*aidōs* et de la *némesis* homériques, qui sont des exigences sociales aristocratiques[3].

1. F. Wolff, *Socrate*, Paris, PUF, 1985, p. 88, note 2. À cet égard, il paraît pertinent de mettre l'*aidōs* du mythe de Protagoras en rapport avec le mythe de l'anneau de Gygès dans la *République* (II 358e-360d).

2. W. Jaeger (1934, p. 33).

3. Cf. J.-C. Fraisse (1974, p. 90, note 20). Sur *aidōs* et *némesis*, voir également Aristote, *Éthique à Nicomaque*, II, 7, 1108a31 sq., et sur *aidōs*, IV, 15.

Hésiode[1] serait le poète d'une ère nouvelle, où les hommes s'attachent à bâtir une société meilleure, fondée sur le bon droit. Il crée une divinité nouvelle, *Díkē*, et assimile la volonté de Zeus au concept de justice, quand il crée une divinité nouvelle, la déesse *Díkē*, et l'imagine proche du plus puissant de tous les dieux. Le sens du mot *thémis* « se limitait plutôt à l'autorité judiciaire — c'est-à-dire à l'institution de la justice et à sa permanence — tandis que *díkē* équivaut à la contrainte légale exercée par la justice ». De plus, le terme *díkē*, dont l'acception principale est très proche de la « part due », signifiait également égalité, et manifestait, donc, une avancée considérable par rapport au champ de la *thémis*.

Chez Platon, l'*aidṓs* a clairement partie liée avec la crainte et la honte. Dans l'*Euthyphron*[2], Socrate présente l'*aidṓs* comme une partie de la crainte — on a pu aller jusqu'à traduire *aidṓs* par conscience : ainsi, dans les *Lois*, « notre souveraine était la conscience (*aidṓs*), qui nous faisait consentir à vivre dans l'obéissance aux lois de ce temps-là[3]. » L'*aidṓs* apparaît comme « la bonne crainte des lois[4] » ; Platon distingue entre deux types de craintes (*phóboi*) : la crainte que l'on appelle « honte » (*aiskhúnē*) qui est la crainte des maux que nous anticipons, ainsi que la crainte qui nous fait craindre « l'opinion quand nous estimons qu'on nous juge pervers de faire ou dire quelque chose qui n'est pas beau ». La seconde crainte est l'*aidṓs* qui est « l'ennemie des souffrances et des autres objets de crainte », mais aussi « de la plupart des plaisirs et des plus grands »[5] : « N'est-il pas vrai qu'un législateur et tout homme digne de ce nom tiennent cette crainte dans la plus grande estime et, de même qu'ils l'appellent pudeur (*aidṓs*), ils donnent à l'audace (*thárros*) qui lui est opposée le nom d'impudence (*anaídeia*), en jugeant celle-ci le pire

1. Cf. W. Jaeger (1934, I, p. 101) ; sur la différence entre *thémis* et *díkē*, l'étymologie de *díkē*, puis l'émergence du terme de *dikaiosúnē*, voir *ibid.*, p. 137-139.

2. *Euthyphron* 12b sq.

3. *Lois* III 698b.

4. Cf. *Lois* I 646e sq.

5. *Ibid.*, 647b : Des Places a choisi de traduire *aidṓs* par « pudeur ».

mal dans la vie privée et dans la vie publique ? » L'*aidṓs* est ce qui nous préserve de maux considérables et ce qui nous assure aussi bien « la victoire à la guerre et la vie sauve », puisque « les deux agents de la victoire » sont « la hardiesse devant l'ennemi et la crainte d'une male honte en présence de nos amis » — à cet égard, l'*aidṓs* est la crainte positive de l'*aiskhúnē*, chacun devant devenir « sans crainte et craintif ». L'*aidṓs* est présentée comme « une crainte fondée sur la justice[1] » — celle que l'on essaie de susciter en mettant un homme en prise avec l'impudence afin qu'il en triomphe. Le rapport entre la crainte positive de l'*aidṓs* et la justice est alors explicite et rappelle bel et bien « la Vergogne et la Justice » du mythe de Protagoras[2].

Mais l'*aidṓs* et la *díkē* du mythe de Protagoras ne se comprennent qu'à partir d'un passage où Hésiode (*Les Travaux et les jours*, v. 193), souligne leur absence : après l'anéantissement par Zeus de la cinquième race, la race de fer, « la seule justice (*díkē*) sera la force, et il n'y aura plus de vergogne (*aidṓs*) ». De même, au v. 200 : « Alors quittant pour l'Olympe la terre aux larges routes, cachant leurs beaux corps sous des voiles blancs, *Aidṓs* et *Némesis*, délaissant les hommes, monteront vers les Éternels. De tristes souffrances resteront seules aux mortels : contre le mal, il ne sera point de recours[3]. » Pour le traducteur, la première

1. *Ibid.*, 647c.

2. Sur le rapport entre *aidṓs* et *aiskhúnē*, on se rapportera, malicieusement, à la fable 109 d'Ésope, où l'*aiskhúnē* est présentée comme l'oubliée de la répartition des capacités à l'homme, et que l'on doit lui introduire *in extremis*. Pour d'autres mentions du mot *aidṓs* chez Platon, cf. *Politique* 310e, à propos des mariages : alors qu'il « est naturel à l'énergie (*andreía*), si elle reste plusieurs générations sans aucun mélange avec le caractère tempéré, de donner tout l'éclat de sa force au début pour dégénérer finalement en de vraies folies furieuses », « une âme trop pleine de réserve (*aidoûs*) et qui, au lieu de s'allier à l'audace énergique, se reproduit telle quelle pendant plusieurs générations, ne peut que devenir nonchalante à l'excès et finir dans un état d'infirmité complète ».

3. Trad. P. Mazon modifiée. *Aidṓs* apparaît également encore dans *Les Travaux et les jours*, v. 318-320, au sens de « honte ». T.A. Sinclair (1976, p. 83-84, note 36) marque l'aspect duel de l'*aidṓs*, positif, comme Vergogne, négatif, comme modestie excessive et scrupule.

de ces déesses représente la conscience individuelle, le sentiment de l'honneur ; la seconde, la conscience publique, l'opinion, et, par suite, la « crainte de cette opinion [1] ». *Aidṓs* et *díkē* apparaissent comme les deux seuls freins qui puissent arrêter les passions humaines ; si elles disparaissent, celles-ci pourront se déchaîner sans limite. À ce titre, le don de Zeus, dans le mythe de Protagoras, rétablit l'*aidṓs* et la *díkē* parmi les hommes, qui sont les conditions affectives et sociales de la solidarité civique et politique parce qu'elles apparaissent comme les garde-fous qui préservent de tout débordement passionnel — ce que vient confirmer l'énoncé de la loi que Zeus demande à Hermès d'instaurer en son nom : « Qu'on mette à mort, comme un fléau de la cité, l'homme qui se montre incapable de prendre part à la Vergogne et à la Justice [2]. »

Pour J.P. Maguire [3], on trouve *l'aidṓs* et *la díkē* à l'endroit où l'on attendrait, de la part de Protagoras, la mention de la loi (*nómos*). L'inspiration du sophiste lui viendrait d'un passage des *Travaux et des jours* (v. 276 sq.), où l'*aidṓs* n'est pas mentionnée, mais où l'on peut lire : « Telle est la loi que le Cronide a prescrite aux hommes : "que les poissons, les fauves, les oiseaux ailés se dévorent, puisqu'il n'est point parmi eux de justice" ; mais aux hommes Zeus a fait don de la justice, qui est de beaucoup le premier bien. » Zeus, dans le mythe de Protagoras, donnerait aux hommes *l'aidṓs* et *la díkē* à la place de la loi. Or donner la loi n'eût en rien changé la situation des hommes : il fallait leur donner *le rapport à* la loi, et un certain rapport positif et affectif à l'égard de la loi. Pour que la loi soit respectée, il fallait qu'en tout homme, quelque chose vînt fonder ce respect de la loi.

Contrairement à ce que propose J.P. Maguire, et comme l'ont bien montré tant B. Cassin que M. Narcy, l'affaire est plus sociale que morale. Ainsi, « *l'aidṓs* est cette tenue, à la fois bonne tenue et retenue, qui caractérise ce que l'on appelle parfois "les civilisations de la honte", provoquée par le respect pour le sentiment ou l'opinion des autres, le respect de l'opinion publique, et du coup le respect de soi

1. Cf. *Iliade*, XIII, v. 122.
2. *Protagoras* 322d.
3. J. P. Maguire (1977, p. 119).

— “pudeur” seulement si l’on entend la médiation du “et ils virent qu’ils étaient nus” ; nullement en tout cas un sentiment d’obligation morale dont la transgression provoquerait un trouble de la conscience, mais le sentiment du regard et de l’attente d’autrui[1]. » De même, « la *díkē*, avant d’être la “justice”, donc le “procès” et le “châtiment”, c’est “la règle, l’usage”, “la procédure”, tout ce dont on peut “faire montre” (*deíknumi*) : norme publique de la conduite, conduite requise en public. L’*aidṓs* n’est ainsi que la motivation à respecter la *díkē*, et la *díkē* n’a de force que pour autant que chacun éprouve l’*aidṓs*. Il n’y a dans cette combinaison qu’on peut supposer protagoréenne nulle matière à intention éthique, encore moins à autonomie du sujet moral, mais exclusivement matière à moralité pratique, respect des règles du jeu public : quelque chose déjà d’une justice *as fairness*, où s’entendrait certes non l’équité, mais le *fair-play*[2]. »

De même, pour M. Narcy[3], l’*aidṓs* pas plus que la *díkē* « ne désignent par conséquent des sentiments innés en l’homme. Elles désignent purement et simplement l’existence de la norme, envisagée sous ses deux faces : *díkē*, c’est la règle en tant qu’elle est prescrite, et *aidṓs*, en tant qu’elle est suivie. Essence sociale, donc, de la norme, ou de la morale : il est clair que pour Protagoras il n’y a d’autre vertu que “politique” ou “civile”, puisque toute vertu se constitue dans ce jeu d’attentes croisées dont la pression fait la *pólis*. C’est pourquoi, pour lui, c’est tout un d’enseigner l’art politique, la vertu ou la vertu politique. Moralité civile, moralité réduite à la civilité [...]. Réduites à la civilité, l’*aidṓs* et la *díkē* ne définissent pas [...] quelque chose comme une conscience morale. »

Dans ce cadre civique et politique, qui sous-tendait déjà la « manière de bien délibérer » (*euboulía*) par laquelle Protagoras définissait son enseignement[4], l’*aidṓs* et la *díkē* apparaissent comme les conditions affectives *a priori* de la loi, affects politiques donnés à tous, sans qu’ils déterminent une nature.

1. B. Cassin (1995, p. 219).
2. *Ibid.*
3. M. Narcy (1990, p. 44).
4. *Protagoras* 319a.

BIBLIOGRAPHIE

La bibliographie qui suit, classée par ordre alphabétique, est loin d'être exhaustive. Pour la compléter, on consultera l'indispensable bibliographie des études platoniciennes publiée dans la revue *Lustrum* : H. Cherniss, « Plato 1950-1957 », *Lustrum* 4 et 5, 1959 et 1960 ; L. Brisson, « Platon 1958-1975 », *Lustrum* 20, 1977 ; L. Brisson (avec la collaboration de H. Ioannidi), « Platon 1975-1980 », *Lustrum* 25, 1983, p. 31-320 ; « Platon 1980-1985 », *Lustrum* 30, 1988, p. 11-294 ; « Platon 1985-1990 », *Lustrum* 34, 1992, p. 7-329.

Dans l'Introduction, les Annexes et les notes de la traduction, nous avons fait référence aux études qui apparaissent dans cette bibliographie en mentionnant uniquement le nom de l'auteur, l'année de publication et la page concernée.

Éditions avec texte grec

ADAM, J., ADAM (1905), A.M., *Platonis Protagoras*, Cambridge, (2e éd.).

CROISET, A. (1923), *Platon : Protagoras*, Paris, Les Belles Lettres.

LAMB, W.R.M. (1924), *Plato : Laches, Protagoras, Meno, Euthydemus*, London and Cambridge (Mass.), Harvard University, Press (The Loeb Classical Library) [texte et traduction].

Traductions du Protagoras

DEMONT, P., TRÉDÉ, M. (1993), *Protagoras* [traduction, introduction et commentaires], Paris, Le Livre de poche, Classiques de la philosophie, Librairie Générale Française, 1993.

FRIEDLÄNDER, Paul (1928-1930), *Platon*, Berlin, Leipzig, W. de Gruyter, *I. Eîdos-Paideía-Diálogos* (1928), II. *Die Platonischen Schriften* (1930).

GUTHRIE, W.K.C. (1956), *Plato : Protagoras and Meno*, Harmondsworth.

HUBAARD, B.A.F., KARNOFSKI (1982), E.S., *Plato's* Protagoras : *A socratic Commentary*, London.

JOWETT, B. (1953), *The Dialogues of Plato*, Oxford, Clarendon Press (4e éd.), vol. I.

NESTLE W. (éd.) (1931), *Platon : Ausgewählte Schriften* IV, *Protagoras*, Leipzig, Teubner.

PELLEGRIN, P. (1993), *Protagoras* [présentation et commentaires], Paris, Nathan.

ROBIN, L. (1950), *Platon : Œuvres complètes* [traduction et notes], Gallimard, Bibliothèque de la Pléiade.

TAYLOR, C.C.W. (1991), *Plato : Protagoras* [traduction et notes, édition révisée], Oxford, Clarendon Press.

VLASTOS, G. (éd.) (1956), *Plato : Protagoras : Jowett's Translation revised by Martin Ostwald*, Indianapolis and New York.

Ouvrages de référence

AELIUS ARISTIDE, *Works*, texte et traduction anglaise par C.A. Behr, W. Heinemann, Cambridge (Mass.), Harvard University Press (The Loeb Classical Library), 1973.

ARISTOPHANE, *Les Nuées*, traduction par H. Van Daele, Paris, Les Belles Lettres, t. I, 1923.

ARISTOTE, *Le Livre premier du traité sur les* Parties des animaux, traduction, introduction et commentaire par J.-M. Le Blond, Aubier-Montaigne, 1944.

ARISTOTE, *Poétique*, texte, traduction, notes par R. Dupont-Roc et J. Lallot, Paris, Éditions du Seuil, 1980.

ARISTOTE, *Réfutations sophistiques*, introduction, traduction et commentaire par L.-A. Dorion, préface de J. Brunschwig, Vrin, Presses de l'université Laval, 1995.

ARISTOTE, *Rhétorique*, traduction anglaise par J.H. Freese, Cambridge (Mass.), Harvard University Press (The Loeb Classical Library), 1re édition 1926.

ATHÉNÉE DE NAUCRATE, *Les Deipnosophistes*, traduction par A.M. Desrousseaux, avec le concours de C. Astruc, Paris, Les Belles Lettres, 1956.

DIELS, H., KRANZ, W. (1951), *Die Fragmente der Vorsokratiker*, Berlin, Weidmann, 6e éd.

DIOGÈNE LAËRCE, *Lives of eminent philosophers*, traduction anglaise par R.D. Hicks, Cambridge (Mass.), Harvard University Press (The Loeb Classical Library), 1979.

DUMONT, J.-P. (éd.) (1988), *Les Présocratiques*, Paris, Gallimard, Bibliothèque de la Pléiade.

ESCHYLE, *Prométhée enchaîné*, traduction par P. Mazon, Paris, Les Belles Lettres, 1920-1925.

ÉSOPE, *Fables*, traduction D. Loayza, GF-Flammarion, 1995.

HÉSIODE, *Théogonie-Les Travaux et les jours-Le Bouclier*, traduction P. Mazon, Paris, Les Belles Lettres, 1979.

ISOCRATE, *Discours*, traduction par G. Mathieu, Paris, Les Belles Lettres, 1991.

PHILOSTRATE, *Works*, London, W. Heinemann, Cambridge (Mass.), Harvard University Press (The Loeb Classical Library), 1960.

ROUSSEAU, J.-J., *Œuvres politiques*, Paris, Garnier, 1989.

THUCYDIDE, *La Guerre du Péloponnèse*, traduction par J. de Romilly, Paris, Les Belles Lettres, 1953-1972.

XÉNOPHON, *Memorabilia, Œconomicus*, traduction par E.C Marchant, *Symposium, Apology*, traduction par O.J. Todd, Cambridge (Mass.), Harvard University Press (The Loeb Classical Library), 1923.

Études d'ensemble

ARNIM, I. von (1914), *Platos Jugenddialoge und die Entstehung des* Phaidros, Leipzig, Berlin, Teubner.

BENVENISTE, É. (1969), *Le Vocabulaire des institutions indo-européennes, II. Pouvoir, droit, religion*, Paris, Éditions de Minuit.

BODIN, L. (1975), *Lire le* Protagoras*–Introduction à la méthode dialectique de Protagoras*, Paul Demont (éd.), Paris, Les Belles Lettres.

BRUNSCHWIG, J. (1995), *Etudes sur les philosophies hellénistiques*, Paris, PUF.

BENSON, H.H. (1992), *Essays on the Philosophy of Socrates*, New York, Oxford, Oxford University Press.
BRAGUE, R. (1978), *Le Restant. Supplément aux commentaires du* Ménon *de Platon*, Paris, Vrin.
BRISSON, L. (1982), *Platon, les mots et les mythes*, Paris, Librairie François Maspero.
CANTO-SPERBER, M. (1987), *L'Intrigue philosophique. Essai sur l'*Euthydème *de Platon*, Paris, Les Belles Lettres.
CANTO-SPERBER, M. (dir.) (1991), *Les Paradoxes de la connaissance*, Paris, Éditions Odile Jacob.
CASSIN, B. (1995), *L'Effet sophistique*, Paris, Gallimard.
— (1986) (éd.), *Le Plaisir de parler : études de sophistique comparée*, Paris, Éditions de Minuit.
— (1986) (éd.), *Positions de la sophistique*, Paris, Vrin.
— (dir.) (1990), « Rhétorique et politique : les métamorphoses de Protagoras », in *Philosophie* 28, Paris, Éditions de Minuit.
CASSIRER, E. (1983), *Individu et cosmos*, Paris, Éditions de Minuit.
CLASSEN, C. J. (éd.) (1976), *Sophistik*, Darmstadt, Wissenschaftliche Buchgesellschaft.
COBY, P. (1948), *Socrates and the Sophistic Enlightenment–A commentary on Plato's* Protagoras, London and Toronto, Associated University Presses, reprint, 1987.
DEMONT, P. (éd.) (1993), *Problèmes de la morale antique*, Université d'Amiens-Faculté des Lettres.
DERRIDA, J. (1967), *La Grammatologie*, Paris, Éditions de Minuit.
DETIENNE, M. (1967), *Les Maîtres de vérité dans la Grèce archaïque*, Paris, Librairie François Maspero.
DETIENNE M., VERNANT J.-P. (1974), *Les Ruses de l'intelligence-La* mêtis *des Grecs*, Paris, Flammarion.
DIXSAUT, M. (1985), *Le Naturel philosophe*, Paris, Vrin.
DODDS, E.R. (1973), *The Ancient Concept of Progress and other Essays on greek Literature and Belief*, Oxford, Clarendon Press.
DOVER, K.J. (1978), *Greek Homosexuality*, traduction française par S. Saïd, *L'Homosexualité grecque*, Grenoble, La Pensée sauvage.
— (1974), *Greek popular Morality at the Time of Plato and Aristotle*, Oxford, Blackwell.

DUCHEMIN, J. (1974), *Prométhée. Histoire du mythe, de ses origines orientales à ses incarnations modernes*, Paris, Les Belles Lettres.

FESTUGIÈRE, A.J. (1936), *Contemplation et vie contemplative selon Platon*, Paris, Vrin (2e éd. 1950).

— (1971), *Études de philosophie grecque*, Paris, Vrin.

— (1973), *Les Trois « Protreptiques » de Platon,* Euthydème, Phédon, Épinomis, Paris, Vrin.

FOUCAULT, M. (1984), *Histoire de la sexualité, II. L'Usage des plaisirs*, Paris, Gallimard.

FRAISSE, J.-C. (1974), Philía. *La Notion d'amitié dans la philosophie antique. Essai sur un problème perdu et retrouvé*, Paris, Vrin.

GOLDSCHMIDT, V. (1971), *Les Dialogues de Platon*, Paris, PUF (3e éd.).

— (1984), *Écrits*, I, Paris, Vrin.

GOSLING, J.C.B., TAYLOR, C.C.W. (1982), *The Greeks on Pleasure*, Oxford, Clarendon Press.

IRWIN, T.H. (1977), *Plato's moral Theory : the early and middle Dialogues*, Oxford, Oxford University Press.

JAEGER, W. (1934), Paideía. *Die Formung des griechischen Menschen*. I. *Die griechische Frühzeit*. II. *Höhe und Krisis des attischen Geistes*, Berlin und Leipzig, W. de Gruyter.

JOLY, H. (1964), *Le Renversement platonicien*–Lógos, Epistémē, Pólis, Paris, Vrin (2e éd. revue et corrigée, 1980).

— (1992), *Platon et la question des étrangers*, éd. F. Joly, F. Letoublon, Paris, Vrin.

KERFERD, G. B. (1981A), *The Sophistic Movement*, Cambridge, Cambrige University Press.

— (éd.) (1981B), *The Sophists and their Legacy, Proceedings of the fourth international colloquium on ancient philosophy held in cooperation with Projektgruppe Altertumwissenschaften der Thyssen Stiftung at Bad Homburg*, 29th August-1st september 1979, Wiesbaden, Franz Steiner Verlag GMBH/*Hermes*, Zeischrift für klassische Philologie, Einzelschriften–Heft 44.

KIERKEGAARD, S. (1841), *Le Concept d'ironie constamment rapporté à Socrate*, traduction française dans les *Œuvres complètes*, t. II, Paris, 1976.

LACAN, J. (1991), *Le Séminaire*, t. VII, *Le Transfert*, Paris, Éditions du Seuil.

LOHMANN, J. (1989), Mousikḗ *et* lógos-*Contributions à la philosophie et à la théorie musicale grecques*, traduction P. David, Trans-Europ-Repress.

LOVEJOY, A., CHINARD G., BOAS G., CRANE R.S. (1935), *A Documentary History of Primitivism and related Ideas*, Baltimore, The John Hopkins Press, vol. I.

MACKENZIE, M.M. (1981), *Plato on Punishment*, Berkeley, Los Angeles, London, University of California Press.

MARROU, H.-I. (1948), *Histoire de l'éducation dans l'antiquité classique*, Paris, Éditions du Seuil, 1965 (6e édition).

NARCY, M. (1984), *Le Philosophe et son double, Essai sur l'*Euthydème *de Platon*, Paris, Les Belles Lettres/Vrin.

NORTH, H.F. (1968), Sōphrosúnē : *Self-Knowledge and Self-Restraint in greek Literature*, New York, Cornell University Press.

PFEIFFER, R. (1968), *History of classical Scholarship, from the Beginning to the hellenistic Age*, Oxford, Clarendon Press.

POHLENZ, M. (1913), *Aus Platos Werdezeit*, philologischen Untersuchungen von Max Pohlenz, Berlin, Weidmann.

PRICE, A.W. (1989), *Love and Friendship in Plato and Aristotle*, Oxford, Clarendon Press.

ROBINSON, R. (1941), *Plato's Earlier Dialectic*, Ithaca, New York (1re éd.) ; Oxford, Clarendon Press, 1953 (2e éd.).

ROMEYER DHERBEY, G. (1985), *Les Sophistes*, Paris, PUF, coll. « Que sais-je ? » no 2223 ; 1993 (3e édition remise à jour).

ROMILLY, J. de (1988), *Les Grands Sophistes dans l'Athènes de Périclès*, Paris, De Fallois.

SCHMITT-PANTEL, P. (1992), *La Cité au banquet-Histoire des repas dans les cités grecques*, École française de Rome.

SÉCHAN, M. (1951), *Le Mythe de Prométhée*, Paris, PUF.

SVENBRO, J. (1976), *La Parole et le marbre*, Lund, Studenlitteratur.

SIEBENBORN, E. (1976), *Die Lehre von der Sprachrichtigkeit und ihren Kriterien. Studien zur antiken normativen Grammatik*, Amsterdam, B.R. Grüner (Studien zur antiken Philosophie, Bd. 5).

TAYLOR, A.E. (1937), *Plato : the Man and his Work*, London, Methuen and Co ; reprint 1952.

TIGERSTEDT, E.N. (1965), *The Legend of Sparta in classical Antiquity*, Stockholm, Göteborg, Uppsala, Almqvist & Wiksell, vol. I.

UNTERSTEINER, M. (1967), *I Sofisti*, traduction par A. Torgesilas, Paris, Vrin, 1993.
VERNANT, J.-P. (1974), *Mythe et société en Grèce ancienne*, Paris, Librairie François Maspero.
VERNANT J.-P., VIDAL-NAQUET, P. (1965), *Mythe et pensée chez les Grecs. Études de psychologie historique*, Paris, Librairie François Maspero, vol. II, p. 22.
— (1990), *La Grèce ancienne*, I. *Du mythe à la raison*, Paris, Éditions du Seuil.
— (1965), *La Grèce ancienne*, II. *L'Espace et le temps*, Paris, Librairie François Maspero ; Éditions du Seuil (rééd. 1991). « Temps des dieux et temps des hommes », par P. Vidal-Naquet.
VIDAL-NAQUET, P. (1981), *Le Chasseur noir : formes de pensée et formes de société dans le monde grec*, Paris, Librairie François Maspero.
VLASTOS, G. (1971), *Platonic Studies*, Princeton, Princeton University Press.
— (1991), *Socrates, Ironist and moral Philosopher*, Cambridge, Cambridge University Press ; traduction française par C. Dalimier, *Socrate, ironie et philosophie morale*, Paris, Aubier, 1994.
— (1994), *Socratic Studies*.
WILAMOWITZ-MOELLENDORFF, U. von (1913), *Sappho und Simonides*, Berlin, Weidmann.
WOLFF, F. (1985), *Socrate*, Paris, PUF (3e rééd. 1995).

Articles

Articles sur l'ensemble

BALAUDÉ, J.-F. (1996), « La philosophie comme mise à l'épreuve–Les mutations de l'*elenchos* de Socrate a Platon », in P. M. Morel (dir.), *Platon et l'objet de la science*, Bordeaux, Presses Universitaires de Bordeaux, p. 17-38.
— (1997), « La finalité de l'*elenchos* dans les premiers dialogues de Platon », in G. Giannantoni et M. Narcy (dir.), *Lezioni socratiche*, Naples, Bibliopolis, p. 237-258.
BENVENISTE, É. (1960), « *Profanus* et *profanare* », in *Mélanges G. Dumézil*, Bruxelles, 1960, p. 16-53
BOUSQUET, J. (1992), « Deux épigrammes grecques », in *Bulletin de correspondance hellénique* 116, 2, p. 585-606.
BRISSON, L. (1992), « Diogène Laërce, *Vies et doctrines des*

philosophes illustres, livre III : structure et contenu », in *Aufstieg und Niedergang der römischen Welt*, Berlin, De Gruyter, 1992, Band 36.5, p. 3698-3721.
— (1993), « Les listes de vertus dans le *Protagoras* et dans la *République* », in *Problèmes de la morale antique*, p. 88-89. Édité par P. Demont, Université de Picardie, Faculté des Lettres, 1993.
— (1995), « Une comparaison entre le livre X des *Lois* et le *Timée* », in J.-F. Balaudé (dir.) (1995), *D'une cité possible– Sur les* Lois *de Platon*, Le Temps philosophique, Publications du département de philosophie Paris X-Nanterre, Université de Paris X-Nanterre.
— (1996), « La notion de *phtónos* chez Platon », in *La Jalousie*, Paris, Montréal, L'Harmattan.
BURNYEAT, M.F. (1976), « Protagoras and self-Refutation in later greek Philosophy », in *Philosophical Review* 85, p. 44-69.
BRUNSCHWIG, J. (1984), « Hippias d'Élis, philosophe-ambassadeur », in *The Sophistic Movement*, Greek philosophical Society, Athenian Library of philosophy, p. 269-276.
CANTO, M. (1986), « Politique de la réfutation. Entre chien et loup : le philosophe et le sophiste », in B. Cassin (éd.), *Positions de la sophistique*, Paris, Vrin, p. 27-51.
— (1993), « Les paradoxes de la vertu », in *Problèmes de la morale antique*, p. 88-89. Édité par P. Demont, Université de Picardie, Faculté des Lettres, 1993.
DEMONT, P. (1993), « La formule de Protagoras : "L'homme est la mesure de toutes choses" », in *Problèmes de la morale antique*, p. 88-89. Édité par P. Demont, Université de Picardie, Faculté des Lettres, 1993, p. 39-57.
DORION, L.-A. (1990), « La subversion de l'*elenchos* juridique dans l'*Apologie de Socrate* », in *Revue philosophique de Louvain* 88, p. 311-344.
DUMONT, J.-P. (1986), « Prodicos : de la méthode au système », in B. Cassin (éd.) (1986), *Positions de la sophistique*, Paris, Vrin, p. 221-232.
GAGARIN, M. (1969), « The purpose of Plato's *Protagoras* », in *Transactions of the American Philological Association* 100, p. 133-164.
GIGON, O. (1948), « Studien zu Platons *Protagoras* », in *Studien zur antiken Philosophie* (1972), Hrsg. von Andreas Graeser, Berlin, New York, W. de Gruyter, p. 98-154.

GILL, C. (1983), « Platonic punishments : a discussion of M.M. Mackenzie, *Plato on Punishment* », in *Oxford Studies of Ancient Philosophy* I, Oxford, Clarendon Press, p. 211-216.

HADOT, P. (1980), « Sur divers sens du mot *prâgma* dans la tradition philosophique grecque », in P. Aubenque (dir.) (1980), *Concepts et catégories de la pensée antique*, Paris, Vrin, p. 309-319.

HEINIMANN, F. (1976), « Eine vorplatonische Theorie der *Tékhnē* », in C.J. Classen (éd.) (1976), *Sophistik*, Darmstadt, Wissenschaftliche Buchgesellschaft, p. 127-169.

KLOSKO, G. (1978), « Toward a consistent interpretation of the *Protagoras* », in *Archiv für Geschichte der Philosophie*, t. LX, p. 125-142.

MILLS, H. (1985), « *Phtónos* », in *Phronesis* 30, p. 1-12.

MOSER, S., KUSTAS, G.L. (1966), « A comment on the "relativism" of the *Protagoras* », in *Phœnix* 20, p. 111-115.

NARCY, M. (1992), « La leçon d'écriture de Socrate dans le *Phèdre* de Platon », in ΣΟΦΙΗΣ ΜΑΙΗΤΟΡΕΣ « Chercheurs de sagesse »–Hommage à Jean Pépin, Paris, Institut d'études augustiniennes, série Antiquité 131, p. 77-92.

PFEIFFER, R. (1968-1970), « Die Sophisten, ihre Zeitgenossen und Schüler im fünften und vierten Jahrhundert », in C.J. Classen (éd.) (1976), *Sophistik*, Darmstadt, Wissenschaftliche Buchgesellschaft.

SINCLAIR, T.A. (1976), « Protagoras and others, Socrates and his opponents », in C.J. Classen (éd.) (1976), *Sophistik*, Darmstadt, Wissenschaftliche Buchgesellschaft, p. 67-126.

VERNANT, J.-P. (1960), « Aspects de la personne dans la religion », in *Mythe et pensée chez les Grecs*, Paris, Librairie François Maspero, 1965.

VLASTOS, G. (1956-1974), « Protagoras », in C.J. Classen, (éd.) (1976), *Sophistik*, Darmstadt, Wissenschaftliche Buchgesellschaft.

— (1983), « The socratic elenchus », *Oxford Studies in Ancient Philosophy* I, p. 27-58.

WOLFF, F. (1997), « Être disciple de Socrate », in G. Giannantoni, M. Narcy (dir.), *Lezioni socratiche*, Naples, Bibliopolis, p. 27-75.

WOODBURY, L. (1953), « Simonide on *Aretē* », *in* TAPA 84, p. 135-163.

ZEYL, D.J. (1980), « Socrates and Hedonism : *Protagoras* 351b-358d », in *Phronesis* 25, p. 250-269 ; repris in *Essays in ancient greek Philosophy* (1989), III, p. 5-26.

Le mythe et le discours argumenté (320d-328d)

ADKINS, A.W.H. (1973), « *Aretē*, *Tékhnē*, Democracy and Sophists : *Protagoras* 316b-328d », in *Journal of hellenic studies* 93 (1973), p. 3-12.

BARNES, J. (1991), « Enseigner la vertu ? », in *Revue philosophique* 4, Platon. Études dédiées à Henri Joly, p. 574-589.

BRÈS, Y. (1991), « Platon et la *deinótēs* tragique », in *Revue philosophique* 4, p. 435-462.

BRISSON, L. (1975), « Le mythe de Protagoras. Essai d'analyse structurale », in *Quaderni Urbinati di Cultura Classica* 20, p. 10-37.

— (1995), « Interprétation du mythe du *Politique* », in C.J. Rowe (éd.), *Reading the* Statesman–*Proceedings of the III Symposium Platonicum*, Academia Verlag, Sankt Augustin.

BRUNSCHWIG, J. (1991), « Pouvoir enseigner la vertu », in *Revue philosophique* 4, p. 591-602.

CAPIZZI, A. (1970), « Il "mito di Protagoras" e la polemica sulla democrazia », in *Cultura* 8, p. 552-571.

CASSIN, B. (1990), « Le lien rhétorique de Protagoras à Aelius Aristide », in *Philosophie* 28, p. 14-31.

CHANTRAINE, P. (1956), « Trois noms grecs de l'artisan », in *Mélanges Diès*, Paris, p. 41-47.

DÖRING, K. (1976), « Die politische Theorie des *Protagoras* », in G.B. Kerferd (1981), *The Sophists and their Legacy*, Wiesbaden, Franz Steiner Verlag GMBH, p. 109-115.

GERNET, L. (1951), « Droit et prédroit en Grèce ancienne », in *Anthropologie de la Grèce antique*, Paris, Librairie François Maspero, 1968.

JOLY, H. (1986), « Platon et *tà grámmata* », in *Philosophie du langage et grammaire dans l'Antiquité*, Actes du Colloque de Grenoble, Bruxelles-Grenoble, Ousia-université de Grenoble-II, p. 105-136.

KAHN, C.H. (1976B), « The origins of social contract

theory », in G.B. Kerferd (1981), *The Sophists and their legacy*, Wiesbaden, Franz Steiner Verlag GMBH, p. 92-108.

KERFERD, G.B. (1953), « Protagoras'doctrine of justice and virtue in the *Protagoras* of Plato », in *The Journal of hellenic Studies*, t. LXXIII, p. 42-45.

MAGUIRE, J.P. (1977), « Protagoras... or Plato ? II. The *Protagoras* », in *Phronesis* 22, p. 103-122.

MORRISON, J.S. (1941), « The place of Protagoras in athenian public life », in *Classical Quarterly* XXV, p. 1-16.

MOTTE, A. (1990), « Un mythe fondateur de la démocratie (Platon, *Protagoras* 319c-322d) », in *Mythe et politique*, Études rassemblées par F. Jouan et A. Motte, Liège, Bibliothèque de la Faculté de philosophie et lettres de l'université de Liège, Paris, diff. Les Belles Lettres, p. 218-229.

MUELLER, C.W. (1967), « Protagoras über die Götter », in *Hermes* 95, p. 140-159.

NARCY, M. (1986), « À qui la parole ? Platon et Aristote face à Protagoras », in B. Cassin (éd.), *Positions de la sophistique*, Paris, Vrin.

— (1990), « Le contrat social : d'un mythe moderne à l'ancienne sophistique », in *Philosophie* 28, automne 1990, p. 32-56.

—, « La critique de Socrate par l'Étranger dans le *Politique* », in C.J. Rowe (éd.), *Reading the* Statesman – *Proceedings of the III Symposium Platonicum*, Academia Verlag, Sankt Augustin.

SAUNDERS, T.J. (1976), « Protagoras and Plato on punishment », in G.B. Kerferd (1981), *The Sophists and their Legacy*, Wiesbaden, Franz Steiner Verlag GMBH.

TURNER, E.G., « Athenians learn to write : Plato, *Protagoras* 326d », in BICS XII, 1965, p. 65-67.

VAN DER VALK, M.A.L.H. (1942), « Zum Worte *hósios* », in *Mnemosyne*, série 3, 10, p. 113-140.

VERNANT, J.-P. (1952), « Prométhée et la fonction technique », in *Mythe et pensée chez les Grecs*, Paris, Librairie François Maspero, 1965.

VLASTOS, G. (1994), « The *Protagoras* and the *Laches* », in *Socratic Studies*, Cambridge, CUP, p. 109-126.

WOLFF, F. (1982), « Du métier de sophiste à l'homme-mesure », in *Manuscrito*, vol. V, n° 2, Campinas, Sao Paulo, Brasil, p. 7-36.

— (à paraître), « L'animal et le dieu : deux modèles pour l'homme (Remarques pouvant servir à comprendre l'invention de l'animal) ».

Le problème de l'unité de la vertu

FEREJOHN, M. (1982), « The unity of virtue and the objects of Socratic inquiry », in *Journal of the History of Philosophy*, p. 1-21.

HARTMANN, M. (1984), « How the inadequate models for virtue in the *Protagoras* illuminate Socrates' view of the unity of the virtues », in *Apeiron* XVIII, n° 1, 1984, p. 110-117.

KAHN, C.H. (1976A), « Plato on the unity of the virtues », in *Facets of Plato's philosophy*, éd. W.H. Werkmeister, *Phronesis*, suppl. II, Assen, p. 21-39.

330c-332a

BRISSON, L. (1991), « Participation et prédication chez Platon », in *Revue philosophique* 4, p. 557-569.

BRUNSCHWIG, J. (1985), « Le problème de la *self-participation* chez Platon », in *L'Art des confins, Mélanges offerts à Maurice de Gandillac*, Paris, PUF, p. 121-135.

GALLOP, D. (1961), « Justice and holiness in *Protagoras* 330-331 », in *Phronesis* 6, p. 86-93.

— (1964), « The socratic paradox in the *Protagoras* », in *Phronesis* 9, p. 117-129.

JEAMMAIRE, H. (1945), « Le substantif *hosía* et sa signification comme terme technique dans le vocabulaire religieux », in *Revue des études grecques* 58, p. 66-89.

MAC KIRAHAN, R.D. Jr. (1985), « Socrates and Protagoras on holiness and justice (*Protagoras* 330c-332a) », in *Phœnix*, 1984/5, p. 342-354.

MOTTE, A. (1987), « *Hágios* chez Platon », in *Mélanges de philologie, d'histoire et d'archéologie grecques offerts à Jules Labarde*, éd. par J. Servais, T. Hackens, B. Servais-Soyes, Supplément à l'Antiquité classique, Liège/Louvain-La-Neuve, p. 135-152.

SAVAN, D. (1964), « Self-predication in *Protagoras* 330-331 », in *Phronesis* 9, p. 130-135.

VLASTOS, G. (1971), « The unity of virtues in the *Protagoras* », in *Platonic Studies*, Princeton, Princeton University Press, 2e éd., p. 221-269.

— (1981), « Que pouvait bien entendre Socrate par la question : "Qu'est-ce que F ?" » et « Socrate et les parties de la vertu » traduits de l'anglais par L. Brisson, in M. Canto (éd.), *Les Paradoxes de la connaissance–Essais sur le* Ménon *de Platon*, Paris, Éditions Odile Jacob, p. 193-212 et 205-212.

WAKEFIELD, J. (1987), « Why justice and holiness are similar : *Protagoras* 330-331 », in *Phronesis*, vol. XXXII, n° 3, p. 267-275.

WEISS, R. (1985), « Socrates and Protagoras on justice and holiness », in *Phœnix*, vol. XXXIX, 1984/5, p. 334-354.

333d-334c

MAC KIRAHAN, R.D. Jr. (1984), « Socrates and Protagoras on ΣΩΦΡΟΣΥΝΗ and justice », in *Apeiron*, vol. XVIII, n° 1, p. 19-24.

339a-347a

BABUT, D. (1975), « Simonide moraliste », in *Revue des études grecques*, LXXXVIII, Paris, Les Belles Lettres, p. 20-62.

DONLAN, W. (1969), « Simonides Fr. 4D and P.Oxy. 2432 », in *Transactions of the American Philological Association*, vol. 100, p. 71-95.

FEYLING, D. (1976), « Protagoras und die *orthoépeia* », in C.J. Classen (éd.), *Sophistik*, Darmstadt, Wissenschaftliche Buchgsellschaft, p. 341-347.

FREDE, M. (1988), « Being and becoming in Plato », in *Oxford Studies on Ancient Philosophy*, Supplementary volume, Oxford, Clarendon Press, p. 37-52.

FREDE, D. (1986), « The impossibility of perfection : Socrates' criticism of Simonides' poem in the *Protagoras* », in *Review of metaphysics*, XXXIX, p. 747.

GENTILI, B. (1964), « Studi su Simonide », *Maia* 16, p. 278-306.

GUNDERT, H. (1952), « Die Simonides-Interpretation in Platons *Protagoras* », EPMHNEIA : Festschrift Otto Regenboden, Heidelberg, p. 71-93.

Sur le courage

DEVEREUX, D.T. (1977), « Courage and wisdom in Plato's *Laches* », in *Journal of History of Philosophy* 15, p. 129-141.

DUNCAN, R. (1978), « Courage in Plato's *Protagoras* », in *Phronesis* 23, p. 216-228.
O'BRIEN, M.J. (1961), « The "fallacy" in *Protagoras* 349d-350c », in *Transactions of the American Philological Association*, TAPA XCII, p. 408-417.
PENNER, T. (1973), « The unity of virtue », in *Philosophical Review* 82, p. 35-68.
ROMILLY , J. de (1980), « Réflexions sur le courage chez Thucydide et Platon », in *Revue des études grecques* 93, p. 307-323.
SULLIVAN, J.P. (1961), « The hedonism in Plato's *Protagoras* », in *Phronesis*, vol. VI, n° 1, p. 10-28.
VLASTOS, G. (1994), « The *Protagoras* and the *Laches* », in *Socratic Studies*, Cambridge, CUP, p. 109-126.

La discussion sur le plaisir (351b-359a)

DYSON, M. (1976), « Knowledge and hedonism in Plato's *Protagoras* », in *Journal of Hellenic Studies*, XCVI, 1976, p. 42.
GULLEY, N. (1971), « Socrates' thesis at *Protagoras* 358b-c », in *Phœnix* 25, p. 118-123.
HACKFORTH, R. (1928), « Hedonism in Plato's *Protagoras* », *Classical Quaterly*, vol. 22, p. 39-42.
KAHN, C.H. (1986), « Plato's methodology in the *Laches* », in *Revue internationale de philosophie* 40, p. 7-21.
— (1988), « On the relative dates of the *Gorgias* and the *Protagoras* », in *Oxford Studies in Ancient Philosophy*, vol. VI, Oxford, p. 69-102.
— (1991), « In response to Mark Mac Pherran », in *Oxford Studies on Ancient Philosophy*, vol. IX, p. 161-168.
KLOSKO, G. (1980), « On the analysis of *Protagoras* 351b-360e », in *Phœnix* 34, p. 307-322.
MAC PHERRAN, M.L. (1990), « Kahn on the pre-middle platonic dialogues : comments on Charles Kahn, "On the relative dates of the *Gorgias* and the *Protagoras*" », in *Oxford Studies on Ancient Philosophy*, vol. VIII, p. 211-236.
MANUWALD, B. (1975), « Lust und Tapferkeit, zum gedanklichen Verhältnis zweier Abschnitte in Platos in *Protagoras* », in *Phronesis* 20, p. 22-50.
VLASTOS, G. (1969), « Socrates on *acrasia* », in *Phœnix* 23, p. 71-88.

CHRONOLOGIE

Socrate	Platon	Événements politiques et militaires
		750-580 : Colonisation grecque notamment en Sicile.
		508 : Réformes démocratiques à Athènes.
		499-494 : Révolte de l'Ionie contre les Perses. Athènes envoie des secours.
		490-479 : Guerres médiques.
		490 : Bataille de Marathon.
		480 : Bataille des Thermopyles.
		480 : Victoire de Salamine.
		Victoire des Grecs de Sicile sur les Carthaginois à Himère.
470 : Naissance de Socrate, dix ans après la bataille de Salamine.		**478-477 :** Formation de la Confédération de Délos. Elle durera jusqu'en 404.
		459 : Guerre de Corinthe contre Athènes.
		449-448 : Paix dite « de Callais » entre Athènes et Corinthe

Socrate	Platon	Événements politiques et militaires
441-429 : Socrate semble avoir des liens avec l'entourage de Périclès (avec Aspasie, Alcibiade, Axiochos, Callias).		**447 :** Bataille de Coronée.
		446 : Paix dite « de Trente Ans », qui durera quinze ans (446-431).
		435 : Guerre de Corinthe contre Corcyre et alliance de Corcyre et d'Athènes.
		432 : Révolte de Potidée (432-429).
		431-404 : Guerre du Péloponnèse.
430 : Hoplite à Samos.		**430-426 :** Peste à Athènes.
429 : Socrate sauve la vie d'Alcibiade à la bataille de Potidée.		**429 :** Mort de Périclès et rivalité entre Cléon (belliciste) et Nicias (pacifiste). Capitulation de Potidée.
	428-427 : Naissance de Platon.	**428-427 :** Révolte de Mytilène.
423 : Les *Nuées* d'Aristophane. À un âge mûr, Socrate se marie avec Xanthippe dont il aura trois fils.		**421 :** Nicias négocie la paix dite « de Nicias ».
		415-413 : Expédition de Sicile sous le commandement de Nicias, de Lamachos et d'Alcibiade. La mutilation des Hermès.
414 : Socrate sauve la vie de Xénophon à la bataille de Délium.		**414 :** Trahison d'Alcibiade, qui gagne Sparte.
		412 : Révolte de l'Ionie et alliance entre Sparte et la Perse.
		411 : Révolution des « Quatre Cents » puis des « Cinq Mille ».
		410 : La démocratie est rétablie à Athènes.
		407 : Retour d'Alcibiade à Athènes.
		406 : Défaite d'Alcibiade à la bataille de Colophon.

Socrate	Platon	Événements politiques et militaires
406-405 : Socrate, président du Conseil. Le procès des Arginuses.		
		405 : Denys Ier, tyran de Syracuse.
404 : Socrate refuse d'obéir aux Trente et d'arrêter Léon de Salamine.		**404 :** Lysandre impose la paix à Athènes et institue les « Trente Tyrans ». **403 :** La démocratie est rétablie à Athènes.
399 : Socrate est accusé d'impiété, de corruption de la jeunesse et de pratique de religions nouvelles, par Anytos, chef de la démocratie restaurée par la révolution de 403. Il est condamné à mort. Il attend un mois le retour du bateau sacré de Délos avant de boire la ciguë.	**399-390 :** Platon rédige le *Petit Hippias*, l'*Ion*, le *Lachès*, le *Charmide*, le *Protagoras* et l'*Euthyphron*.	
	394 : Peut-être Platon prit-il part à la bataille de Corinthe. **390-385 :** Platon rédige le *Gorgias*, le *Ménon*, l'*Apologie de Socrate*, le *Criton*, l'*Euthydème*, le *Lysis*, le *Ménexène* et le *Cratyle*.	**395-394 :** Sparte assiège Corinthe.
	388-387 : Voyage de Platon en Italie du Sud où il rencontre Archytas, et à Syracuse, où règne Denys Ier **387 :** Retour de Platon à Athènes, où il fonde l'Académie.	**386 :** Paix dite « du Roi » ou « d'Antalcidas ». **382 :** Guerre de Sparte contre Athènes. **378 :** Guerre d'Athènes-Thèbes contre Sparte. **376 :** Athènes est maîtresse de la mer Égée. La ligue béotienne est reconstituée.
	385-370 : Platon rédige le *Phédon*, le *Banquet*, la *République* et le *Phèdre*.	

Socrate	**Platon**	**Événements politiques et militaires**
	367-366 : Platon vient à Syracuse pour exercer, à la demande de Dion, une influence sur Denys II qui a succédé à son père. Dion est exilé.	
		375 : Flotte d'Athènes dans la mer Ionienne. **371 :** Thèbes bat Sparte à Leuctres : fin de la suprématie militaire de Sparte. **367 :** Mort de Denys Ier. Denys II, tyran de Syracuse.
	370-347/6 : Platon rédige le *Théétète*, le *Parménide*, le *Sophiste*, le *Politique*, le *Timée*, le *Critias* et le *Philèbe*. **361-360 :** Dernier séjour à Syracuse. **360 :** Platon rencontre Dion qui assiste aux jeux Olympiques. L'exilé lui fait part de son intention d'organiser une expédition contre Denys II.	
		359 : Philippe II, roi de Macédoine, père d'Alexandre le Grand (359-336). **357 :** Guerre des alliés (357-346) et chute de Denys II. Départ de l'expédition de Dion contre Denys II. 354 : Assassinat de Dion.
	347/6 : Platon meurt. Il est en train d'écrire les *Lois*.	
		344-337/6 : Timoléon en Sicile. **338 :** Bataille de Chéronée.

Socrate	Platon	Événements politiques et militaires
		336 : Philippe assassiné. Alexandre le Grand, roi de Macédoine (336-323).

N.B. : En Grèce ancienne, on comptait les années comme années d'Olympiades. Or les jeux Olympiques avaient lieu au mois d'août. D'où le chevauchement de l'année grecque sur deux de nos années civiles, qui commencent début janvier.

Par ailleurs, la périodisation des œuvres de Platon que nous proposons n'est qu'approximative : rien n'assure que l'ordre de la composition des dialogues correspond à l'ordre dans lequel nous les citons à l'intérieur d'une même période.

INDEX DES NOMS PROPRES

INDEX THÉMATIQUE

TABLE

LA PHILOSOPHIE DANS LA GF

ANSELME DE CANTORBERY
Proslogion (717)

ARISTOTE
De l'âme (711)
Éthique de Nicomaque (43)
Parties des animaux, livre I (784)
Les Politiques (784)

AUFKLÄRUNG. LES LUMIÈRES ALLEMANDES (793)

SAINT AUGUSTIN
Les Confessions (21)

AVERROÈS
Discours décisif (bilingue) (871)

BACON
La Nouvelle Atlantide (770)

BECCARIA
Des délits et des peines (633)

BERKELEY
Principes de la connaissance humaine (637)

BICHAT
Recherches physiologiques sur la vie et la mort (808)

LE BOUDDHA
Dhammapada (849)

COMTE
Leçons de sociologie (864)

CONDORCET
Cinq Mémoires sur l'instruction publique (783)
Esquisse d'un tableau historique des progrès de l'esprit humain (484)

CONFUCIUS
Entretiens avec ses disciples (799)

CONSTANT
De l'esprit de conquête et de l'usurpation dans leurs rapports avec la civilisation européenne (456)

CUVIER
Recherches sur les ossements fossiles de quadrupèdes (631)

DARWIN
L'Origine des espèces (685)

DESCARTES
Correspondance avec Élisabeth et autres lettres (513)
Discours de la méthode (109)
Lettre-préface des Principes de la philosophie (975)
Méditations métaphysiques (328)
Les Passions de l'âme (865)

DIDEROT
Entretien entre d'Alembert et Didero
Le Rêve de d'Alembert. Suite de l'entretien (53)
Supplément au voyage de Bougainville. Pensées philosophiques. Addition aux Pensées philosophiques. Lettre sur les aveugles. Additions à la Lettre sur les aveugles (252)

DIDEROT/D'ALEMBERT
Encyclopédie ou Dictionnaire raisonn des Sciences, des Arts et des Métiers (2 vol., 426 et 448)

DIOGÈNE LAËRCE
Vie, doctrines et sentences des philosophes illustres (2 vol., 56 et 77)

MAÎTRE ECKHART
Traités et sermons (703)

ÉPICTÈTE
Manuel (797)

ÉRASME
Éloge de la folie (36)

FICHTE
La Destination de l'homme (869)

GOETHE
Écrits sur l'art (893)

GRADUS PHILOSOPHIQUE (773)

HEGEL
Préface de la Phénoménologie de l'esprit (bilingue) (953)

HOBBES
Le Citoyen (385)

HUME
Enquête sur l'entendement humain (34
Enquête sur les principes de la morale (65
L'Entendement. Traité de la nature humaine, livre I (701)
Les Passions. Traité de la nature humain livre II (557)
La Morale. Traité de la nature humain livre III (702)

KANT
Anthropologie (665)
Critique de la raison pure (257)
Essai sur les maladies de la tête.
Observations sur le sentiment du Beau et du Sublime (571)
Métaphysique des mœurs (2 vol., 715 et 716)
Opuscules sur l'histoire (522)
Théorie et Pratique (689)
Vers la paix perpétuelle. Qu'est-ce que les Lumières ? Que signifie s'orienter dans la pensée ? (573)

KIERKEGAARD
La Reprise (512)

LA BOÉTIE
Discours de la servitude volontaire (394)

LAMARCK
Philosophie zoologique (707)

LA ROCHEFOUCAULD
Maximes et réflexions diverses (288)

LEIBNIZ
Essais de Théodicée (209)
Nouveaux Essais sur l'entendement humain (582)
Principes de la nature et de la grâce. Monadologie et autres textes (863)
Système nouveau de la nature et de la communication des substances (774)

LOCKE
Lettre sur la tolérance et autres textes (686)
Traité du gouvernement civil (408)

LUCRÈCE
De la nature (30)
De la nature (bilingue) (993)

MACHIAVEL
L'Art de la guerre (615)
Le Prince (317)

MALEBRANCHE
Traité de morale (837)

MALTHUS
Essai sur le principe de population (2 vol., 708 et 722)

MARC AURÈLE
Pensées pour moi-même suivies du Manuel d'Épictète (16)

MARX
Manuscrits de 1844 (784)

MONTAIGNE
Essais (3 vol., 210, 211 et 212)

MONTESQUIEU
Considérations sur les causes de la grandeur des Romains et de leur décadence (186)
De l'esprit des lois (2 vol., 325 et 326)
Lettres persanes (19)

MORE
L'Utopie (460)

NIETZSCHE
Ainsi parlait Zarathoustra (881)
L'Antéchrist (753)
Le Crépuscule des idoles. Le Cas Wagner (421)
Ecce Homo. Nietzsche contre Wagner (572)
Le Gai Savoir (718)
Généalogie de la morale (754)
Le Livre du philosophe (660)
Seconde Considération intempestive (483)

PASCAL
Pensées (266)
De l'esprit géométrique. Écrits sur la grâce et autres textes (436)

PASTEUR
Écrits scientifiques et médicaux (825)

PENSEURS GRECS AVANT SOCRATE (31)

PLATON
Apologie de Socrate. Criton (848)
Le Banquet. Phèdre (4)
Euthydème (492)
Gorgias (465)
Ion (529)
Lachès. Euthyphron (652)
Lettres (466)
Ménon (491)
Parménide (688)
Phédon (489)
Phèdre (488)
Platon par lui-même (785)
Premiers dialogues : Second Alcibiade. Hippias mineur. Euthyphron. Lachès. Charmide. Lysis. Hippias majeur. Ion (129)
Protagoras (761)
Protagoras. Euthydème. Gorgias. Ménexène. Ménon. Cratyle (146)
La République (90)
Sophiste (687)
Sophiste. Politique. Philèbe. Timée.

Critias (203)
Théétète (493)
Théétète. Parménide (163)
Timée. Critias (618)

QUESNAY
Physiocratie (655)

RICARDO
Principes de l'économie politique et de l'impôt (663)

ROUSSEAU
Considérations sur le gouvernement de Pologne. L'Économie politique. Projet de constitution pour la Corse (574)
Du contrat social (94)
Discours sur l'origine et les fondements de l'inégalité parmi les hommes. Discours sur les sciences et les arts (243)
Émile ou de l'éducation (117)
Essai sur l'origine des langues et autres textes sur la musique (682)
Lettre à M. d'Alembert sur son article Genève (160)
Profession de foi du vicaire savoyard (883)

SAY
Cours d'économie politique (879)

SCHOPENHAUER
Sur la religion (794)

SÉNÈQUE
Lettres à Lucilius (1-29) (599)

SMITH
La Richesse des nations (2. vol., 598 et 626)

SPINOZA
Œuvres : I – Court traité. Traité de la réforme de l'entendement. Principes de la philosophie de Descartes. Pensées métaphysiques (34)
II – Traité théologico-politique (50)
III – Éthique (57)
IV – Traité politique. Lettres (108)

THOMAS D'AQUIN
Contre Averroès (bilingue) (713)

TOCQUEVILLE
De la démocratie en Amérique (2 vol. 353 et 354)
L'Ancien Régime et la Révolution (500)

TURGOT
Formation et distribution des richesses (983)

VICO
De l'antique sagesse de l'Italie (742)

VOLTAIRE
Dictionnaire philosophique (28)
Lettres philosophiques (15)
Traité sur la tolérance (552)

GF-CORPUS

L'Âme (3001)
Le Désir (3015)
Le Langage (3027)
Le Pouvoir (3002)
Le Scepticisme (3014)
La Sensation (3005)

GF – TEXTE INTÉGRAL – GF

97/09/60494/IX-1997 – Impr. MAURY Eurolivres SA, 45300 Manchecourt.
N° d'édition FG076101. – septembre 1997 – Printed in France.